Michael Lüders

Im Herzen Arabiens

Michael Lüders

Im Herzen Arabiens

Stolz und Leidenschaft – Begegnung mit einer zerrissenen Kultur

HERDER

FREIBURG · BASEL · WIEN

www.herder.de
Satz: Barbara Herrmann, Freiburg
Druck und Bindung: Freiburger Graphische Betriebe 2004
www.fgb.de
ISBN 3-451-28347-6

Inhalt

Was macht die Fuchsstute auf dem Flughafen? Wie alles anfing

Immer wieder werde ich gefragt, warum ich mich mit der arabisch-islamischen Welt befasse, wieso ich mich für diese Region interessiere, weshalb ich mich zu einem Kulturkreis hingezogen fühle, der doch vor allem durch Terror und Gewalt auf sich aufmerksam mache.

Um ehrlich zu sein: Ich weiß es nicht. Es gibt kein „handfestes Motiv“, keine verwandtschaftlichen Beziehungen, keine biographischen Vorgaben, keinen Urknall. Das Einzige, woran ich mich erinnere, ist jene stille Neugierde, die in frühen Jahren stetig wuchs, ein leises Verlangen nach einer Welt, die ganz anders ist als die uns vertraute. Wahrscheinlich war ich deswegen in meiner Jugend ein Karl-May-Junkie und habe so gut wie alles verschlungen, was er geschrieben hat. Doch bei aller Sympathie für Old Shatterhand, für Winnetou und seine wunderschöne Schwester Nscho-tschi, Opfer eines so tragischen Schicksals, schlug mein Herz eindeutig für Kara Ben Nemsi und seinen Diener Hadschi Halef Omar. Mit ihnen und ihren Gefährten streifte ich *Durchs wilde Kurdistan*, zog *Durch das Land der Skipetaren* oder *Durch die Wüste*, beobachtete *Die Sklavenkarawane*, hörte erstmals von Männern wie *Der Schut* oder *Der Mahdi* und verweilte, noch immer aktuell, *Bei den Trümmern von Babylon.*

So gesehen gehöre ich zu den Romantikern unter den Orientalisten, einer aussterbenden Gattung, die sich nach dem sehnt, was nicht sein kann. Dennoch sind diese Romantiker die eigentlichen Helden. Wer nie Karl May gelesen hat, sollte die Finger von der Region lassen. Gewiss, der Sachse schrieb aus einer eurozentrischen, um nicht zu sagen herablassenden

Perspektive. Aber das ist nicht entscheidend. Um sich ein Leben lang mit dem Orient zu befassen, bedarf es starker Bilder, einer Sehnsucht, einer Legende. Ohne privaten Mythos hält man den Alltag nicht aus: als Student im Billighotel in Damaskus, die Toiletten eine Kloake, die Küche nicht minder. Später die ewig gleichen Anwürfe von hirnlosen Islamisten (Was?! Du bist kein Muslim und sprichst arabisch? Wohl Agent der CIA, Hurensohn!). Und die nicht minder geistreichen Kommentare hierzulande: Islam, wieso? Ist eine fanatische Religion. Mehr muss man dazu nicht wissen.

Womit wir schon mitten im Thema wären. Ich kenne niemanden, der auf die arabische Welt gleichgültig reagieren würde oder nicht eine klare Meinung zum Islam hätte. In Sachen Orient liegen die Nerven offenbar blank. Länder wie Norwegen, Kanada oder Südafrika dagegen, um konkrete Beispiele zu nennen, erregen nur die wenigsten Gemüter – man kann sie mögen oder auch nicht, es bleibt letztendlich Privatsache. Kontroversen oder Leidenschaft lösen sie nicht aus. Deswegen nicht, weil sie Teil unseres eigenen Kulturkreises sind. Auf Südafrika trifft das nur bedingt zu, aber die Legende Mandela, die überwundene Apartheid, das Happy End sorgen für eine weitgehend positive Wahrnehmung. Auch das entfernte China entfacht nur wenig Emotionen, so fremd und bedrohlich ein Land mit mehr als einer Milliarde Menschen und einer ganz anderen Kultur uns auch erscheinen mag. Gerade weil es weit weg ist, eignet sich China nicht für Feindbilder. Nicht heute, nicht für uns. (In Japan sah man das im Zweiten Weltkrieg anders, und auch die Briten hatten ihre eigene Meinung über China, als sie das Land vor hundert Jahren zu kolonialisieren versuchten.)

Kurzum, ich kenne nur zwei Möglichkeiten, wie Europäer oder Amerikaner auf „Arabien“ reagieren. Entweder mit Neugierde und Faszination oder aber mit Ablehnung und Misstrauen, wenn nicht Verachtung und Hass. Woran das liegt? Vor allem wohl daran, dass die arabisch-islamische Welt geographisch, politisch und kulturell unser Nachbar ist, Europas Fortsetzung in Richtung Süden und Osten. Dieser Nachbar, äußerlich zu erkennen an seiner Religion, dem Islam, erfüllt für den Westen traditionell die Rolle eines „Intimfeindes". Als solcher ist er zu nah, um gänzlich exotisch zu erscheinen, wie ein nebelverhangenes Shangri-La, und zu geschlossen, eigenwillig und konsistent, um sich bändigen oder neutralisieren zu lassen. Denken wir beispielsweise an italienische oder spanische „Gastarbeiter", die in den sechziger Jahren nach Deutschland kamen. Mittlerweile sind sie eingedeutscht, Pizza und Eiscafés längst ein Teil hiesiger Alltagskultur. Das gilt nicht für den türkischen Gemüsehändler um die Ecke. Er ist und bleibt ein Fremder, aus unserer ebenso wie aus seiner Sicht, unter umgekehrten Vorzeichen. „Der Türke", der Muslim, ist anders, so scheint es jedenfalls, und die Toleranz der Mehrheitsgesellschaft endet spätestens beim Kopftuch.

Es gibt mithin eine erstaunliche Ambivalenz des Europäers gegenüber dem Orient, eine merkwürdige Faszination, ausgelöst von der Exotik des Unbekannten und Sinnlichen. Gleichzeitig gilt die arabisch-islamische Welt als rückständig, gewalttätig, irrational – gewissermaßen der Antipode westlicher Gesellschaften, die sich ihrer Rationalität und Menschenrechte rühmen und dabei die eigene blutrünstige Vergangenheit (und manchmal Gegenwart) gerne verdrängen. Ohnehin sind kulturelle Projektionen relativ, sie unterliegen wechselnden Moden und Strömungen und sagen in der Regel mehr über den Betrachter als über den Gegenstand seiner Obsession aus.

Die Wahrnehmung des Orients in der Romantik etwa war fast ausnahmslos positiv, die neu entdeckte Welt regte an zum Träumen. Die Übersetzungen persischer und arabischer Poesie inspirierten die literarische Produktion deutscher Dichter, allen voran Goethes (*West-östlicher Diwan*). Sie sahen in der orientalischen Dichtkunst den Beweis, dass die Völker und Nationen denselben sittlichen Werten und einem einheitlichen Streben nach Schönheit verbunden seien. In der Öffentlichkeit des 18. und 19. Jahrhunderts erzielten sie damit große Resonanz. Den Philosophen der Aufklärung dagegen diente der Orient als Argument wider den absolutistischen Staat und seine religiöse Legitimation. Warum sollte denn dieser Staat den geschichtlichen Höhepunkt menschlicher Zivilisation verkörpern, wenn außereuropäische Kulturen ganz andere politische und religiöse Gesellschaftsmodelle entwickelt hatten?

Ex oriente lux, so dachte man damals – bis der Kolonialismus alte Feindbilder aus den Zeiten der Kreuzzüge neu belebte und eine kulturelle Konfrontation einsetzte. Die Europäer sahen sich erneut als höher stehende Zivilisation und haben sich bis heute eine dominante Stellung gegenüber Arabern und Muslimen bewahrt, indem sie – gemeinsam mit Amerikanern und Japanern – die technisch-rationale Weltgesellschaft nach ihren Vorstellungen prägen. Die nahöstlichen Verlierer der Moderne, seelisch zerrissen von Identitätskonflikten, zerstören sich zusätzlich durch fragwürdige Heilslehren, mal nationalistischer, mal islamistischer Couleur.

Die Zeichen stehen auf Missgunst, auf beiden Seiten. Für den Europäer symbolisiert der Orient einen Teil seiner eigenen Entwicklungsgeschichte, den er überwunden glaubt: die vermeintliche Vorherrschaft des Irrationalen und Zerstörerischen über Vernunft und Berechenbarkeit, in der privaten wie der öffentlichen Sphäre. In der arabisch-islamischen Welt wiederum gilt der insgeheim bewunderte Westen mehr und mehr als eine Metapher für Verlogenheit und Verrat, ein Ort ständiger Verschwörung mit dem Ziel, die Muslime zu demütigen und ihnen den gebührenden Platz unter den Völkern vorzuenthalten. Obwohl beide Seiten aus denselben historischen und philosophischen Quellen schöpfen – angefangen mit abrahamitischer Religion, weiter mit Andalusien und Córdoba bis hin zu gemeinsamen, mediterran geprägten Lebensformen –, begegnen sie sich wie verfeindete Zwillinge. Im jeweiligen Bild des Anderen entdecken sie das verdrängte Unbewusste des eigenen Ichs und reagieren angstvoll: mit kulturellen Stereotypen.

Das Fremde, das Unvertraute kann Ängste auslösen oder Neugierde, Ablehnung oder Faszination. Letztendlich liegt es auch an biographischen Zufällen, für welche Haltung, für welchen Weg wir uns entscheiden. Obwohl ich glaube, dass wirkliche Entdecker und Abenteurer eine Ausnahme bilden. Jene eigensinnige und zu allen Zeiten kleine Schar von Himmelsstürmern, die sich, im Gegensatz zu den Empfindungen der Mehrheit, von der Leere des Horizonts wie von einem Magneten angezogen fühlen, eine Art Sinnsuche und Religionsersatz. Mit wachsender Entfernung von den Gewissheiten Europas verliert sich die Angst vor dem Verdrängten und schlägt um in Faszination. Die Zeit verliert sich in der orientalischen Medina. Das Licht, die Schatten, die mediterranen Farben. Die sinnliche Hitze, die Gerüche. Vergessen die Rationalität, das Zielgerichtete, das Bewusste. Im Café sitzen und der Kakophonie lauschen. Jene Stimme, die sich anhört wie ein stotterndes Bellen. Langsam bilden sich Laute, eine Melodie, eine Klage. Ein alter Mann, der auf dem Platz steht und sich immer wieder versucht an dem einen, dem wohl schwierigsten Satz: *La Ilaha il-Allah* – keine Gottheit gibt es neben Gott.

„Spanne Er die Pferde ein"

So weit die Poesie. Der Alltag, die ungebrochene Realität, ist vergleichsweise prosaisch. Es fängt an mit der Sprache. Arabisch ist eine sehr schwierige und komplexe Sprache, die zu beherrschen in der Regel viele Jahre benötigt. Als Ausländer lernt man zunächst Hocharabisch, die Sprache der Literatur und der Medien, abgeleitet vom Koran, die allerdings niemand spricht, abgesehen von offiziellen Anlässen. Untereinander reden Araber in ihren jeweiligen Dialekten, wobei der ägyptische fast überall verstanden wird. Das liegt vor allem daran, dass die ägyptische Filmindustrie die größte in der arabischen Welt ist und ägyptische Spielfilme seit 70 Jahren in die Nachbarländer exportiert werden. Auch der syro-libanesische und der palästinensische Dialekt sind mittlerweile, nicht zuletzt durch die Wanderbewegung von „Gastarbeitern" in Richtung Golfstaaten, weit verbreitet. Aus der Sicht von Arabern aus dem Mashreq, den Ländern östlich und südöstlich des Mittelmeeres, gelten Maghrebiner, Nordafrikaner aus Marokko, Algerien und Tunesien, im Grunde als sprachgestört, weil ihre Dialekte kaum jemand versteht. Wenn eine marokkanische Hausfrau im lokalen Tonfall erklärt, wie sie Couscous zubereitet, wird ihre jemenitische Freundin in erster Linie andächtig nicken – so wie eine Holländerin, die Schwyzerdütsch verstehen soll. Die Spannbreite der Dialekte könnte größer kaum sein. Hocharabisch ist also nicht vergleichbar mit Hochdeutsch, sondern eine Kunstsprache, eine *lingua franca*, um sich über die jeweiligen Dialektgrenzen hinaus zu verständigen. Selbstredend nicht *irgendeine* Sprache, nicht ein beliebiges Mittel zum Zweck, sondern eine göttliche Sprache, in der Mohammed die koranische Offenbarung empfing.

Als Student stieg ich einmal in Kairo in ein Taxi und sagte dem Fahrer auf Hocharabisch, wohin ich wolle und welchen Preis ich zu zahlen bereit sei. Der Fahrer starrte mich an, stieg aus und rannte quer über den Platz, wo eine größere Gruppe von Taxi- und Busfahrern an einem Stand Kaffee trank. Er deutete mit der Hand auf mich und gestikulierte wie ein Taubstummenlehrer, als habe es ihm im Angesicht des Leibhaftigen die Sprache verschlagen. Schließlich löste sich eine Gruppe von 20, 25 Männern, die auf das Taxi zugingen, in dem ich nach wie vor saß, etwas irritiert. Die Männer umringten den klapprigen Peugeot, und ich rechnete mit dem Schlimmsten. Vielleicht wollten sie mich grün und blau schlagen, weil meine Preisvorstellungen in Ägypten schon zu Rommels Zeiten überholt waren? Der Fahrer, ohne eine Miene zu verziehen, forderte mich auf, doch einfach mal zu wiederholen, was ich ihm gerade gesagt hatte. Ich tat, wie mir geheißen, hielt eine Hand an der Tür und war bereit zum schnellsten Sprint meines Lebens. Die Männer hielten einen Augenblick inne, sahen sich an – und brüllten vor Lachen. Sie konnten sich kaum wieder beruhigen, es war ein minutenlanges Freudenkonzert, Fäuste trommelten rhythmisch auf das Dach, und bitte dieselbe Ansage noch einmal, danach fahren wir dich, wohin du willst, umsonst und gerne, sagenhaft, dieser Bruder aus Deutschland.

Mein Fehler war es, Hocharabisch zu reden. Für einfache Menschen ohne Schulbildung (das sind in Ägypten immerhin 60 Prozent der Bevölkerung) hört sich das ziemlich schräg an. Weil sie es selber nicht beherrschen. Erst an der Schule wird die Schriftsprache gelehrt, die überdies sehr altertümlich anmuten kann. So, als würde ein Japaner einem deutschen Taxifahrer sagen: Wohlan, Kutscher, spanne Er die Pferde ein und spute sich, sintemalen klingend die Münze springt.

Mein erster Satz aus meinem ersten Arabisch-Lehrbuch, auf ewig unvergessen: „O du, der du die Fuchsstute reitest." Dicht gefolgt von: „Die außerordentliche Konferenz der OPEC-Minister beschloss eine Preiserhöhung für Rohöl der Marke Brent um 10 Prozent." Mein zweites Lehrbuch, aus der DDR: „Die Delegation der Sozialistischen Einheitspartei Deutschlands wurde auf dem Flughafen von Damaskus auf das herzlichste von der brüderlichen Delegation der syrischen Abteilung der nationalarabischen Baath-Partei begrüßt."

Was man eben so braucht, um sich vor Ort zu verständigen. Nagib Mahfuz, der ägyptische Nobelpreisträger des Jahres 1988, hat in seinen Romanen aus den vierziger und fünfziger Jahren erstmals Dialoge auf Hocharabisch geschrieben, die sich wie Umgangssprache lesen, obwohl niemand so reden würde. Ein Problem, das sich jedem arabischen Schriftsteller neu stellt – in welcher Sprache will er schreiben? In seinem lokalen Dialekt? Dann riskiert er, dass ihn Leser außerhalb seiner eigenen Sprachgruppe nicht verstehen. Mahfuz hat das virtuelle Hocharabisch erstmals in den Alltag überführt und damit das kulturelle Unbehagen, das viele Araber gegenüber dem Hocharabischen empfinden, zumindest teilweise aufgehoben. In gewisser Weise hat er sich damit ähnliche Verdienste erworben wie weiland Martin Luther für die deutsche Sprache. Nachfolgende Schriftsteller-Generationen übernehmen in aller Regel die erzählerische Methode des Altmeisters und versuchen, Dialekt und Hochsprache parallel zu verwenden. Autoren aus dem Maghreb allerdings umgehen dieses Dilemma häufig, indem sie auf Französisch ausweichen – und damit vornehmlich für ein europäisches oder europäisiertes Publikum schreiben. Die ehemaligen französischen Kolonien Marokko, Algerien und Tunesien befinden sich heute in einem sprachlichen Niemandsland. Die Landessprache ist offiziell arabisch, aber die gesellschaftliche Elite spricht nach wie vor französisch. Wer Karriere machen will, muss französisch beherrschen – arabisch sprechen vornehmlich die Unterschichten. Hinzu kommen die Berber, die keine Araber sind und eine eigene, staatlich nur teilweise anerkannte Sprache sprechen. Das führt zu politischen Spannungen und zu Absurditäten: ein algerischer Präsident (Zeroual), der kaum arabisch spricht, aber im Fernsehen eine Ansprache auf Hocharabisch hält. Fast schon ein Happening. Etwa so, als würde ein kurzsichtiger Schwede die Montageanleitung für ein IKEA-Regal auf Deutsch vorlesen.

In jeder Sprache der Welt lässt sich alles zum Ausdruck bringen. Aber nicht in jedem kulturellen Kontext wird dasselbe gedacht. Eskimos kennen über 100 verschiedene Wörter für die Beschaffenheit von Eis, seine Dichte und Konsistenz. Davon können wir nur träumen, in der technisch-rationalen Moderne. Die arabische Welt ist lediglich teilweise modernisiert, angesiedelt zwischen Feudal- und Industriegesellschaft. Sie lebt in einem Zustand der Blockade, zum Teil selbstverschuldet, zum Teil fremdgesteuert. Vor allem hat sie Reformation und Aufklärung nicht durchlaufen, die Trennung von Religion und Staat nicht vollzogen. Keine arabische Regierung würde es wagen, islamische Einflüsse in der Gesellschaft, etwa im Bereich der Justiz oder des Schulwesens, zurückzudrängen. Das hat zur Folge, dass bestimmte Inhalte zwar sprachlich zu vermitteln sind, aber in der Sache unverständlich bleiben. Nehmen wir das Wort „Säkularisierung", arabisch *allmaniya.* Für uns ist Säkularisierung ein Begriff, den wir positiv verstehen, weil er eine der Grundlagen unserer Freiheit bezeichnet. Für einen nicht mit europäischer Geschichte vertrauten Araber dagegen, erst recht für den ungebildeten Anhänger einer islamistischen Gruppierung, ist *allmaniya* ein ideologischer Kampfbegriff, gleichbedeutend mit Worten wie „Götzendienst", „Hurerei", „Schande", „Angriff auf die Religion" – weil es, wie gesagt, eine Säkularisierung in der arabischen Welt bislang nicht gegeben hat. Demzufolge fehlt der gesellschaftliche Kontext, aus dem heraus der Begriff verständlich würde. Der aus Algerien stammende und in Paris lebende Philosoph Mohammed Arkoun spricht in diesem Zusammenhang vom „Ungedachten im islamischen Denken".

So besehen wird verständlich, warum Heidegger oder Nietzsche, um zwei sinnfällige Beispiele zu nennen, nicht ohne weiteres ins Arabische zu übersetzen sind. Sprachlich ja, aber der Inhalt würde sich nur bedingt vermitteln. Im Grunde müsste man Geschichten erzählen, um sie angemessen zu übertragen. Von einem Menschen, der durch die Wüste seiner Einsamkeit streifte, bis er den Verstand verlor und sagte: Gott ist tot. Von einem entfesselten Dschihad-Kämpfer, der den Stahlgewittern trotzte, ohne im Kugelhagel die Erlösung zu finden, das ewigliche Martyrium.

ANA BEHIBBAK AWWI AWWI

Arabisch ist sinnlich, eine Sprache wie Minnesang. Nicht so verstandesbetont wie das Deutsche. Im Arabischen kann man sich mühelos minutenlang begrüßen und Höflichkeitsformeln austauschen. Und man kann wunderbar flirten, weil der Poesie auch im Alltag keine Grenzen gesetzt sind. Einer unbekannten Frau sagen, sie sei eine Verheißung des Paradieses, ihre Augen mit Mandeln vergleichen, in ihrer Anmut die Grazie einer Gazelle entdecken – alles kein Problem, im Gegenteil. (Nicht in Begleitung ihres Gatten natürlich.)

Gehen Sie mal an einem Freitag Nachmittag, was nach islamischem Kalender unserem Sonntag Nachmittag entspricht, durch die Wohnviertel Kairos und achten Sie darauf, was Sie hören, abgesehen vom Straßenlärm und dem einen oder anderen Muezzin. Sie werden vermutlich, aus Hunderten von geöffneten Fenstern, immer wieder den einen Satz hören, aus ägyptischen Spielfilmen vornehmlich der fünfziger und sechziger Jahre, Tonrauschen und Melodram, eine flehentliche Frauenstimme, die mehr flüstert als spricht, unterlegt von einem Crescendo aus Klavier und Geigen. Dann der Höhepunkt. Das Geständnis. Die unverfälschte Reinheit des Herzens. Schurke, der du ihr nicht erliegst:

ANA BEHIBBAK AWWI AWWI.

Aus Hunderten von geöffneten Fenstern. Ganz Kairo geradezu ein kollektives ANA BEHIBBAK AWWI AWWI, abgesehen natürlich von *Allahu Akbar*, Gott ist am größten, die Botschaft des Muezzin. Und das heißt, man ahnt es schon: Ich liebe dich, ich liebe dich so sehr.

Spätestens an dieser Stelle nun werden die üblichen Verdächtigen, die Lordsiegelbewahrer des christlichen Abendlandes, die Köpfe schütteln, die Nase rümpfen und verächtlich den Text markieren. Was schreibt der nur wieder für einen Blödsinn. Redet von Sinnlichkeit und Liebe und nicht von unserem Lieblingsthema Allah, Blut und Heiliger Krieg. Warum der Islam eine fanatische Religion ist, warum Araber die meisten Terroristen weltweit stellen, warum die Amerikaner die Helden von Bagdad sind.

Schwai Schwai, wie die Ägypter sagen, immer schön langsam. Alles zu seiner Zeit. Bleiben wir noch einen Moment bei der Sprache. Hat man sie endlich erlernt, gibt es ein erstaunliches Phänomen. Gebildete Araber werden, wenn ein Europäer sie auf Arabisch anspricht, in aller Regel auf Englisch oder Französisch antworten. Am Anfang dachte ich, die Leute verstünden mich nicht oder die Fuchsstute sei mit mir durchgebrannt, aber das Problem liegt tiefer. Es hat zu tun mit Minderwertigkeitskomplexen. Der gesellschaftliche, politische und kulturelle Zustand der arabischen Welt, von der Wirtschaft ganz zu schweigen, ist alles andere als erfreulich, wegweisend oder identitätsstiftend. Wer sich der Realität stellt, erkennt Abgründe. Die meisten Araber leiden unter diesen Verhältnissen, doch können sie wenig tun, sie zu verändern. Die Macht ist unzugänglich, ein geschlossenes System aus Vetternwirtschaft und Repression, und man legt sich besser nicht mit ihr an. Informelle oder verwandtschaftliche Beziehungen und Kontakte prägen das Leben der Menschen, dem Staat vertraut niemand.

Und nun kommt ein Europäer und redet arabisch daher. Ich denke, dass im Unterbewusstsein des arabischen Gesprächspartners der folgende Film abläuft: Er, der westliche

Ausländer, gehört zu den Gewinnern der Globalisierung. Er hat alles, wovon ich, der Araber, nur träumen kann: ein selbstbestimmtes Leben, ein gutes Einkommen, eine Kranken- und Rentenversicherung, alle möglichen Freiheiten einschließlich wechselnder Sexualpartner. Ich dagegen gehöre zu den Verlierern der Weltordnung (sofern ich nicht aus den Golfstaaten komme oder zur herrschenden Elite rechne), verdiene 100 Euro im Monat, obwohl ich Hochschullehrer bin, weiß genau, dass Europäer und Amerikaner die Araber und den Islam mehrheitlich verachten, hatte Sex das erste Mal nach meiner Heirat, mit Ende zwanzig, habe vier Töchter und nicht einen Sohn – wer also wird mich versorgen, wenn ich alt bin, und wie soll ich jemals deren Hochzeit bezahlen? Und jetzt kommt dieser deutsche Romantiker und erzählt mir was vom „kulturellen Dialog"? Demütigt mich zusätzlich, indem ich meine Ohnmacht in der Sprache unseres Propheten, Gott schenke ihm Segen und Heil, zum Ausdruck bringen soll? Wofür hält sich der Kerl eigentlich? Mit dem rede ich doch nicht arabisch. Ich lasse ihn ja auch nicht in mein Schlafzimmer. Und ich werde ihm beweisen, dass ich seine Kultur besser kenne als er meine.

Noch problematischer wird es im Milieu von Islamisten, von Anhängern des politischen Islam. Leuten also, die mit Hilfe der Religion Macht und Einfluss zu erringen versuchen. In diesen Kreisen erregen westliche Ausländer grundsätzlich Misstrauen, erst recht mit Sprachkenntnissen. Was führen sie im Schilde, die Sendboten des Unglaubens? Anschließend beginnt ein regelrechter Kleinkrieg, von beiden Seiten mit der allergrößten Hingabe geführt. Man muss sich das ungefähr so vorstellen: Ich besuche die Höhle des Löwen, in der Regel ein heruntergekommenes Büro irgendwo in einem Armutsviertel, ob in Casablanca, Kairo oder Sanaa. Umgeben von mehreren Einheimischen, entweder in weißen Kaftanen oder in schlecht sitzenden Anzügen, im Schneidersitz auf dem Boden oder auf zerschlissenen Sesseln. Und dann die große Anklage. Was der Westen alles falsch macht. Politisch und kulturell, ganz zu schweigen von den entsetzlichen Auswüchsen. Schweinefleisch, Alkohol, Frauen. Allein der Islam sei die Lösung, biete Heil. Warum ich nicht konvertiere, wo ich doch schon hellsichtig genug gewesen sei, die Mutter der Sprachen zu lernen. Selbstverständlich würden Christen und Juden in der neuen, noch zu schaffenden islamischen Ordnung respektiert, als Schutzbefohlene hätten sie zwar zusätzlich Steuern zu entrichten, aber ansonsten: Herzlich willkommen.

In diesem Milieu habe ich immer den Eindruck, einer Theaterinszenierung zu folgen. Der große Monolog. Ein Meister deklamiert, die beisitzenden Jünger nicken bedächtig, ich mache mir Notizen und nicke aus Solidarität auch von Zeit zu Zeit. Ich stelle die nahe liegenden Fragen: Die Rolle der Frauen, Demokratie, Freiheit, wirtschaftliche Entwicklung – was sind hier eure konkreten Vorstellungen? Kommt Zeit, kommt Rat, lautet die einhellige Antwort, und die Jünger nicken bis zur Halsstarre. Gottes Wille geschehe ohnehin. Irgendwann gehe ich in die Offensive. Drehe den Spieß um. Die Brüder können ja auch mal zuhören. Bekenne, dass ich mich weder für Schweinefleisch noch für Alkohol interessiere, für Frauen schon. Zitiere aus dem Koran und mache die Herrschaften darauf aufmerksam, dass die *zwangsweise* Verschleierung der Frau nirgendwo verlangt werde, sie vielmehr gehalten sei, sich züchtig zu kleiden. (Was das konkret bedeutet, darüber streiten islamische Theologen und muslimische Frauenverbände seit Jahrzehnten.) Wie überhaupt religiöse Texte immer eine Frage der Interpretation seien, in jeder Heiligen Schrift Mord und Totschlag ebenso ihren Platz hätten wie Liebe und Vergebung. Im Übrigen sei ich der Auffassung, dass es wenig überzeugend wirke, unentwegt Visionen einer neuen, besseren islamischen Gesellschaftsordnung zu entwerfen, wenn das Hauptquartier der Jünger Gottes eher an eine

Sozialstation für Obdachlose erinnere als an einen Paradiesgarten – ganz gleich in welchem arabischen Land, mit Ausnahme der vermögenden Golfstaaten.

Mittlerweile rede ich nur noch selten mit Islamisten. Ihr Autismus langweilt mich ebenso wie die Selbstgerechtigkeit der Lordsiegelbewahrer des christlichen Abendlandes, die unentwegt von der Verteidigung westlicher Werte schwadronieren und in erster Linie ihre eigenen Privilegien meinen. Ganz abgesehen davon, dass sie unwillig oder unfähig sind, sich mit anderen Kulturen auseinander zu setzen. Aus schlichter Bequemlichkeit, einer Trägheit des Geistes und des Herzens. Denn eine solche Auseinandersetzung bedeutet in letzter Konsequenz, sich selber in Frage zu stellen. Islamisten bieten nirgendwo Modelle, die einen Beitrag zur Überwindung bestehender Probleme leisten, egal in welchem Bereich. Vielmehr sind sie selbst Ausdruck einer tiefen gesellschaftlichen Krise, die sie unter Verweis auf eine glorifizierte Frühzeit islamischer Geschichte zu überwinden versuchen. Befasst man sich allerdings näher mit dem Weltbild radikaler Islamisten, so fällt auf, dass es vielfach Parallelen mit den Ansichten christlicher Fundamentalisten in den USA aufweist oder mit konservativen *Law-and-order*-Mentalitäten hierzulande.

Nah und doch so fern

Aber sagen Sie das mal laut und deutlich in einer öffentlichen Diskussionsrunde in Berlin oder Frankfurt. Das erfordert mehr Mut, als Islamisten in Marokko oder Ägypten die Meinung zu sagen. Denn damit provozieren Sie, fordern Sie den herrschenden Konsens in der Öffentlichkeit heraus, der im Wesentlichen lautet: Wir sind die Guten, die Bösen sind immer die anderen. Wir stehen für Freiheit, für Selbstverwirklichung, Toleranz und

Menschenwürde, die anderen für Terror, Unterdrückung, Frauenfeindlichkeit, Mittelalter – ich hoffe, ich habe keinen Aspekt ausgelassen. Als ich Redakteur einer nicht ganz unbedeutenden Zeitung wurde, die freilich schon bessere Zeiten gesehen hat, machte man mir meine Arabischkenntnisse zum Vorwurf. Denn damit sei ich ja empfänglich für die Propaganda islamischer Fundamentalisten. Mein Einwand, dass nicht jeder, der englisch spreche, Agent der CIA sei, galt als ungehörig. Hintergrund der Kritik war ein Artikel, den ich über die radikale palästinensische „Bewegung des islamischen Widerstandes", abgekürzt Hamas, geschrieben hatte. In deutschen Medien gilt sie als Terrorgruppe, gewissermaßen eine nahöstliche RAF, die nur ein Ziel verfolgt: Israel zu vernichten. Mich interessierte allerdings die Frage, wie die Hamas zu einer Massenbewegung werden konnte, die etwa 20 Prozent der Palästinenser hinter sich weiß, Tendenz steigend. Warum ihr Erfolg? Allein notorischer Hass auf Israel? Bei meinen Recherchen vor Ort habe ich ein erstaunlich vielfältiges Bild der Hamas entdeckt, das, so merkwürdig es sich anhört, von sozialen Dienstleistungen bis zur Ausbildung von Selbstmordattentätern reicht. Ein kleinerer Teil ihrer Anhänger träumt davon, Israel zu zerstören, der größere Teil dagegen will ein Ende der israelischen Besatzung von Gazastreifen und West Bank, dem Westjordanland, erreichen. Auch mit Hilfe terroristischer Gewalt, die als legitimer Widerstand gegen Israels Besatzungspolitik gesehen wird.

Ich halte nichts vom politischen Islam, einschließlich der Hamas. Dennoch ziehe ich es vor, nicht einem vorgegebenen Urteil zu folgen – weil ich mich damit auf dasselbe Niveau begeben würde wie die Islamisten. Ich lasse mich auch nicht von Sympathien oder Ablehnung leiten, erst recht nicht von einer missverstandenen Toleranz. Mir geht es um Analyse. Sachlichkeit ist die Voraussetzung, um vorbehaltlos zu verstehen. Und nur wer versteht, erkennt potentielle Gefahren, aber auch Spielräume für Verhandlungen und Diplomatie. Mit den Taliban mochte sich vor dem 11. September 2001 kaum jemand auseinander setzen. Das war ein Fehler, wie wir heute wissen.

„Arabien" ist eine offene Wunde, nah und doch so fern. Ein anderes Verständnis von Zeit und Gesellschaft, von zwischenmenschlichen Beziehungen und Familie. Geld ist wichtig, aber nicht alles. Solidarität spielt eine tragende gesellschaftliche Rolle. Ein gutes Gespräch zählt mehr als ein Termin. Höflichkeit ist Teil der Alltagskultur. Die Selbstverwirklichung des Einzelnen zählt weniger als die Gemeinschaft, der Clan, der Stamm, die religiöse Gruppe. Auch verschleierte Frauen sind oft erstaunlich selbstbewusst, offen, charmant, gebildet, erotisch.

Alles in allem eine ungeheure Provokation. Allein der Gedanke, eine schwarzgewandete Frau in Kairo könnte glücklicher sein als eine Single-Frau in Berlin, allein der Gedanke, ein arabischer Patriarch könnte eine glücklichere Ehe führen und finanziell erfolgreicher sein als sein Geschäftspartner in München oder Hamburg, allein der Gedanke ist doch – schier unerträglich, offen gesagt. Denn diese Möglichkeit anzunehmen heißt, sich selber aus einer Vogelsperspektive zu betrachten. Es bedeutet, eine andere Lebenswirklichkeit als gleichwertig anzuerkennen. Und zumindest in Erwägung zu ziehen, dass es eventuell andere Wege zum Glück gibt als die bei uns vorgegebenen, die überwiegend materialistischer Natur sind. Das zu tun aber erfordert Offenheit und ein hohes Maß an Ehrlichkeit sich selber gegenüber. Beides sind keine Tugenden, die in der Spaß- und Erlebnisgesellschaft großes Ansehen genießen.

Um Missverständnissen vorzubeugen: Ich will niemanden bekehren oder missionieren. Ich nehme keinen Stein der Weisen für mich in Anspruch. Vielmehr rede ich von meiner eigenen Erfahrung. Indem ich mich mit einer anderen Kultur befasse, mich auf sie einlasse und ihr mit Neugierde und

Respekt begegne, ohne ihre Defizite zu übersehen, erhalte ich gleichzeitig Anregungen, Ideen und Einblicke, die mir helfen, mein eigenes Leben und die Gesellschaft, in der ich lebe, besser zu verstehen. Was wiederum zu einer gewissen Gelassenheit führt. Wer etwa die Not der Menschen, die mangels Alternative die Friedhöfe Kairos bewohnen, gesehen hat, wer das Elend im Gazastreifen kennt, wer mit Menschen redet, die jahrelang für ihre Überzeugungen im Gefängnis saßen und gefoltert wurden, der wird sich seiner eigenen Privilegien sehr schnell bewusst. Und erkennt, dass unsere Probleme in den Industriegesellschaften Luxusprobleme sind. Auch wir leiden, allerdings auf hohem Niveau. Doch ungeachtet unserer Privilegien fehlt uns eine Vision, die Sinnfrage stellt sich mehr denn je. Einsamkeit und Entwurzelung sind die Geißeln unserer Zeit, das Pendant der westlichen Moderne zu Unfreiheit und Armut in der arabischen Welt. Wir sind reich an materiellen Werten, doch arm an Menschlichkeit. Im Orient ist es genau andersherum.

Dergleichen hört man nicht gerne. Zu bedrohlich scheinen die Bilder, die aus manchen Teilen der arabischen Welt nach Europa dringen. Nach dem 11. September schlug einmal mehr die Stunde der Lordsiegelbewahrer des christlichen Abendlandes, die sich in ihren Vorurteilen rundherum bestätigt sahen. Nicht eine Gruppe von Kriminellen und Verbrechern mit Rückendeckung aus Saudi-Arabien schien für den Massenmord in New York und Washington verantwortlich zu sein – der Islam und die arabische Welt insgesamt fanden sich auf der Anklagebank wieder. Als Beispiel möchte ich die italienische Autorin Oriana Fallaci zitieren, deren Buch *Die Wut und der Stolz* (München 2002) in mehreren europäischen Ländern zum Bestseller wurde. Sie schreibt (S. 127f.): Osama bin Laden „und die Taliban (ich werde nie müde, das zu wiederholen) sind nur der jüngste Ausdruck einer Realität, die seit eintausendvierhundert Jahren existiert. Einer Realität, vor der der

Westen unerklärlicherweise die Augen verschließt ... Erinnert sich denn niemand mehr an die heiligen Worte von Marx und Lenin ‚Die Religion ist das Opium des Volkes'? Ist niemandem aufgefallen, dass alle islamischen Länder Opfer eines theokratischen Regimes sind, dass sie bei näherem Hinsehen alle Kopien von Afghanistan oder dem Iran sind oder es werden möchten? Herrgott, es gibt kein einziges islamisches Land, das auf demokratische Weise oder wenigstens säkulare Weise regiert wird! Nicht eines! Sogar die von einer Militärdiktatur geknechteten Länder wie der Irak, Libyen und Pakistan, sogar die von einer degradierten Monarchie tyrannisierten wie Saudi-Arabien und Jemen, sogar die von einer vernünftigeren Monarchie beherrschten wie Jordanien und Marokko kommen niemals vom Weg ihrer Religion ab, die jeden Augenblick und alle Lebensbereiche dominiert. Niemals! Kann so eine monströse Größe neben unseren Grundsätzen von Freiheit, unseren demokratischen Regeln, unserer Zivilisation existieren? Können wir sie hinnehmen im Namen der Aufgeschlossenheit, der Nachsicht, des Einfühlungsvermögens oder des Pluralismus? Wenn dem so wäre, warum haben wir dann gegen Mussolini und Hitler gekämpft ...?"

Das nennt man wohl einen Rundumschlag. Einmal abgesehen davon, dass die Monarchie im Jemen 1962 gestürzt wurde und das Land seither eine Republik ist, erscheint mir ihre Argumentation typisch für westliche Kulturkämpfer, die säkulare Variante religiöser Fundamentalisten. Aus deren Sicht darf über den Islam erst reden, wer zuvor die Mullahs verurteilt hat, den Gottesstaat Khomeinis, die Taliban, die Missachtung der Menschenrechte und den Terror allgemein. Erst dann dürfen – wenn überhaupt – andere Islam-Bilder, vergangene und gegenwärtige, diskutiert werden. Mit anderen Worten, der islamische Fundamentalismus bestimmt die Wahrnehmung des Islam im Ganzen. Am liebsten würden Fallaci & Co. die Religion des Propheten (mit allen Religionen?) im Sack des Fundamentalismus verschwinden lassen. Wer sich ihrer Gesinnungsethik entzieht, wer ihre Standpunkt-Prothesen nicht teilt, den straft die *political correctness* nicht nur mit Ablehnung, sondern mit dem öffentlichen Pranger.

Die meisten Araber sehnen sich nach gesellschaftlichen Veränderungen, nach Rechtsstaatlichkeit und Pluralismus, nach Wohlstand und Fortschritt. Aber sie wissen, dass sie vom Westen nichts zu erwarten haben. Keine Hilfe bei der Demokratisierung, keine Hilfe angesichts islamistischer Bewegungen, die ihr Leben bedrohen, wie in Algerien. Festzuhalten gilt, dass der Westen jedes Regime der arabisch-islamischen Welt moralisch verurteilt, das wie das iranische oder das irakische unter Saddam Hussein westliche Interessen bedroht. Aber jede Führung, die prowestlich ist, wie in den Golfstaaten, in Ägypten oder in Tunesien, wird von westlichen Regierungen hofiert und unterstützt, obwohl auch dort die Menschenrechte missachtet werden. Oriana Fallaci hat den Reformkräften in der arabisch-islamischen Welt einschließlich der Frauen, für deren Interessen sie vorgeblich streitet, nichts anzubieten – keinen Brückenschlag, keinen Dialog, keine Solidarität. Nur Anmaßung und Verachtung.

„Wir vergessen nichts."
Aus dem Alltag würdevoller Männer

Die Geschichte, die Nafidh Abu Hassana erzählt, ist eine vertraute Geschichte. Abertausende Palästinenser könnten sie erzählen, sie ist Teil ihrer kollektiven Biographie. Geboren wurde Nafidh Abu Hassana 1947 in Ramle, bei Tel Aviv. Ein Jahr später, bei der israelischen Staatsgründung, wurden seine Eltern und die meisten der übrigen Dorfbewohner von israelischen Soldaten vertrieben oder flüchteten vor den Kampfhandlungen. Sein Großvater, der sich weigerte zu gehen, wurde erschossen. Abu Hassanas Familie fand in einem Flüchtlingslager im Gazastreifen Zuflucht. 1967, nach dem Sechstagekrieg, floh seine Familie erneut, nach Jordanien. Dort blieb sie bis zum Schwarzen September 1970, als die PLO unter Jassir Arafat die Machtprobe mit König Hussein suchte und sie militärisch verlor. Erneut begaben sich Zehntausende Palästinenser auf die Flucht und landeten überwiegend im Libanon, auch Abu Hassanas Familie. Dort erlebten sie 15 Jahre Bürgerkrieg, von 1975 bis 1990, und eine bis heute andauernde Diskriminierung. Palästinenser dürfen zahlreiche, vor allem qualifizierte Berufe nicht ausüben, sie riskieren, dass man sie nach einer Auslandsreise nicht wieder ins Land lässt, sie haben keinerlei Anrecht auf staatliche Leistungen und sie können nicht überall wohnen. Einer der wesentlichen Gründe für diese Diskriminierung ist die konfessionelle Zusammensetzung im Libanon und die daraus abgeleitete Machtverteilung. Von den 4,5 Millionen Einwohnern sind 320.000 palästinensische Flüchtlinge. Die größten Bevölkerungsgruppen unter den Libanesen stellen Christen und Schiiten – die Palästinenser sind jedoch mehrheitlich Sunniten.

Wir sitzen in Abu Hassanas Büro im Beiruter Stadtteil Sinn al-Fil, blicken auf den Flughafen und ein schier endloses Häusermeer, ockerfarbene oder noch unverputzte Etagenbauten, die Wohnviertel durchzogen von engen Straßen, in denen sich endlos der Verkehr staut. Hier, aus dem obersten Stockwerk des Fernsehsenders *Al-Alam* („Die Welt"), kann man fast bis zur Hafenstadt Saida blicken, 30 Kilometer weiter südlich; zur Rechten das silbernblaue Mittelmeer, ruhig und unbeweglich. Nafidh Abu Hassana hat mich beeindruckt. Über seine Familiengeschichte, die Kriege und die Gewalt redet er mit einer Gelassenheit und Beiläufigkeit wie wir über den letzten Urlaub, der leider etwas verregnet war. Sein Leben ist Kampf, nichts als Kampf – nicht um Posten und Positionen, nicht um Karriere und Privilegien, sondern ums Überleben – sein eigenes und das seiner Familie, der Frau und zweier nunmehr halbwüchsiger Söhne. Gerade diese innere Ruhe und Unaufgeregtheit fern jeder Ideologie oder Verbitterung macht ihn so glaubwürdig.

„Im Westen und in Israel haben die Menschen ein anderes Verhältnis zur Zeit. Sie wollen alles, und möglichst sofort. Sie denken in Jahren, selten in Jahrzehnten, schon gar nicht über mehrere Generationen hinweg", betont Nafidh Abu Hassana, der einen lindgrünen Anzug mit gerundetem Revers trägt. An den Wänden hängen Poster von Ayatollah Khomeini, seinem Nachfolger im Amt des Revolutionsführers, Ayatollah Khamanai, und von Präsident Khatami. *Al-Alam* ist ein arabischer Satellitensender, der aus Teheran finanziert wird und den Arabern von Beirut aus die iranische Sicht der Dinge nahe zu legen versucht. Abu Hassana ist einer der Moderatoren. „Obwohl ich ein Kleinkind war, als meine Eltern mit mir aus Ramle flohen, würde ich unser Haus selbst im Dunkeln finden", sagt er. „Und wenn es das nicht mehr geben sollte, dann den Ort, an dem es sich einst befand. Die Palästinenser, die Araber allgemein, haben ein langes Gedächtnis. Sie vergessen nicht das

Unrecht, das ihnen einmal widerfahren ist. Selbst meine Kinder wissen genau, wo unser Haus in Ramle steht. Oder stand. Ich habe ihnen davon erst erzählt, als sie danach fragten. Ich wollte sie nicht beeinflussen oder indoktrinieren. Aber eines Tages wollten sie wissen, warum wir keine Heimat haben."

Die Palästinenser hätten Zeit, meint Abu Hassana. Seit über 50 Jahren müssten sie nun schon Unrecht ertragen, und möglicherweise werden sie es noch einmal 50 Jahre ertragen müssen. „Doch am Ende werden sich die Israelis nicht durchsetzen. Sie können nicht alles Land für sich allein beanspruchen."

Ist das nicht Wunschdenken?

„Im Augenblick ist Israel in einer Position der Stärke und kann dank amerikanischer Rückendeckung machen, was es will. Aber nichts währt ewiglich. Politische Prioritäten können sich verändern, Allianzen wechseln, neue Akteure auftreten, die Europäische Union zum Beispiel. Gewiss, ich rede von Hoffnung und vom Glauben, die Machtverhältnisse sind gegenwärtig gegen uns gerichtet, gegen die Palästinenser und die Araber." Wenn der Libanon ein wirtschaftlicher Tiger wäre, vergleichbar Singapur, Hongkong oder Malaysia, und die Palästinenser könnten den Verlust ihrer Heimat durch Wohlstand und gute Geschäfte kompensieren, würden viele Palästinenser vermutlich in die Zukunft schauen und die Vergangenheit verdrängen. Da sie aber keine Zukunft hätten, nur die wenigsten von ihnen, blieben sie zwangsläufig der Vergangenheit verhaftet. Ein geschlossener Kreis, ein Sprengsatz für die Zukunft. „Obwohl es mich nicht zwangsläufig nach Ramle zurückziehen würde, wenn es einen palästinensischen Staat in der West Bank und dem Gazastreifen gäbe. In dem Fall würde ich mich in der West Bank niederlassen und Ramle mit meinen Kindern an den Wochenenden besuchen."

Abu Hassana rechnet nicht mit einem palästinensischen Staat in naher Zukunft. Seine Generation sei eine Generation der Vertriebenen und werde es vermutlich bleiben. Möglicherweise werde nicht einmal seinen Söhnen die Rückkehr gelingen. Wenn nicht ihnen, dann allerdings deren Kindern. Entscheidend sei, dass es eine Genealogie gebe, die Weitergabe des Wissens um die Vergangenheit an die nächste und übernächste Generation. Das sei eine Frage der Ehre, der Würde und der Gerechtigkeit. Darauf zu verzichten hieße, das Unrecht anzuerkennen und sich selber aufzugeben. In dem Fall böte nicht einmal der Tod Erlösung, denn es bliebe auf ewiglich die Schande, der Verrat an sich selbst und an den Seinen.

Vor Ausbruch der zweiten Intifada im September 2000 fuhr ich mit dem Sammeltaxi von Nablus nach Ramallah. Abgesehen von dem Fahrer und mir saßen in dem Wagen nur alte, würdevolle Männer, freundlich und stoisch. Sie waren Bauern auf dem Weg zu einer Hochzeit, wie ich erfuhr. Wir passierten mehrere Straßensperren israelischer Soldaten. Wiederholt mussten sie aussteigen und sich einer Leibesvisitation unterziehen. Blutjunge Reservisten, die auf Hebräisch Männer anbrüllten, denen in der palästinensischen und arabischen Gesellschaft aufgrund ihres Alters höchster Respekt gezollt wird. Einmal fegte ein Soldat mit einer Handbewegung die Keffiyeh, das mit einer Kordel befestigte Kopftuch aus Baumwolle, eines der Männer hinweg. Der hob es wieder auf, ohne eine Miene zu verziehen, und setzte sich wortlos ins Auto. Später fragte ich meine Mitreisenden, wie sie diese Demütigungen mit solcher Gelassenheit ertragen. Einer von ihnen sagte, und die Antwort hat sich mir eingeprägt: „Wir vergessen nichts, mein Sohn. Wir können im Augenblick nichts gegen sie ausrichten, weil sie stärker sind als wir. Aber wir vergessen nichts. Wir nicht, unsere Kinder nicht, unsere Kindeskinder nicht. Wir werden niemanden richten, das liegt allein bei Gott. Aber wir vergessen nichts."

Ehre, Würde und Gerechtigkeit sind hoch angesehene Werte in der arabisch-islamischen Welt. Das mag erstaunlich erscheinen angesichts der gesellschaftlichen Realitäten, in denen diese Werte wenig bedeuten, jedenfalls nicht in der Politik. Gerade deswegen allerdings sind sie im Bewusstsein der Menschen umso wichtiger. Ehre, Würde, Gerechtigkeit sind Tugenden, die auf eine kollektive Identität verweisen, ein Selbstbild also, das sich von unseren individualisierten Gesellschaften in der technisch-rationalen Moderne unterscheidet. Vor dem Ersten Weltkrieg mochte man sich bei uns noch um der Ehre willen duellieren, seither endgültig nicht mehr. Nahöstliche Wertmaßstäbe sind uns fremd. Wir verstehen sie nicht. Und wir verstehen nicht, dass ihre fortgesetzte Missachtung, sei es etwa durch die amerikanische Militärpräsenz im Irak, sei es unter israelischer Besatzung, Gegenreaktionen auslöst, auch in Form terroristischer Gewalt, die aus arabischer Sicht als Widerstand gelten – Widerstand gegen Unrecht, Demütigung, Arroganz und Anmaßung. Wo Araber von Würde und Gerechtigkeit reden, reden wir im Westen lieber von Demokratie und Menschenrechten. Aus arabischer Sicht ist das zwar ehrenwert, doch in erster Linie Heuchelei. Warum, so die Standardfrage, schweigt der Westen zu der israelischen Besatzungspolitik? Was hat das amerikanische Vorgehen im Irak mit Freiheit und Demokratie zu tun? Da es keinen wirklichen kulturellen Dialog zwischen Orient und Okzident gibt, reden beide Seiten ständig aneinander vorbei. Jeder wähnt sich im Besitz einer höheren Wahrheit, bis sich die Spannung am Ende gewaltsam entlädt. Nicht zwangsläufig, aber immer häufiger.

Abu Hassana führt mich in das Studio von *Al-Alam*, ich bin Gast in der Interview-Runde „Das politische Gespräch". Wir fangen mehrmals an und werden immer wieder unterbrochen, weil die Kameras nicht einwandfrei funktionieren, die technische Ausrüstung eine einzige Improvisation ist, ähnlich den Spaghetti-Kabeln, die quer über die Gassen und Straßen in ärmeren Wohnvierteln arabischer Städte führen (oder, besser gesagt, hängen). Eine Art Umverteilung von oben nach unten, im wahrsten Sinn des Wortes: Entweder Strom oder Telefon, häufig beides, werden aus angezapften Verteilern in Eigenregie weitergeleitet, landesweit geradezu. Die Studiofarbe bei *Al-Alam* ist grün, die Farbe des Islam, und das gehört sich wohl auch bei einem Sender, der von der Islamischen Republik unterhalten wird. Am Anfang hatte ich Sorge, Abu Hassana könnte mit seinen Fragen eine anti-amerikanische Richtung vorgeben, aber dafür ist er zu intelligent. Er fragt nach dem Verhältnis zwischen Europa und Amerika nach dem Irak-Krieg, will wissen, ob die Europäische Union zu einer gemeinsamen Außen- und Verteidigungspolitik bereit sei, wie man in Europa über den amerikanischen Boykott des Internationalen Strafgerichtshofes in Den Haag denke, ob die Vitalität der mittel- und osteuropäischen Staaten eine wirtschaftliche Bedrohung für Westeuropa darstelle. Und, selbstredend, inwieweit die EU den gegen Teheran gerichteten Kurs amerikanischer Politik teile.

Schließlich geht es um meine Einschätzung der arabischen Welt: wie sie ihre Rückständigkeit überwinden könne. „Ich glaube“, sage ich, „dass viele Araber Schwierigkeiten haben, der Realität ins Auge zu blicken. Sie flüchten in Träume vergangener Größe oder beklagen sich, dass die Verhältnisse nicht so sind, wie sie idealerweise sein könnten. Und meistens geben sie dafür anderen die Schuld, dem Kolonialismus, dem Imperialismus, Amerika oder Israel. Aber es fehlt an Selbstkritik. Der Einsicht, dass man letztendlich für sein Leben selber verantwortlich ist. Leider weisen auch arabische Intellektuelle nur selten einen Weg aus der Krise. Sie gefallen sich darin, zu lamentieren oder den Westen zu geißeln, gleichzeitig jedoch arrangieren sie sich bestens mit ihren jeweiligen Regimen. Ich kenne jedenfalls keinen ägyptischen Meinungsmacher, der offen den pharaonischen Herrschaftsstil von Präsident Mubarak kritisieren würde. Oder ein Minimum an sozialer Gerechtigkeit anmahnen würde.

In der arabischen Öffentlichkeit wird viel diskutiert und geredet. Aber die arabische Politik hat versagt, als es darum ging, eine gemeinsame Linie gegenüber Saddam Hussein einzunehmen. Man hat Washington kritisiert, zu Recht kritisiert, doch jenseits dieser Kritik gab es kein gemeinsames Programm. Und während die Araber reden und reden, gestalten die Amerikaner den Nahen Osten nach ihren Vorstellungen neu. Das könnten sie nicht, wenn die Araber eine ernst zu nehmende politische Größe wären. Man kann Washington keinen Vorwurf machen, dass es die Schwäche der arabischen Seite erkennt und für sich nutzt. Das würden arabische Herrscher umgekehrt auch machen, wenn sie könnten.

Ein abschließendes Wort noch zum Thema Israel: Vielfach dient es als Alibi, als Generalabsolution für die Versäumnisse der arabischen Welt. An geradezu allem soll Israel Schuld sein? Selbst wenn es den jüdischen Staat nicht gäbe, wäre die Misere der arabischen Welt, ihre Stagnation und fehlende Kreativität, ihre Repression und Gewalttätigkeit dieselbe."

Tanger.
Die verlorene Zeit

Wer sich der arabischen Welt als Romantiker nähert, erlebt sehr schnell einen nachhaltigen Realitätsschock. Der Mythos des Orients ist längst verblasst, seine Farben blättrig. Sepiafarbene Photographien oder Reiseberichte aus dem frühen 20. Jahrhundert vermitteln noch ein Bild von vergangener Pracht, der Grandezza kolonialer Bohème, dem Müßiggang der Reisenden, die in den Grandhotels von Beirut oder Kairo ihren Geschäften nachgingen oder böse Intrigen spannen – bis hin zum „Tod auf dem Nil" oder dem „Mord im Orient-Express". Abenteuer und Exotik lockten unstete Existenzen, unvergessen Lawrence of Arabia oder Gertrude Stein, die in den zwanziger Jahren im Auftrag der britischen Regierung den Vorderen Orient bereiste und London im Irak dieselben Schwierigkeiten prophezeite, die dort heute, unter anderen Vorzeichen, die Amerikaner erleben. „Arabien" als Projektionsfläche europäischer Sehnsüchte und Schnittstelle imperialer Interessen, die bis nach Indien reichten, diese Welt existiert nicht mehr, ging unter kurz nach dem Zweiten Weltkrieg, mit der Unabhängigkeit der arabischen Staaten. Kosmopolitische, „multikulturelle" mediterrane Städte, Handelsdrehscheiben zwischen Europa und dem südlichen Mittelmeer, fielen kulturell und wirtschaftlich zurück, weitgehend in die Bedeutungslosigkeit. Die europäischen Bewohner von Beirut, Alexandria oder Tanger waren nicht länger gelitten und emigrierten angesichts des nationalistischen „Sturm und Drang", der vor allem Ägypten unter Nasser erfasst hatte. Mit seinem Charisma und seiner blendenden Rhetorik eroberte er die arabischen Herzen von Marokko bis in den Irak und begründete eine neue Ära, die des arabischen Nationalismus.

Leider ging der Aufbruch der Herzen nicht einher mit einem Neubeginn, der gesellschaftliche Wurzeln geschlagen hätte. So verfügten Ägypten und Südkorea in den fünfziger Jahren über nahezu dieselben Wirtschaftsdaten. Heute zählt Südkorea zu den reichsten Ländern Asiens, während Ägypten zur Dritten Welt rechnet und aufpassen muss, nicht in die Vierte abzugleiten. Warum das so ist, davon wird im Folgenden noch die Rede sein. Zunächst aber möchte ich bei der Romantik verweilen oder, besser gesagt, bei der eher nüchternen Frage: Wie geht man damit um, wenn die eigenen Bilder im Kopf nicht mit der Wirklichkeit übereinstimmen? Für mich persönlich habe ich diese Frage mit Pragmatismus beantwortet. Ich stelle mich der Wirklichkeit in den arabischen Ländern, beschönige sie nicht als Journalist oder Autor, sondern frage nach den Ursachen der Misere. Die hiesige Stammtisch-Variante der Ursachenforschung lautet, der Islam sei an allem schuld. Eine rückständige Religion sei eben nicht fortschrittstauglich. Ich diskutiere längst nicht mehr mit solchen Auguren, obwohl sie in der Regel einflussreiche Positionen in der Politik oder den Medien bekleiden. Aber ich bin froh, dass die Amerikaner nach dem Zweiten Weltkrieg nicht so über die Deutschen dachten – ein fanatisches Volk, *born to make war*. Nach dieser Logik hätte sich der Marshall-Plan nicht gerechnet, wäre jeder Wiederaufbau Deutschlands eine bloße Geld- und Zeitverschwendung gewesen; und wir würden heute möglicherweise unter ebenso ärmlichen Bedingungen leben wie die Menschen in Albanien oder Moldawien. Selbstgefälligkeit ist nie ein guter Ratgeber. Jenseits der fatalen Präsenz von Unfreiheit, Terror und Gewalt in der arabischen Welt darf man doch wohl daran erinnern, dass nicht Araber oder Muslime für Auschwitz verantwortlich waren, sondern Deutsche. Ich sehe mithin keinen Grund für Selbstgerechtigkeit und Überlegenheitsgefühle.

Realität und Romantik schließen sich nicht immer gegenseitig aus, manchmal ergänzen sie sich, erzeugen wechselseitige Bilder und Wahrnehmungen, bis am Ende die Kraft der Imagination neue Wirklichkeiten schafft – oder umgekehrt. In dem Fall spricht man von einem Mythos. Tanger, die Hafenstadt im Norden Marokkos, dort, wo Afrika Europa sehen kann, ist ein solcher Fall, ein Mythos allerdings, der sich still und leise verabschiedet, sich zu einer fernen Erinnerung verflüchtigt. Bis vor kurzem noch gab es dort ein letztes Refugium für die Gestrandeten einer verlorenen Zeit, die nicht wahrhaben mochten, dass sie ihre Zukunft längst hinter sich hatten. Vielleicht war es ihnen auch egal, weil sie sich der Seelenlosigkeit der Moderne bewusst verweigern wollten. Lieber ließen sie sich treiben, Flaneure ihrer eigenen Vergangenheit, die unaufhaltsam von der Gegenwart verdrängt wurden, jenem Tanger, in dem Armut und die Flüchtenden eines ganzen Kontinents aufeinander treffen. Die folgende Geschichte ist zehn Jahre alt, doch nichts hat sich seither geändert – abgesehen davon, dass ihre europäischen und amerikanischen Protagonisten mittlerweile gestorben sind. Aber das macht ihnen vermutlich nichts aus, weil sie dem Paradies schon auf Erden recht nahe waren. Ich erzähle die Geschichte deswegen, weil sie zu den schönsten gehört, die ich in der arabischen Welt erlebt habe, vielleicht wegen der ihr innewohnenden Melancholie.

Madame Guitta und der amerikanische Traum

Fangen wir an mit Caruso, dem Pekinesen, der böse zu kläffen beginnt, sobald ihn der ahnungslose Fremde französisch oder spanisch begrüßt. Caruso legt Wert auf eine englische Ansprache, und Madame Guitta würde es mit höchstem Unwillen registrieren, wenn der Gast die Eigenarten ihres Hauses nicht zu respektieren verstünde. Die Sitzordnung ist heilig. Einige der Damen und Herren dinieren seit vierzig Jahren, seit Bestehen des Restaurants, auf immer denselben Plätzen, bestellen dieselben Gerichte zu immer denselben Zeiten, halten ängstlich fest an den letzten Gewissheiten ihres immer arabischer, immer fremder werdenden Exils. In „Guitta's Restaurant" immerhin scheint die Zeit stehen geblieben. Eine Oase der Vergangenheit, die elsässisch anmutende Gemütlichkeit mit orientalischem Dekor verbindet.

Mohammed, der Kellner mit dem verschwitzten Fez, ist der einzige Marokkaner in der Runde. Wie schlafwandelnd bringt er die Speisen, beantwortet französische Fragen auf Spanisch, englische gar nicht, und sehr gerne spitzt er die Lippen und pustet, als wolle er den hochbetagten Gästen ans Lebenslicht. Fragt man ihn nach den guten alten Zeiten, fängt er fast an zu tanzen. Ja, damals! Als noch die großen Limousinen vorgefahren sind! Und die Kutschen! Die Eleganz des Publikums! Die Größe der Gefühle und des Herzens! Die Kordel des Fez schwingt um seine Kopf, er wirkt fünfzig Jahre jünger. Doch die Erinnerung trägt nur einige Augenblicke, dann fügt sich Mohammed wieder in den Lauf der Lebens, schlurft murmelnd und pustend zu den Tischen, an denen die vornehmen Kunden schweigend speisen. Ansonsten redet man hier mit gedämpfter Stimme. Über das Geld und den Tod, über Mätressen und Männerliebe.

„Guten Appetit!" Unser Tischnachbar, ein britischer Gentleman und D-Day-Veteran, zuckt zusammen. Nach langem Schweigen kontert er mit einem nasalen Cockney: „*Look, I do not know you*", sagt er und vertieft sich in seine ledern eingebundene Lektüre: abenteuerliche Berichte über waghalsige Safaris in Britisch-Ostafrika und Britisch-Indien. Madame Guitta legt Patiencen, wenn sie nicht gerade uralte Ausgaben von *Paris*

Match liest: die schwierige Pubertät der Prinzessin Caroline. Madames Mutter war Schweizerin, ihr Vater Spanier, sie selbst wurde in Argentinien geboren. Mehr verrät sie nicht.

Tanger ist ein Ort am Rande der Zeit, hier führen europäische und amerikanische Exilanten ein Leben, das anderswo längst undenkbar wäre, geruhsam und in wundersamen Konventionen. Die Rückkehr in ihre alte Heimat haben sie spätestens 1956 mit der Unabhängigkeit Marokkos verpasst, als Tanger aufhörte, Eldorado zu sein – für ausländische Finanzhaie und Profiteure, Schwarzhändler und Schmuggler, für Entwurzelte aus aller Welt. Tausende verließen damals das sinkende Schiff; wer blieb, hielt fest an dem, was einmal war. Nichts fürchten die Gäste bei Madame Guitta mehr als die Realität, die unerbittliche Frage: Haben wir unser Leben vertan? Sind wir nur noch verblassende Abziehbilder unserer selbst? Niemand ist hier neugierig auf Neues, niemand mag mit Fremden reden.

Auch Gordon Brown nicht, wenngleich aus patriotischen Motiven – die Sicherheit der Vereinigten Staaten wäre gefährdet. Abends sitzt er an der Bar des Hotels „El Minzah“, die als Vorbild diente für „Rick's Bar“ in *Casablanca.* Verloren hält er sich fest an einem Cocktail, die Gegenwart ein stumpf gewordener Spiegel großer, fast vergessener Tage. Der 94-Jährige war der letzte noch lebende Mitbegründer der CIA. Nach Tanger kam er in den zwanziger Jahren und intrigierte mit dem legendären Rif-Rebellen Abd al-Karim Khitabi gegen die Spanier in Marokko. Der Pianist spielt *As time goes by.*

Am anderen Ende der Theke steht ein Spanier, der aussieht wie Salvador Dalí, behangen mit Orden und mittelalterlichen Gewändern. Er mag um die 80 sein und führt einen seitenfüllenden Namen. Karriere machte der Edelmann als Hofnarr des Bruders Seiner Hoheit Hassan II., des damaligen Königs von Marokko. Nicht minder blaublütig ist Sir David Herbert, der gelangweilt die Monologe des Märchenerzählers erträgt. Sir

David darf sich über die Linie Pembroke dem britischen Königshaus verbunden fühlen und steht etwa auf Platz zehn der Thronfolge. Der 84-Jährige kommt stets in Begleitung zweier langjähriger marokkanischer Liebhaber, die, so sagt man, auf seinen baldigen Tod und ein großzügiges Erbe hoffen.

Häufig führt der Zufall in Tanger Regie. „Wir sind", erinnert sich Marguerite McBey, „nach der Hochzeit von New York nach London gezogen. Aber da war es so verflucht kalt." Wie die meisten gestrandeten Senioren, für die Geld keine Rolle spielt, lebt auch die amerikanische Malerin, 89 Jahre alt, im Villenviertel Vieille Montagne: ein mediterraner Garten Eden mit Blick auf die Straße von Gibraltar. Ganz hinten schimmert die Küste Andalusiens, wo man bei klarer Sicht die Autos fahren sieht. Marguerites Mann James starb 1959. Auch er war Maler, ein Schotte. Und eines Tages sagte James: „Lass uns in den Süden reisen, immer der Sonne nach." So kamen sie nach Tanger, im Sommer 1932. Es war Liebe auf den ersten Blick. Binnen einer Woche kauften sie ein Haus. „Wir waren damals die Einzigen mit einem Rolls-Royce. Erst Jahre später erfuhren wir, dass wir deswegen von italienischen Agenten observiert wurden, die uns für amerikanische Spione hielten."

Tanger, giftige Narbe an der Schwelle zu Afrika, keine zwanzig Kilometer Luftlinie von Spanien entfernt, wurde im Zweiten Weltkrieg ein Zentrum internationaler Intrige. Gedungene Gestalten mit Namen wie Pinto, Gonzales oder Benmoussa strichen über die Korridore verfeindeter Konsulate, reichten hastig Zettel weiter an der Place de France oder dem Petit Socco. Die Deutschen logierten im Hotel „Rif". Gefährliche Gerüchte kursierten. Die Nazis hätten sechs professionelle Killer geschickt – im Visier die Agenten der Alliierten. Um dieser schwerwiegenden Bedrohung zu begegnen, nahmen amerikanische Spione den Barmann des Hotels unter Vertrag, einen Schwarzafrikaner, Student in Cambridge. Er versprach, auf ein Zeichen die Cocktails der Krauts zu vergiften. Aber da war der Krieg zu Ende.

„*Tin ga'a!*" rief Noah, als die Taube auf die Arche zurückkehrte, „Erde ist gekommen!" Denn an den Krallen hatte sie Lehm, das Festland war nicht mehr weit. So entstand der Name Tanger, berichtet die Sage. Tanger ist eine der ältesten Siedlungen Nordafrikas, gegründet wahrscheinlich von den Phöniziern vor 3500 Jahren. In der Neuzeit, zu Beginn des vorigen Jahrhunderts, stritten die Kolonialmächte um die Vorherrschaft in Marokko. Das Land wurde geteilt. Den Küstenstreifen im Norden erhielt Spanien, den größeren Rest sicherte sich Frankreich. Tanger, strategisch günstig gelegen und begehrt von vielen, wurde 1923 „internationale Zone": eine europäische Enklave mit eigenen Gesetzen, die sie bis zur Unabhängigkeit Marokkos im Jahr 1956 blieb.

„Tanger war verdorben", meint Rachel Muyal, die seit vierzig Jahren den Buchladen „Librairie des Colonnes" führt. „Es gab damals weder Zoll- noch Devisenkontrollen. Die Stadt roch nach Geld. Wer reich werden wollte, egal wie, der kam nach Tanger." Die Hafen- und Handelsstadt wurde Legende, ein Mythos, der nicht nur Hasardeure und Glücksritter anzog, sondern auch Literaten und Künstler, die sich fallen ließen in einer fremden, exotischen Welt, immer auf der Suche nach unverfälschten Bildern. (Oder, profaner, auf der Suche nach homosexuellen Partnern, an denen es hier nie mangelte.)

Wer war nicht in Tanger, ein paar Wochen, ein Leben lang! Rachel Muyal hat längst den Überblick verloren, wer alles in ihrer Librairie gestöbert und gelesen hat: Tennessee Williams, Truman Capote, Samuel Beckett; Paul Morand, Jean Genet, Albert Camus … In den Sechzigern belagerten die Beatniks Tanger, Allen Ginsberg und seine Freunde; auf die Künstler folgten die Milliardäre, darunter Barbara Hutton, die exzentrische und psychisch kranke Woolworth-Erbin. Sie wohnte in der Medina, der Altstadt. Mit Blick aufs Meer, in einem Phantasie-Palast, logierte der amerikanische Verleger Malcolm Forbes, der seine Gäste mit einem auf den Namen *Forbes' Capitalist Tool* getauften Privatjet einfliegen ließ: Rita Hayworth, Douglas Fairbanks, Elisabeth Taylor …

Alles Vergangenheit. Auch Paul Bowles lebte in Tanger, seit den dreißiger Jahren. Bis zu seinem Tod im November 1999. Die letzten Lebensjahre lag er meistens im Bett, die Vorhänge zugezogen und mit leiser Ironie über Nebensächlichkeiten plaudernd. Jeder, der zu ihm fand, war willkommen. Telefon hatte er nicht, warum auch: „Gott ist Einbildung. Der Tod ist Einbildung. Beide sind ohne Bedeutung. Nicht anders als das Leben." Mit 36 Jahren schrieb Paul Bowles *Der Himmel über der Wüste*, die Geschichte einer Reise von New York nach Tanger, eine Parabel auf die Vergeblichkeit westlicher Utopien. „Im Orient leben die Menschen im Frieden mit sich selbst. Sie sind einverstanden mit der Lösung ihrer Lebensprobleme. Sie sind zufrieden, weil sie keine Fragen stellen. Sie ruhen in sich. Sind nicht getrieben. Sie sind glücklich. Die dümmste Droge ist der amerikanische Traum."

„Was wissen diese Ausländer schon von Tanger. Sie haben die Stadt benutzt, ausgesaugt. Wie eine Zitrone. Schmarotzer, hergekommen, um zu huren und zu kiffen. Kolonialisten." Mohammed Choukri ist ein Phänomen. Mit 21 Jahren lernte er lesen und schreiben, heute gehört er zu den bedeutendsten arabischen Schriftstellern, literarisch eine Kreuzung aus Charles Bukowski und, sagen wir, Sartre, jedenfalls ein Existentialist aus Anschauung. Seine Jugend verbrachte er in der Gosse, besorgte es vornehmen Franzosen im Auto, wie er in einer Erzählung beschreibt, und traf irgendwann im Café einen Literaten, den er bewunderte, weil den alle bewunderten und der eine Wohnung hatte. Dann fing er an zu schreiben. Seine Romane und Kurzgeschichten sind autobiographische Underground-Skizzen in brutaler Prosa, ohne Hoffnung oder Vision.

Von Paul Bowles hielt er nicht viel, obwohl der ihn als Erster übersetzte. Rivalitäten vielleicht. Chouki lebte bis zu seinem Tod im November 2003 allein, abgesehen von seinem Schäferhund und zwei Eichhörnchen. Ständig soff er, aber auch nach Unmengen Whiskey war er klar bei Verstand, setzte sich hin und schrieb. Was Glück für ihn bedeute? „Überleben."

Überleben wie Tayyib, der Kellner im „Café Tingis" im Herzen der Altstadt. Tayyib sieht aus wie Charlie Chaplin; weiß livriert und ewig lächelnd, bedient er seine Kunden, jede Geste, jede Bewegung Ausdruck seiner selbst, keine gelangweilte Routine. Nie würde er fragen: Ja bitte? Er tänzelt um die Tische, kennt seine Gäste, reagiert auf Rufe, kurze Blicke, und sofort ist er da, manchmal devot, immer freundlich, schlechte Laune mit einem unergründlichen Lächeln erwidernd. Menschen wie Tayyib gibt es viele im Orient. Man könnte ihm ein Vermögen anvertrauen, es wäre bei ihm so sicher wie in der Bank von England. Obwohl er arm ist. Eine kleine Wohnung in der Medina und fünf Kinder. Sein Sohn steht im „Tingis" am Tresen und presst Orangensäfte. Seit 25 Jahren bedient Tayyib hier, „Gott sei gepriesen. Es ist gut, wir leben", sagt er. So ist Tayyib, liebenswert und für Europäer ewig ein Fremder.

Tanger ist eine Stadt für Flaneure, nicht für Getriebene. Morbide und mit vielen Nischen, um ein Leben zu führen in Muße. Wie Idris. Er bewohnt eine winzige Wohnung unweit der Kasbah, der alten Festung am höchsten Punkt der Medina. Früher war er Teppichflicker, aber heute ist damit kein Geld mehr zu verdienen. Wie er seine Tage verbringt? „Ich sitze und beobachte meine Vögel." Und er sitzt da Tag für Tag, Monat um Monat, auf einem alten Stuhl und beobachtet seine drei Vögel im Käfig, ab und zu eine Kif-Zigarette rauchend, einen Joint also, freundlich und wach, aber ohne Interesse an der Welt. „Immer dasselbe Gerede. Warum?", fragt der bullige, vielleicht 50-jährige Einsiedler, der die höchste Stufe menschlicher Freiheit erreicht haben mag, für einen Europäer kaum noch nachvollziehbar – eine bewusste Entscheidung gegen jede Mobilität, gegen eine sich selbst verzehrende Rastlosigkeit.

Die Medina ist ein intimer Ort, ein auf die Straße vergrößertes Wohnzimmer. Jeder kennt hier jeden, eine große Familie mit all ihren Vertrautheiten und Nachstellungen. Man trifft sich am Brunnen, holt Wasser und plaudert, vor allem die Frauen. Im Gemüseladen an der Ecke sitzt Ali und lächelt verlegen, als ihn sein Bruder Hassan ablöst. Die Brüder besitzen nur ein Paar Schuhe, und Ali muss barfuß nach Hause. In der Bäckerei gegenüber hängt ein Schild mit der Aufschrift: Kein Brot auf Kredit oder gegen Gotteslohn. Mohammed, der 20-jährige Bäcker, weiß sehr genau, was er will. Natürlich, sie alle haben schon mit dem Gedanken gespielt, nach Europa zu gehen. „Wir würden da mehr Geld verdienen, klar. Aber das Leben in Paris oder Madrid ist viel teurer, und wir wären getrennt von unseren Familien."Wie wohl jeder in Tanger sieht auch Mohammed fast ausschließlich spanisches Fernsehen, weiß er über Politik und Fußball in Spanien bestens Bescheid. „Ich würde gerne mal nach Europa", sagt er. „Als Besucher, um mal zu sehen, ob alles wirklich so ist wie im Fernsehen. Aber die würden mir nie ein Visum geben." Er grinst hintergründig. „Irgendwann nehm' ich mir ein Boot und ruder' rüber nach Spanien. Die können mich doch mal. Ich würde ja nicht lange bleiben. Nur mal sehen, wie das so ist."

Jamal Amiar zeigt Bilder. Ein Schnellboot, zerschmettert am Strand, daneben zwei Leichen. Aufgenommen nicht weit von Tanger. „Die müssen in der Dunkelheit die Orientierung verloren haben. Falsche Richtung. Wie ein Auto, das mit Vollgas gegen die Wand fährt." Jamal Amiar ist Herausgeber der Wochenzeitung *Les Nouvelles du Nord*. Er kennt sich gut aus im Milieu der Menschenschmuggler. „Vor allem Schwarzafrikaner versuchen zu Tausenden, von Tanger nach Spanien überzusetzen. Für die

Fischer leicht verdientes Geld. Da gab es einen Schlepper, der die Flüchtlinge mit seinem Boot die marokkanische Küste entlangfuhr und östlich von Tanger wieder absetzte." Spanien! Europa! Die Schwarzafrikaner brauchten einige Zeit, bis sie den Betrug entdeckten. Danach durchkämmten sie Tanger, bis sie den Schlepper fanden. „Sie haben ihn mit einem Drahtseil stranguliert, ganz langsam, ohne jede Hast."

Wir sitzen im „Café de Paris" am Boulevard Pasteur, der Hauptgeschäftsstraße Tangers. Eine Flaniermeile mit teuren Geschäften. Nur zwei Autominuten entfernt von der unbefahrbaren Medina und doch eine andere Welt. Nach der Jahrhundertwende angelegt von Europäern, wie die ganze Neustadt, die sich hinter der Medina erstreckt und durchzogen ist von strahlenförmig angelegten Straßen. Nach Pariser Vorbild münden sie in rondellartigen Plätzen, die gleichzeitig Fluchtpunkte bilden für die Gründerzeitbauten. Hinter dieser europäischen Neustadt liegt das anonyme, das gesichtslose Tanger, eine uferlos wachsende Metropole. Hunderttausende, die in schlichten Betonwürfeln leben, oftmals hart an der Grenze zum *bidonville*, zum Slum. Ein Leben von der Hand in den Mund, in Stadtteilen ohne Namen, auf keiner Karte verzeichnet. Arbeiter, Angestellte, kleine Händler.

Abschaum vermutlich in den Augen des kahlköpfigen Mannes, der sich vor dem „Café de Paris" auf einen Straßenhändler stürzt. Er packt den Hosenverkäufer am Genick und bricht ihm mit einem gezielten Schlag die Nase. Niemand regt sich auf, ein belangloses Spektakel. Ein vergitterter Citroen fährt vor; der Schläger steigt ein mit der konfiszierten Ware, ein Polizist. Der Straßenhändler blutet, nervös läuft er hin und her. Als der Wagen nach einer Weile Gas gibt, wirft er mit voller Wucht einen Stein auf das Gitter der Rückscheibe und rennt wortlos davon, ruiniert und ohne Hoffnung auf Gerechtigkeit.

Jamal kennt das Spiel, aber er ist nicht gleichgültig: „Die Reichen und Mächtigen scheren sich nicht im Geringsten um die Armut im Land. Wenn du arm geboren wurdest, bleibst du arm. Gottes Wille, Pech für dich. Bei diesen Tagedieben zeigt der Staat keine Gnade, wie du siehst. Dabei ist er im Großen und Ganzen milde und verständig. Korrupt bis in die Knochen, könnte man sagen. Sieh dir diese Gangster an in ihren Limousinen."

Eine Stunde im „Café de Paris" zeigt menschliche Abgründe im Zeitraffer. Die Kontraste könnten größer kaum sein. Cabriolets mit dröhnenden Motoren, die Fahrer mit Goldkettchen und dem feisten Lächeln derer, die es geschafft haben. Parvenus und Politiker leben nicht schlecht in Tanger. Jamal weiß genau, welche Immobilie am Boulevard Pasteur mit Drogengeldern erworben wurde. Südöstlich der Stadt erstreckt sich das größte Hanfanbaugebiet der Welt, dort liegt der Schlüssel zu Reichtum und Macht. Jeder weiß es, aber niemand redet darüber, schon gar nicht mit Fremden. Ausgenommen Jamal, der kein Blatt vor den Mund nimmt und in den *Nouvelles du Nord* bissig und ironisch den Lauf der Dinge kommentiert. In Marokko ist diese Offenheit ungewöhnlich, auch in Tanger sind die Menschen eher diskret, politische Themen werden höflich vermieden.

„Na ja, ich habe in New York studiert. Ich kenne drei Kulturen, und ein Ventil ist das Schreiben. Sonst wirst du verrückt. Aber ich kann nirgends leben außer in Tanger. Die Stadt ist schwer zu ergründen, und wer weiß, was wird. Vielleicht proben die Armen eines Tages den Aufstand. Wahrscheinlich bleibt aber alles beim Alten. Die Armut wird wachsen und mit ihr die Kluft zu denen, die alles haben und noch mehr."

Alles eine Frage der Perspektive. Orte wie Tanger werden Mythen, weil sie zeitlos sind. Denen aber, die alle Zeit der Welt haben, bedeuten Mythen nichts. Sie wollen leben, in Würde.

Arabische Einheit. Eine Illusion an der Macht

Es war eine Zeit wie in einem *film noir*, eine Zeit ohne Gewissheiten, unbeständig und melancholisch. Politisch eine Fieberkurve. Nasser hatte Ägypten mit seinem Nationalismus betäubt, nur wenige Ausländer waren geblieben. Sie trafen sich in Wiener Confiserien und griechischen Cafés, letzten Ruhestätten kolonialer Grandezza. Kairo hatte damals, in den fünfziger und sechziger Jahren, nicht mehr Einwohner als heute Berlin, und die Reichen und Schönen fuhren am Wochenende auf leeren Straßen Rallyes, zu den Pyramiden. Mit bauchigen Wagen, die langen Schatten wie gemeißelt. Sie lebten in Wohnungen, größer als Turnhallen, ein Raum ging in den nächsten über, ein endloses Spiegelkabinett. Versonnene Blicke ahnungsloser Unschuld, die jungen Liebespaare trugen Rüschenkleider oder Jeans, sahen aus wie die ägyptischen Brüder und Schwestern von James Dean oder Marilyn Monroe.

ANA BEHIBBAK AWWI AWWI – ich liebe dich so sehr. Doch dann geschieht der Mord, heimtückisch und unberechenbar. Wie in dem Film *Das Haus Nummer 13* aus dem Jahr 1952, einer ägyptischen Hitchcock-Adaption. Ein Mord an einem bekannten Nervenfacharzt ist geschehen. Sharif, ein Architekt, wird der Tat beschuldigt. Mit Hilfe seiner Frau, die ihn über alles liebt (siehe oben), gelingt es ihm, den wahren Täter zu überführen, nämlich Sharifs eigenen Nervenarzt, bei dem er seit einigen Monaten in Behandlung war. Der hatte Sharif hypnotisiert und ihn unter Hypnose den Mord im besagten Haus Nummer 13 ausführen lassen, um den lästigen beruflichen Konkurrenten loszuwerden.

Wie das Leben eben so spielt. Ein Meister der Hypnose war auch Gamal Abdel Nasser, der größte arabische Volkstribun aller Zeiten, jedenfalls seit Saladin, dem Bezwinger der Kreuzfahrer. Viele sehen in ihm einen Demagogen und Kriegstreiber, und in der Tat ist die Zahl seiner politischen Fehler immens. Dennoch ist er in der arabischen Welt Kult, bis heute. Und selbst seine größten Widersacher räumen ein, dass er einer Vision folgte, die ihn beseelte und umtrieb. Das unterscheidet ihn von den meisten arabischen Staatschefs heute, denen es in erster Linie um ihren eigenen Machterhalt geht. Nasser wollte die arabische Welt unter seiner Führung einen, sie zu einer treibenden Kraft in der Bewegung der Blockfreien machen, die ihn 1955 auf der legendären Konferenz im indonesischen Bandung mit großer Geste in ihre Reihen aufnahm. Letztendlich ging es ihm um „Würde", „Ehre" und „Gerechtigkeit", jene im Orient hoch angesehenen Tugenden und Werten, von denen bereits die Rede war und die das Denken und Empfinden der meisten Menschen in der Region prägen. Nach 150 Jahren Fremdherrschaft und Demütigung, angefangen mit Napoleons Ägypten-Invasion 1798, sollten die Araber endlich ihren Platz unter den Großen der Welt finden. Nasser war ihr Bannerträger, ein charismatischer Führer und brillanter Redner, dem die Menschen zujubelten, dem sie glaubten und ergeben waren, die Intellektuellen ebenso wie einfache Menschen und selbst noch die ehemals königstreue Aristokratie, die sich schnell mit den neuen Verhältnissen zu arrangieren verstand.

Nach dem Zweiten Weltkrieg also endete die Ära des Kolonialismus. Paradoxerweise wurde sich die arabische Welt ihrer Identität erst bewusst, als sie unter der kolonialen Vorherrschaft litt. Nacheinander wurden die arabischen Staaten unabhängig. Diejenigen, die an die Macht gelangten, sei es durch einen blutigen Staatsstreich (oder, wie Nasser 1952, durch einen unblutigen), sei es nach einem Unabhängigkeitskrieg wie in Algerien, suchten nach einer Ideologie, die sie einte und die jeweiligen Herrscher legitimierte. Was lag näher, als von der Einheit der arabischen Nation zu träumen? Die arabische Einheit, *al-wahda al-arabiyya*, wurde zum geflügelten Wort, zu einem politischen Manifest, mehr noch: zu einem Warenzeichen, einem frühen Lifestyle-Code, vergleichbar Coca Cola oder Dschihad, Ayatollah oder Microsoft.

Warum sollten Diebe ihre Beute teilen?

Allerdings blieb es beim Traum, der in der Realität keine Entsprechung fand. Alle redeten von der arabischen Einheit, aber im politischen Alltag fand sie jenseits der Rhetorik nicht statt – abgesehen von einer kurzen und unbedeutenden Episode, der staatlichen Vereinigung Ägyptens und Syriens in den Jahren 1958 bis 1961. Es konnte nicht funktionieren. Jenseits von Sprache, Geschichte und der einigenden Religion des Islam (die Christen stellen nur in Ägypten, im Sudan, im Libanon, in Syrien sowie unter den Palästinensern relevante Minderheiten) sind die kulturellen und ethnischen Unterschiede innerhalb der arabischen Welt gewaltig. Auch die politischen Gemeinsamkeiten etwa zwischen Algerien und Saudi-Arabien oder zwischen Tunesien und dem Irak sind äußerst gering, abgesehen von der allenthalben fehlenden Demokratie. Warum auch sollten Staaten, die gerade erst unabhängig geworden waren, ihre Macht wieder abtreten, im Namen der arabischen Einheit? Daran war niemand interessiert, was auch die politische Bedeutungslosigkeit der Arabischen Liga erklärt. Sie ist seit ihrer Gründung 1945 immer ein Papiertiger geblieben, weit davon entfernt, ein arabisches Gegengewicht zur Europäischen Union zu werden.

Auch aus einem weiteren wichtigen Grund nicht. Es fehlte und fehlt die soziale Basis für die arabische Einheit. Der europäische Einigungsprozess konnte nach 1989 deswegen erfolgreich voranschreiten, weil er in den bürgerlichen Mittelschichten von Stockholm bis Istanbul, von Estland bis Portugal breite Resonanz findet. Die europäische Idee ist in den Programmen aller Parteien enthalten, ob Konservative oder Sozialdemokraten. „Europa" ist demzufolge nicht allein ein emotionales Bekenntnis, sondern ein sehr konkretes politisches und wirtschaftliches Projekt. Die arabische Welt aber hat eine ganz andere Sozialstruktur als Europa. Die dortigen Mittelschichten spielen nur eine untergeordnete Rolle, ihr Anteil an der Gesamtbevölkerung ist allenthalben minoritär. Die Gesellschaft setzt sich in etwa wie folgt zusammen: Zehn Prozent Superreiche, 20 bis 30 Prozent überwiegend schlecht bezahlte Angestellte und Beamte – die arabischen Mittelschichten –, der Rest entfällt auf Armut und Subsistenzwirtschaft, den so genannten informellen Sektor. Eine Art millionenfache Ich-AG, von einem Tag auf den anderen lebend. Der Straßenverkäufer oder fliegende Händler, der selbst ernannte Parkplatzwächter, der nervende Touristenführer, der jedem Ausländer seine Dienste anbietet, der Mann vom Kebab-Stand an der Ecke, der Bauer, der sein Obst auf dem Eselskarren feilbietet: allesamt Menschen ohne Perspektive, ohne soziale Absicherung, ohne Chance auf ein besseres Leben.

Das städtische Bürgertum ist nicht nur zahlenmäßig schwach ausgeprägt, es läuft zudem ständig Gefahr, ebenfalls in Arbeitslosigkeit und Armut abzugleiten. Die wirtschaftliche und politische Macht liegt entweder in der Händen von Erbmonarchien, die ihre Alleinherrschaft gerne religiös legitimieren, indem sie etwa behaupten, ihren Stammbaum bis zum Propheten Mohammed zurückverfolgen zu können. Das ist in den Golfstaaten der Fall, vor allem in Saudi-Arabien, sowie in Jordanien und Marokko. Oder aber sie liegt in den Händen einer säkularen Nomenklatura, die sich aus den Reihen der Armee und der staatlichen Bürokratie rekrutiert. Das gilt im Großen und Ganzen für alle anderen Staaten. Dieses Modell funktioniert in Ägypten wie folgt: Nasser übernimmt, wie erwähnt, in einem unblutigen Putsch 1952 die Macht. Anschließend stellt sich für ihn die Frage, wie er seine Macht organisiert und die Bevölkerung für sich gewinnt. Zu diesem Zweck schafft er eine aufgeblähte Bürokratie, die jedem Hochschulabsolventen einen Arbeitsplatz garantiert. In der Regel sind das schlecht bezahlte Phantom-Jobs, die aber immerhin das Existenzminimum garantieren. Um dieses Modell zu finanzieren, werden zunächst ausländische Vermögen beschlagnahmt und Schlüsselbereiche der Wirtschaft verstaatlicht, darunter 1956 der Suezkanal, der sich im überwiegenden Besitz britischer und französischer Aktiengesellschaften befindet. Später, in den sechziger Jahren, werden auch das ägyptische Großbürgertum und die Großgrundbesitzer, die ehemalige Aristokratie, weitgehend enteignet. An den Schalthebeln der staatlich gelenkten Wirtschaft sitzen überwiegend Militärs in Zivil, verdiente Generäle oder Weggefährten der Putschisten, die keine Ahnung von Betriebswirtschaft haben, jedoch bestens verstehen, sich hemmungslos zu bereichern.

Das ist natürlich nur eine grobe Skizze, aber sie gilt im Wesentlichen für alle arabischen Länder mit einer säkularen Nomenklatura, von der Unabhängigkeit bis heute. In den Erbmonarchien dagegen befinden die jeweiligen Herrscherfamilien über die Verwendung der Staatsfinanzen, niemand sonst. Das Ergebnis ist dennoch dasselbe. Allenthalben dominiert eine Rentenökonomie. Das heißt, eine kleine Machtelite befindet über die Verteilung der wirtschaftlichen Ressourcen und der staatlichen Einnahmen, wobei sich die Oberschicht in erster Linie selber bedient, um anschließend die verbleibenden Gelder unter Klientel-Gesichtspunkten nach unten zu streuen – eine Gunst, die Loyalitäten schaffen soll. Wer reich ist, wird sein Geld in der Regel ins Ausland schaffen. Im Inland wird kaum investiert, bestenfalls in Immobilien. Die Regierungen in der arabischen Welt organisieren nicht viel mehr als den Diebstahl an der eigenen Bevölkerung. Nach außen ist dieses System geradezu hermetisch abgeschlossen. Wer nicht durch Putsch oder Geburt zur Elite gehört, hat so gut wie keine Chance auf einen sozialen Aufstieg – es sei denn, die Privatwirtschaft boomt, wie in den Golfstaaten.

Vor diesem Hintergrund wird verständlich, warum es eine arabische Einheit auf politischer Ebene nicht geben kann und noch lange nicht geben wird. Warum sollten Diebe ihre Beute mit anderen Dieben teilen?

Das alles ändert nichts an Nassers Heldenlegende. Zum Heiligen wurde er spätestens mit dem Suezkrieg. Als Reaktion auf die Verstaatlichung des Suezkanals führten London und Paris im Oktober 1956 den letzten kolonialen Krieg der Geschichte, um ihr vermeintliches Eigentum mit Hilfe von Luftlandetruppen zurückzuerobern. Unterstützt wurden sie dabei von Israel, das den gesamten Sinai besetzte. Doch infolge massiven Drucks aus Washington und aus Moskau mussten sich die Angreifer wieder zurückziehen, im März 1957 räumten die letzten israelischen Soldaten den Sinai. Im Bewusstsein der arabischen Öffentlichkeit wurde Nasser zum Mythos, weil er die Ehre der Araber wiederhergestellt und dem Imperialismus die Stirn geboten hatte. Nichts schien mehr unmöglich, mit ihm an der Spitze. Von nun an hatte er freie Hand, seine Macht auszubauen. Dabei ging Nasser rücksichtslos gegen innenpolitische Gegner vor, gegen Linke ebenso wie gegen Islamisten. Sie wurden verfolgt, ins Gefängnis geworfen und teilweise hingerichtet. Die Verehrung für ihn blieb dennoch ungebrochen, weil er nicht zuletzt der Sehnsucht vieler Araber nach einem „starken Mann“ entsprach, der ihre Probleme wie mit Zauberhand für sie lösen sollte. In der Rolle, in die er durch solche

Erwartungen gedrängt wurde, konnte Nasser allerdings nur scheitern.

Scheitern wie Doktor Aziz in dem Film *Die Rebellierenden* (*Al-Mutamarridun*), einem der besten ägyptischen Spielfilme überhaupt. Er entstand 1966, wurde aber erst zwei Jahre später von der Zensur freigegeben. Die Geschichte, eine Parabel auf den Nasserismus, handelt von dem Tuberkulose-Facharzt Aziz, der selber Opfer dieser Krankheit wird. Er kommt in ein abgelegenes Sanatorium in der Wüste, wo er gravierende Missstände in der Bürokratie und in der Versorgung der Kranken entdeckt. Doktor Aziz bemüht sich um eine Verbesserung der Zustände und wird schließlich Anführer einer Revolte der Kranken gegen die repressive Leitung des Sanatoriums. Tatsächlich wird dessen autokratischer Direktor vertrieben, und die Patienten übernehmen die Führung der Klinik. Doch nach kurzer Zeit stellen Soldaten gewaltsam die alte Ordnung wieder her.

„Der Aufstand misslingt", erklärt der Regisseur Tawfiq Salih, „weil die Patienten nicht die politische Kraft aufbringen, der Revolte, der Vertreibung des Anstaltsdirektors, einen wirklichen Neuanfang folgen zu lassen, die demokratische Machtausübung durch eine Mehrheit. Deswegen gelingt es dem Anstaltsdirektor, die Rebellierenden durch geschicktes Taktieren zu zermürben, bis die Soldaten anrücken. Die persönliche Redlichkeit von Doktor Aziz allein, von Nasser also, reicht nicht aus, um den gesellschaftlichen Wandel zu vollziehen."

Außerhalb der arabischen Welt kennt kaum jemand Tawfiq Salih, obwohl er zu den wichtigsten arabischen Filmemachern gehört, ein ägyptischer Rainer Werner Fassbinder. Wie sein deutscher Kollege verweigerte sich auch Tawfiq Salih dem kommerziellen Kino. Er konnte nur wenige Filme realisieren, durchweg politische Parabeln, die den Zuschauer gewissermaßen an die Hand nehmen möchten – damit dieser von besseren Zeiten nicht nur träumt, sondern sein eigenes Schicksal selber gestaltet. „Unter Nasser herrschte ein unglaublicher Optimismus, eine nie gekannte Aufbruchstimmung", sagt Salih. „Die meisten von uns glaubten an eine gerechte Gesellschaft. Sie schien zum Greifen nahe, aber die Rebellierenden sind an sich selbst gescheitert."

Tawfiq Salih, 1926 in Alexandria geboren, hat seinen letzten Film 1981 gedreht. Das ist bitter für einen Meisterregisseur, der andere, mittelmäßige und opportunistische Filmemacher an sich vorbeiziehen sah, die eine Komödie nach der anderen abspulen und damit insbesondere in den Golfstaaten sehr erfolgreich sind. Filme, die ein Europäer kaum erträgt, weil sie handwerklich schlecht sind, überwiegend in geschlossenen Räumen spielen und in erster Linie aus Zerwürfnissen zwischen Eheleuten bestehen. Sie ein überdrehtes Nervenbündel, das den Gatten mit Vorwürfen überschüttet, er mit Vorliebe ein Unternehmer in Nöten, der mit seiner Sekretärin liebäugelt. In diesen mal humoristisch, mal melodramatisch gehaltenen Billigproduktionen wird viel geschrien und endlos geredet, bis am Ende alles wieder gut wird. Viel Lärm um nichts. Anders als den Bollywood-Filmen aus Indien fehlt es dem ägyptischen Gegenwartskino, von Ausnahmen abgesehen, an Leichtigkeit, Phantasie und Tempo, von Inhalt ganz zu schweigen.

Immer wieder geht es ums Geld und die Frage, wie man davon so viel wie möglich in möglichst kurzer Zeit verdient. Dieses Thema beschäftigt selbstredend nicht allein die Menschen im Nahen Osten. Aber im ägyptischen Kino wie im arabischen Alltag insgesamt fehlt seit langem jede Euphorie, wie sie einst unter Nasser die Menschen geprägt hatte. Ideale sind nicht länger gefragt, Illusionen macht sich niemand mehr. Jeder ist sich selbst der Nächste, und die Gier derer, die der Macht nahe stehen und die Hand aufhalten (in Ägypten „fette Katzen" genannt), setzt sich in den unteren sozialen Schichten fort. Seit dem Tod des großen *Rais*, des großen „Führers" Gamal Abdel Nasser im Jahr 1970, ist der Fortschrittsglaube verflogen. Die Emotionen beflügelt seither nicht mehr der gescheiterte arabische Nationalismus, sondern der politische Islam, der islamische Fundamentalismus.

Tawfiq Salih, der lebenslange Aufklärer und Pädagoge aus Passion, zeigt ungeachtet aller Rückschläge die Gelassenheit des Alters und verweist auf sein schmales, aber bedeutendes Werk. Von seiner kleinen Wohnung auf der Nilinsel Zamalek hat man einen schönen Blick auf den Nil und die Silhouette der Innenstadt Kairos. Stundenlang haben wir dort gesessen und diskutiert, zu zweit oder auch mit mehreren Gästen. Ihm verdanke ich die Einsicht, dass alles im Leben seinen Preis hat, dass falsche Kompromisse einen Menschen zerstören können. Er riet mir, meinen Weg zu finden und ihn konsequent zu gehen, allen Widerständen zum Trotz. Offen zu sein für Neues, aber nicht der Beliebigkeit zu erliegen, Moden oder Bequemlichkeiten zu folgen. Seine Freunde waren angenehm überrascht, weil sich ein Europäer für ihre Kultur interessiert – und dann noch, ausgerechnet, für das Kino. Sie konnten endlos über Politik, Kunst oder die Höhe der Pyramiden diskutieren, ohne Anfang und ohne Ende, wie ein Wasserfall. Manchmal hatte ich den Eindruck, sie redeten um des Redens willen, ganz ähnlich wie in den ägyptischen Filmen. Ohnehin sind Araber, vor allem Ägypter, geborene Schauspieler. Sie wissen sich zu inszenieren, mit Pathos zu begründen, warum sie die Bank nur aus Mildtätigkeit überfallen haben – ein Dienst am Mitmenschen sozusagen. (Diese Fähigkeit besitzen allerdings auch Italiener oder Spanier. Nur wir Deutschen wirken irgendwie bemüht, mit unserem „Geiz ist geil".) Ganz Kairo ist ein einziges Schauspiel, in jeder Teestube, in jedem Taxi, in jedem Ministerium sitzen begnadete Selbstdarsteller, die vermutlich selber nicht so recht glauben, was sie da alles erzählen, aber doch die Vorstellung, dass es ernst gemeint sein könnte, schlichtweg aufregend finden.

Abd al-Hamid Said dagegen meint, was er sagt. Er arbeitet am Nationalen Filmzentrum in Gizeh, unweit der Pyramiden. Dort, wo auch das Studio Misr angesiedelt ist, das Herz der ägyptischen Filmindustrie. Abd al-Hamid hat schulterlange Haare, trägt eine olivgrüne Schimanski-Jacke und führt Unmengen von Notizheften mit sich, die jedes Notebook in den Schatten stellen. Ich habe ihn sehr oft getroffen, aber nie ohne seine olivgrüne Schimanski-Jacke und seine bis auf die letzte Seite ausgefüllten Notizhefte, die offenbar alle wesentlichen Informationen seines Lebens enthalten. Einmal waren wir zusammen Felafel essen, Fladenbrot mit Kichererbsen-Püree, allerlei Rohkost und einer scharfen Sauce. Es ging hektisch zu und laut in diesem Restaurant, das eher eine Garküche war. Während er mir die Geschichte des ägyptischen Kinos erzählte, versuchte ein jugendlicher Tischnachbar, eines seiner Notizhefte aus der Jackentasche zu entwenden. Wahrscheinlich hielt er es für eine Geldbörse. Das hätte er besser nicht getan. Wie ein Meteor donnerte Abd al-Hamids Faust auf den Tisch. Der ganze Laden hielt ängstlich inne, derweil der verhinderte Dieb fluchtartig das Weite suchte. Anschließend erzählte Abd al-Hamid seelenruhig weiter. Der 60-jährige Filmenthusiast hat mit Sicherheit mehr Zeit auf Festivals und in Kinosälen verbracht als im wirklichen Leben. So erfuhr ich, dass der erste bedeutende ägyptische Regisseur, Mohammed Karim (1896–1972), sein Handwerk bei der UFA in Berlin erlernte, bei Fritz Lang, den er 1926 bei den Dreharbeiten zu *Metropolis* beobachtete. Und dass der erste große Hausregisseur des 1935 gegründeten Studio Misr ein Deutscher war, Fritz Kramp, der mehrere erfolgreiche Gesangsfilme und Historiendramen drehte, darunter *Lashin*, die Geschichte eines tyrannischen Königs, der durch die Liebe zu einer wunderschönen Sklavin auf den rechten Pfad der Tugend zurückfindet und ein gerechter Herrscher wird. Kurz vor dem Zweiten

Weltkrieg ist Fritz Kramp nach Deutschland zurückgekehrt, und dort verlieren sich seine Spuren.

Mit Hoda im Kino

Abd al-Hamid sorgte dafür, dass ich die schönsten und wichtigsten ägyptischen Spielfilme im Nationalen Filmzentrum sehen konnte, im riesigen Kinosaal des Studio Misr aus den fünfziger Jahren. Verschlissener Plüsch und staubig gewordene Erinnerungen, die Vorhänge aus rotem, von Motten angefressenem Samt, die Sitze durchgesessen und hart. Aber was macht das schon. Filme aus 60 Jahren habe ich dort gesehen, und die besten sind eindeutig vor 1970, vor Nassers Tod entstanden. Engagierte Filme, die an Fortschritt und Gerechtigkeit glaubten, wie die von Tawfiq Salih. Oder schlichte Unterhaltungsfilme, deren herzerfrischende Naivität staunen macht: wenn etwa junge Frauen in Petticoats überdimensionalen Rosen aus Papier entsteigen und den Geliebten besingen. Denn über allem thront quer durch die Jahrzehnte die Allmacht der Liebe. Wie bei *Lashin*. Oder in *Tausendundeiner Nacht*. In den alten Filmen fällt auf, dass die ägyptische Oberschicht, aber auch die Angestellten und Beamten, ein Leben führen wie in Europa, zumindest äußerlich. Die Kleidung und der Lebensstil ist westlich, der Musikgeschmack verbindet orientalische Elemente und Tango, Foxtrott oder die Beatles. Viele Filme könnten genauso gut in Frankreich oder Italien entstanden sein, wären da nicht die manisch gepriesene Kraft der Liebe und die reichlich vorhandenen Musik- und Tanzeinlagen. Bis in die siebziger Jahre hinein sah man nur selten verschleierte Frauen, bestenfalls in Filmen, die auf dem Land spielen. Religion fand damals in der Öffentlichkeit nicht statt, nicht sichtbar. Das änderte sich erst nach dem Tod Nassers.

Woher kommt eigentlich diese Obsession für die Liebe, das magische Allheilmittel angesichts der Wechselfälle des Lebens? So romantisch ist die Rolle der arabischen Frau im Alltag ja nicht. Ich finde die Frage nahe liegend, Hoda findet sie ziemlich absurd. „Kino ist bekanntlich Traumfabrik", entgegnet sie mit einem leichten Anflug von Spott. Hoda ist 21, und sie hat die schönsten mandelbraunen Augen, in denen ich mich je verlieren durfte, gewissermaßen ein Meer an Nachdenklichkeit und Melancholie. Ihre Hände sind schlank und zart, und damit endet auch schon ihre Beschreibung. Abgesehen von ihrem Gesicht und ihren Händen sah ich sie in Kairo nur verschleiert und verhüllt, von Kopf bis Fuß – was allerdings nichts änderte an meiner lebhaften Phantasie. Hoda war eine Mitarbeiterin von Abd al-Hamid, und er fand, dass ich die Filme mit ihr gemeinsam sehen sollte. Falls ich Fragen hätte oder etwas nicht verstünde.

Mutterseelenallein saßen wir in dem Kinosaal, der nach Mottenkugeln und Putzmitteln roch. Anfangs ließ Hoda den Sitz zwischen uns frei, aber am zweiten Tag fanden wir uns nebeneinander wieder. Sahen Filme mit Umm Kulthum, der großen ägyptischen Diva, mit Mohammed Abd al-Wahhab und Abd al-Halim Hafiz, den beiden großen Schmacht-Tenören, die in der arabischen Welt jeder kennt, aber wirklich jeder. Sie singen von der großen, der unbefleckten, der reinen Liebe. Das, was Madonna „true love" nennen würde – mit dem Unterschied, dass Madonna ihren Lover noch im Verlauf des Videos verschlingt, was in der arabischen Welt so nicht geht. Dort hält man sich lieber bedeckt. Wie Hoda, die am dritten Tag ihre Beine übereinander legt und mit der Spitze ihres linken Schuhs mein linkes Knie massiert. Mit der allergrößten Unschuldsmiene erklärt sie mir die Filmhandlung, die nun wirklich keine Überraschung mehr enthält. Einmal legte der Vorführer versehentlich eine falsche Filmrolle ein, und zu meinem großen Erstaunen sahen wir einen italienischen Softporno. Hoda tat, als würde sie nichts merken, und gab sich gelangweilt. Der Kern der Handlung: Eine schöne Italienerin öffnet an einer Hauptverkehrsstraße in Mailand ihre Bluse, die Fahrer, fasziniert von dem beachtlichen Anblick, fahren gegen Bäume oder andere Autos, und sofort ist der Freund des Busenwunders zur Stelle, dessen Autowerkstatt praktischerweise gleich gegenüber liegt.

„Würdest du das auch tun, Hoda? Ich meine, wenn dein Freund Mechaniker wäre?"

Hoda antwortet, indem sie mir gegen das Schienenbein tritt. Für ihren Freund nicht, sagt sie. Für ihren Mann vielleicht. Für die große Liebe ihres Lebens würde sie alles tun.

Hoda und ich werden Freunde, platonische Freunde, und ich verdanke ihr viele wegweisende Einsichten. Zum Beispiel über das Busfahren.

„Die Busse in Kairo sind immer überfüllt, wie du weißt", sagt Hoda. „Es ist unerträglich, wie die Sardinen stehen die Leute dicht an dicht. Es stinkt nach Schweiß und Abgasen, und du kannst kaum atmen. Einmal hatte ich einen Freund, da war ich 18. Ich war unsterblich in ihn verliebt. Er wollte mit mir schlafen, aber das mache ich erst, wenn ich verheiratet bin. Er drohte, mich zu verlassen, wenn ich ihn nicht ranlasse. Da kam mir eine Idee: Lass uns mit dem Bus fahren! Er stellte sich dann hinter mich und konnte sich so lange an mir reiben, bis er zufrieden war. Verstehst du jetzt, warum wir von der großen Liebe träumen?"

Hodas Vater war Offizier und ist seit einigen Jahren pensioniert. Ihre Familie lebt in einer Neubausiedlung unweit des Flughafens. Die Gegend erinnert an Plattenbausiedlungen in Ost-Berlin, nur ist sie weitaus lebendiger, ein regelrechtes Volksviertel, in dem sich Menschen und Autos auf viel zu engen Straßen mühselig voranbewegen. 12 Millionen Einwohner zählt die größte Stadt Afrikas, aber das ist nur eine Statistik. Viel zu abstrakt, um sich vorzustellen, was eine solche Menschenmenge bedeutet. Im Stadtteil Shubra beispielsweise, einem überwiegend von Kopten, ägyptischen Christen, bewohnten Gebiet nördlich vom Hauptbahnhof, leben 7000 Menschen auf einem Quadratkilometer. In Deutschland sind es, zum Vergleich, 240. Im Grunde funktioniert Kairo nach der Chaostheorie. Gott wird es schon irgendwie richten. *Inscha'Allah.* Stadtplanung gibt es nur in Ansätzen. Im Prinzip macht jeder, was er will. Alles eine Frage von Bestechung und Bakschisch. Neubauten stürzen in regelmäßigen Abständen in sich zusammen, weil die Bauunternehmer den Zement mit zu viel Sand gestreckt haben. Sie wollen Kosten sparen.

Doch ungeachtet der gewaltigen Einwohnerzahl ist Kairo keineswegs eine Metropole, vergleichbar mit London, Paris oder New York. Nicht mit Blick auf die Mentalitäten und das kulturelle Ambiente. Kairo ist im Wesentlichen eine Ansammlung von Dörfern, der Zielpunkt für anhaltende Einwanderungswellen aus allen ländlichen Teilen Ägyptens. Wer sein Glück machen will, den zieht es nach Kairo, am besten in Gegenden, wo sich schon Angehörige der eigenen Dorfgemeinschaft oder, besser noch, nahe Verwandte angesiedelt haben. *Baladis* heißen solche Zugezogenen, „Landbewohner". Unter den Alteingesessenen genießen sie einen ähnlichen Ruf wie bei uns die Ostfriesen, einschließlich der entsprechenden *Baladi*-Witze. Sie sind überwiegend im „informellen Sektor" anzutreffen, arbeiten als Türsteher, Teeverkäufer, Wasserpfeifenanzünder oder Parkplatzeinweiser – alles, um irgendwie zu überleben.

Wird man in traditionellen arabischen Familien nach Hause eingeladen, was eine große Ehre ist, lernt man in aller Regel eine Person nicht kennen: die Frau des Hauses. Sie hält sich diskret im Hintergrund, bereitet Speisen und Getränke vor, die anschließend von den Kindern oder von Hausangestellten serviert werden. Aus europäischer Sicht immer wieder ein Mysterium ist die Wohnungseinrichtung, speziell das Wohnzimmer. In den Golfstaaten oder im Jemen sitzt man meistens auf ebener Erde, wobei Matratzen und Sitzkissen entlang der Wände verteilt sind. Die Einführung von Stühlen oder Sofas in das zeitgenössische arabische Wohnzimmer war zweifelsohne ein Gewinn an Bequemlichkeit, jedenfalls für ungelenke Europäer. Unter ästhetischen Gesichtspunkten allerdings handelt es sich glattweg um eine Katastrophe, sofern der Besucher kein Fan von Louis-Quatorze-Imitaten ist: rote Plüschsessel, eingefasst in geschwungene Holzrahmen mit goldfarbenen Verzierungen. Unverfälschter Kitsch sozusagen.

Diese Stillosigkeit ist in allen sozialen Schichten weit verbreitet. In Damaskus sah ich auf einem Empfang der deutschen Botschaft syrische Frauen der Oberschicht, die Pelzmäntel und Goldschmuck trugen und sie mit löchrigen Strümpfen und derben Schuhen kombinierten, wie man sie eher bei der Feldarbeit erwarten würde. Ich glaube, dass die kleinbürgerliche Vorliebe für ein Louis-Quatorze-Design und der Hang der Superreichen, Diamanten mit Kartoffeln zu kombinieren, Ausdruck einer Identitätssuche ist. Es gibt in der arabischen Welt, wie schon erwähnt, keine gesellschaftlichen Verhältnisse wie in Europa. Vor allem fehlen die Mittelschichten als politische und wirtschaftlich prägende Kraft, und folglich gibt es auch keine „kulturellen Codes“, an denen sich die jeweiligen Gruppen orientieren würden. Was bleibt, ist die Imitation dessen, von dem man annimmt, dass es irgendwie westlich und schick ist – oder wenigstens doch teuer und repräsentativ, abgesehen von entscheidenden Kleinigkeiten. Ein interessantes Detail am Rande ist in diesem Zusammenhang, dass sich die einzigen IKEA-Niederlassungen in der arabischen Welt in den Golfstaaten befinden. Ihre Klientel sind aber weniger die Einheimischen als vielmehr europäische oder amerikanische „Gastarbeiter“, die ein paar Jahre vor Ort verbringen.

Hoda sorgte dafür, dass ich ihre Mutter kennen lernte. Nachdem ihr Vater Mohammed und ich die Weltlage ausreichend erörtert hatten, brachte Hoda das Essen und setzte sich zu uns. Normalerweise würde sich eine arabische Tochter solche Freiheiten nicht herausnehmen, aber was ist schon normal bei Hoda. Wenig später ruft sie ihre Mutter und fordert sie auf, ebenfalls ins Wohnzimmer zu kommen. Eine halbe Sekunde später sitzt sie mit uns am Tisch und lädt mir noch einmal eine Portion Hammelfleisch auf den Teller. Mehr als eine Portion, fast den halben Hammel. Mohammed seufzt resigniert und fügt sich ins Unvermeidliche. „Das also ist meine Frau Layla“, sagt er. Layla lächelt dankbar, fordert mich auf zu essen und fragt mich, ob ich verheiratet sei. Das ist gewissermaßen die Standardfrage in der arabischen Welt. Lautet die Antwort ja, geht es weiter mit der Nachfrage, ob es Kinder gebe, wie viele und so weiter. Ich dagegen bin ein hoffnungsloser Fall. Nicht verheiratet, keine Kinder. Ein Mann, der älter als 30 ist und weder Frau noch Nachwuchs hat – aus arabischer Sicht ein Fiasko. Hodas Mutter weiß sofort eine Lösung: „Heiraten Sie doch eine Einheimische“, sagt sie, und ihre Blicke wandern zwischen Hoda und mir. „Ich wäre kein guter Gatte“, gebe ich zu bedenken. „Europäische Männer sind ganz schön verhaltensgestört und können sich einfach nicht entscheiden. Treu sind sie sowieso nur in den seltensten Fällen.“

„Arabische Frauen sind auch nicht ohne“, entgegnet Hoda.

„Hoda!“, sagt ihre Mutter.

„Hoda macht sowieso, was sie will“, sagt ihr Vater, und es hört sich mächtig stolz an. „Als sie zwölf Jahre alt war, fing sie an, sich zu verschleiern. Ohne Grund. Von einem Tag auf den anderen. Ihre Mutter trägt seit Jahren keinen Schleier mehr.“

Hoda meint, sie sei nicht religiöser als andere Frauen in der Nachbarschaft. Ein Kopftuch oder einen Ganzkörperschleier zu tragen sei eine persönliche Entscheidung. Jedenfalls in den Vierteln, in denen die Islamisten nicht in der Mehrheit seien. Auch bei Familien vom Lande sei der Druck auf die Mädchen häufig groß, sich konservativ zu kleiden. Nicht zuletzt aus wirtschaftlichen Gründen. Eine Jeans sei vier- bis fünfmal so teuer wie der schwarze Einheitsschleier. Wer ihn trage, brauche überdies nur ein Kleidungsstück zum Wechseln. Hoda sagt, sie fühle sich wohler mit Schleier. Sie werde in der Öffentlichkeit weniger angemacht und könne sich freier bewegen.

Romantik, Ehe und Krieg

Hodas Eltern stammen aus Al-Minya, einer staubigen und trostlosen Kleinstadt in Oberägypten, etwa auf halber Strecke zwischen Kairo und Luxor. Sie sind im selben Stadtviertel aufgewachsen, ohne sich jedoch als Kinder oder Jugendliche zu begegnen. Eines Tages wurde Mohammed auf Layla aufmerksam. Er folgte ihr diskret bis zu ihrer Wohnung und merkte sich die Adresse. Dann sagte er seiner Mutter, dass ihm dieses Mädchen gefalle. Und dann ging alles seinen Gang. Seine Eltern zogen Erkundungen über Laylas Familie ein, ob sie finanziell in geordneten Verhältnissen lebe und über einen guten Leumund verfüge, ob Layla als tugendhaft gelte, wie sie in der Schule war, wie sie ihre Zeit verbringe. Alles hörte sich gut an. Dann raffte sich Mohammeds Mutter auf, der völlig ahnungslosen Familie unter einem Vorwand die Aufwartung zu machen. Einmal im Gespräch mit Laylas Mutter, fand sie schnell heraus, dass Layla bislang keinem anderen versprochen war. Und erzählte ihrerseits von den Vorzügen Mohammeds, der eine Offizierslaufbahn eingeschlagen habe, mithin gutes Geld verdienen werde. *Mascha' Allah*, werden die beiden Damen irgendwann gesagt haben, wie wundersam doch die Wege Gottes sind. Als nächstes nun war Laylas Mutter an der Reihe, die entsprechenden Erkundungen über Mohammeds Familie einzuziehen. Alles lief gut. Dann die Väter, die nächste Hürde. Sie müssen immer einverstanden sein. *Mascha' Allah*, auch hier lief der Ball rund, und gut drei Monate, nachdem Mohammed seine Angebetene das erste Mal beim Gemüsehändler gesehen hatte, und nachdem die beiden Väter sich über das Brautgeld und die Modalitäten der Hochzeit einig geworden waren, kam es zum ersten Showdown: Mohammed und Layla sitzen erstmals gemeinsam in einem Zimmer, alle Türen und Fenster weit geöffnet, die Eltern im Blickkontakt. Nur keine Unziemlichkeiten. Layla hatte um die Begegnung gebeten, weil sie ihren künftigen Mann gerne noch vor der Hochzeit kennen lernen wollte. Grundsätzlich war sie aber einverstanden, weil sie schon 25 war und es höchste Zeit wurde, unter die Haube zu kommen.

Layla ist überzeugt, dass Liebe eine Frage der Willensentscheidung sei. Man müsse sich entschließen, jemanden zu lieben. Alles andere sei Romantik, im Alltag nicht zu gebrauchen. Mohammed sagt, eine Ehe sei eine Lebensgemeinschaft, in der beide Seiten klare Aufgaben zu erfüllen hätten. Er sei dafür zuständig, Geld zu verdienen, seiner Frau obliege der Haushalt und die Erziehung der Kinder – neben Hoda noch zwei ältere Töchter, die mit ihren Männern schon vor Jahren in die USA ausgewandert sind.

Mohammed hat an zwei Kriegen teilgenommen, dem Sechstagekrieg 1967 und dem Oktoberkrieg 1973 gegen Israel. Beide Male war er im Sinai stationiert, beide Male geriet er kurzzeitig in israelische Gefangenschaft. Der Oktoberkrieg gilt aus ägyptischer und arabischer Sicht als ein siegreicher Krieg, der er jenseits der Selbstwahrnehmung allerdings nicht war.

Zwar gelangen der ägyptischen Armee substantielle Geländegewinne im Sinai, doch waren sie vornehmlich taktischen Rückzügen der israelischen Seite geschuldet. Ohne Eingreifen der Vereinten Nationen und Washingtons hätte vermutlich auch der Oktoberkrieg mit einem arabischen Desaster geendet.

„Der Sechstagekrieg 1967 war eine verheerende Niederlage. Mehr noch, es war eine Katastrophe", erzählt Mohammed. „Der Krieg war im Grunde nach sechs Stunden schon entschieden, weil es der israelischen Luftwaffe gelang, fast sämtliche ägyptischen Kampfflugzeuge noch am Boden zu zerstören. Wir haben geweint, als wir davon erfuhren. Wie konnte das geschehen? Wie konnte Nasser das zulassen? Waren wir Araber so minderwertig, waren die Israelis so brillant, dass sie der gesamten arabischen Nation einen Dolchstoß versetzen konnte? Wir waren verzweifelt. Wir wussten nicht, was wir tun sollten. War alles Lüge gewesen? Das Gerede von der arabischen Einheit, von Größe und Ruhm?" Auch Nasser sei nach dem Krieg nur noch ein Schatten seiner selbst gewesen. „Er wirkte gebrochen, als habe er innerlich kapituliert", fährt Hodas Vater fort. „Ich hatte Mitleid mit ihm. Und mir wurde klar, dass ich nie wieder einem Politiker glauben würde. Ich glaube seither an nichts mehr. An nichts und an niemanden. Nur noch an meine Familie."

Die Niederlage 1967 war die zweite große Zäsur nach der Staatsgründung Israels 1948. Israel galt – und gilt vielfach heute noch – als ein Implantat des Kolonialismus und des Imperialismus im Nahen Osten. Ein westlicher Vorposten, der das Ziel verfolgt, die Araber und die Muslime militärisch zu unterwerfen und zu kontrollieren. Ein Feindbild, das immer wieder als Generalabsolution gilt, um eine schmerzhafte Selbstbefragung zu vermeiden: Warum ist die arabische Welt rückständig? Die Gründung Israels beflügelte maßgeblich den arabischen Nationalismus und den Traum von der arabischen Einheit. Ein Traum, der zu einer Massenideologie wurde und schließlich, nach der Niederlage Ägyptens, Syriens und Jordaniens im Sechstagekrieg, als großer Irrtum endete. Andere standen bereit, das entstandene Vakuum zu füllen. Und das waren die islamischen Fundamentalisten, die nach dem Sechstagekrieg ihren Durchbruch erlebten.

Und das mit aktiver Unterstützung und Hilfe der weithin diskreditierten Regime und Regierungen. Der syrische Philosoph Sadiq al-Azm, einer der bedeutendsten arabischen Denker der Gegenwart, schreibt dazu: „Eine der unmittelbar sichtbarsten Folgen der arabischen Niederlage von 1967 war das Erwachen von Religiosität auf Seiten arabischer Herrscher. Noch während die arabischen Armeen im Feld standen, wurde mir das enorme Ausmaß dessen, was passiert war, klar: als nämlich jede amtliche arabische Radiostation sich plötzlich islamisierte, indem rund um die Uhr Frömmigkeit und Unterwerfung unter den Willen Allahs gepredigt wurde. Selbstverständlich waren es die quietistischen, fatalistischen, resignativen Seiten des Islam, die diese Kreise interessierten und die sie propagierten. Selbst Nasser, der sich nur selten in religiöse Ideologie oder Obskurantismus flüchtete, um seine Führung und Herrschaft zu legitimieren, gelangte an den Punkt, wo er die Niederlage hinwegzuerklären suchte. In einer seiner berühmtesten Reden argumentierte er, menschliches Streben könne nichts gegen göttliche Vorsehung bewirken; die Niederlage sei von höherem Willen vorherbestimmt gewesen, und es gebe daher nichts, was man dagegen hätte unternehmen können."

In der arabischen Welt wurde Sadiq al-Azm vor allem durch zwei Bücher bekannt. In seinem Werk *Selbstkritik nach der Niederlage* (Beirut 1968) untersucht er die Gründe der arabischen Niederlage gegen Israel 1967 und kritisiert insbesondere die überschwängliche Rhetorik arabischer Regime, die sich eher an Wunschbildern als an der Wirklichkeit orientieren. Für sein Buch *Zur Kritik des religiösen Denkens* (Beirut 1969) musste er sich vor Gericht verantworten, weil seine radikale Kritik an erstarrtem religiösen Dogma als ein Angriff auf den damals bestehenden konfessionellen Proporz in der libanesischen Politik gewertet wurde. Sadiq al-Azm ist ein arabischer Jürgen Habermas, aber anders als in Deutschland erfordert es in der arabischen Welt sehr viel Mut, selbst offenkundige Tatsachen beim Namen zu nennen. Die allgemeine politische Unfreiheit geht einher mit weit reichenden Denkverboten, die auch von Intellektuellen vielfach verinnerlicht werden – sofern sie sich nicht von vornherein mit der Macht arrangieren oder vermeintlich kritische Positionen einnehmen, die sich am Ende als sehr systemkonform erweisen.

So wie der in Kairo lehrende Hassan Hanafi, der sich als „linker Islamist" bezeichnet – was immer das sein mag. In einem Vortrag im Haus der Kulturen in Berlin geißelte er die westliche Politik im Nahen Osten, die er für alles Übel in der Region verantwortlich machte. Nun gibt es wahrhaftig genügend sachliche Gründe, um vor allem Washingtons Politik kritisch zu sehen, aber die an Verblendung grenzende Einseitigkeit Hanafis hielt ich für unredlich, um nicht zu sagen für Propaganda. Da ich mit ihm auf dem Podium saß, widersprach ich ihm. Verwies darauf, dass Ägypten seit über 50 Jahren unabhängig sei und man in dem Alter gemeinhin als erwachsen gelte. Ich erinnerte ihn an die sich verschärfenden sozialen Gegensätze in seiner Heimat, an die nach wie vor skandalös hohe Analphabetenquote, die Gleichgültigkeit der Regierung gegenüber der kollabierenden Infrastruktur (die letzten nennenswerten Investitionen in das Eisenbahnsystem stammen noch aus der Zeit der Engländer), die pharaonische Mentalität der Regierenden. Ägypten ist nach Israel der größte Empfänger westlicher Hilfsgelder im Nahen Osten, erhält jährlich zwei Milliarden Dollar allein aus den USA. Warum kommt von diesem Geld in der Bevölkerung kaum etwas an?

Hassan Hanafi lehnte sich genüsslich zurück und wandte sich mit großer Geste an das überwiegend arabische Publikum. „Seht ihr, Freunde“, sagte er, „der Mann hier ist einmal mehr ein Beweis für die arrogante und anmaßende Haltung des ach so aufgeklärten christlichen Abendlandes. Er glaubt offenbar, die Araber seien unmündige Kinder, denen man Lektionen erteilen müsse. Das ist die Mentalität des Kolonialismus, die wir hier erleben.“

Sehr zu meinem Ärger erntete er für diesen Schwachsinn tosenden Beifall, auch von deutschen Zuhörern, die offenbar einen „edlen Wilden“ vor sich sahen. An jenem Tag wurde mir einmal mehr klar, dass die Krise der arabischen Welt noch lange andauern wird. Die Neigung, sich an Rhetorik zu berauschen und die Realität schlichtweg auszublenden, ist noch immer weit verbreitet. Wer dagegen Klartext redet, lebt gefährlich. Deswegen sind die führenden arabischen Denker, vor allem dann, wenn sie für einen reformistischen, aufgeklärten Islam eintreten, kaum noch in Kairo oder Beirut anzutreffen, sondern in Europa und den USA. Sie fliehen gleichermaßen vor der Willkür ihrer Regime wie vor dem Gesinnungsterror der Islamisten.

Oder sie suchen ein anderes, ein besseres Leben. So wie auch Hoda. Sie fing an, am Goethe-Institut in Kairo Deutsch zu lernen. Zwei Jahre nach unseren ersten Begegnung rief sie mich aus Köln an. Sie hatte ein Sprach-Stipendium bekommen und war überglücklich. Einige Wochen später besuchte sie Berlin. Wir trafen uns in einem Café, und ich konnte kaum glauben, was ich da sah. Das sollte Hoda sein, die sich in Kairo nur verschleiert gezeigt hatte? Jetzt trug sie einen blauen Jeansrock und ein weißes T-Shirt. Sie hatte nicht einmal einen BH an. Hoda tat, als sei das alles selbstverständlich. Ganze zwei Tage nach ihrer Ankunft war sie in Köln noch schwarz verhüllt gewesen. Dann hatte sie ihre Vergangenheit abgestreift, äußerlich jedenfalls. Sie bestellte einen Prosecco und erzählte mir von ihrem deutschen Freund. Eine sehr romantische Geschichte, fast wie im ägyptischen Kino. In einer Eisdiele hatte er sie angesprochen, weil er sie so schön fand.

Leider habe ich im Laufe der Zeit den Kontakt zu Hoda verloren. Ich weiß nicht, was aus ihr geworden ist. Aber ich denke oft an sie, wie wir gemeinsam im Kino saßen und im Duett mitsangen, wenn es wieder mal so weit war: ANA BEHIBBAK AWWI AWWI.

„Die Wahrheit ist gekommen". Mohammed und der Islam

Reden wir also von der Religion und ihrem Missbrauch, vom Islam und vom islamischen Fundamentalismus, der auch Islamismus genannt wird. Zunächst einmal ist es wichtig, zwischen dem Islam als offenbarter und gelebter Religion einerseits und dem Islamismus als einer politischen Ideologie andererseits zu unterscheiden. Ich habe schon ganze Serien an Vorträgen gehalten und diesen Unterschied zum Thema gemacht. Am Ende meldet sich regelmäßig mindestens ein Zuhörer und gibt gleichwohl zu bedenken, „dass der Islam eine fanatische Religion ist, wegen der vielen Gewalt". In solchen Augenblicken neige ich meinerseits zu Gewaltphantasien. Wie ist es möglich, sich jedweder sachlichen Argumentation zu entziehen, nur um unerschütterlich an der einmal gefassten Meinung festzuhalten? In meinen Augen ist das ungefähr so, als würde ein Muslim das Christentum wie folgt beurteilen: Jesus war ein Propagandist des Heiligen Krieges, der Kreuzzüge nämlich, die ein Vorspiel des Kolonialismus darstellen. Die Bergpredigt ist eine perfide Rechtfertigung klerikaler Machtphantasien im Gewand der Nächstenliebe. Denn die eigentliche Botschaft der Bibel lautet: Auge um Auge, Zahn um Zahn.

Grundsätzlich ist jede Offenbarungsschrift ein Steinbruch an Aussagen, Geschichten, moralischen Leitsätzen, existentiellen Erfahrungen. Wie aber sie verstehen, deuten und interpretieren? An dieser Stelle kommt der Klerus ins Spiel, die religiöse Hierarchie, die immer eingebunden ist in Fragen von Macht und Herrschaft. Viele Menschen in Europa, die sich vehement gegen Religion aussprechen und sich dabei gerne auf das Marx-Wort von der Religion als Opium des Volkes beziehen, verwechseln Religion, konkret: die Heilige Schrift, und Klerus. Das ist jedenfalls meine Beobachtung. Der Papst verbietet den Gebrauch von Kondomen, ungeachtet der Aids-Seuche, folglich ist Religion rückständig und falsch. Man kann das natürlich so sehen, aber es ist eine sehr verkürzte Sichtweise. Den Papst zu kritisieren ist das eine, aber warum das Kind mit dem Bade ausschütten?

Wer sich mit der arabischen Welt auseinander setzt, wird zwangsläufig mit Religion konfrontiert. Sie ist ein Teil des Alltags, gehört zum Leben im Orient wie Wasser und Brot. Für viele Europäer ist diese Erfahrung sehr ungewöhnlich, weil Religion bei uns, abgesehen von Taufen, Hochzeiten oder Beerdigungen, kaum noch Teil unserer Lebenswirklichkeit ist. In Nadschaf und Kerbela beispielsweise, den beiden heiligen Städten der Schiiten im Irak, gibt es Geschäfte, die Fleisch, Brot oder Kleidung verkaufen, aber man liest nicht „Fleischerei Müller“ oder „Bäckerei Meier“, sondern „Gott ist am größten“. Oder: „Wahrlich, wir sind von Ihm und zu Ihm kehren wir zurück“. Oder: „Gepriesen sei der Herr der Welten“. Wenn Sie etwa in den Vereinigten Arabischen Emiraten von Abu Dhabi nach Dubai fahren, sehen Sie in regelmäßigen Abständen Schilder entlang der Straße, auf denen auf arabisch steht: „Versäume nicht, an Gott zu denken“. Oder: „Gott sei gepriesen“. Oder: „Es gibt keine Gottheit neben Gott“. Mehrere arabische Fluggesellschaften lassen vor dem Start ihrer Maschinen, gleich nach den Sicherheitshinweisen der Stewardessen, ein Gebet vom Band laufen – was angesichts des maroden Zustandes sehr vieler Flugzeuge allerdings auch andere Gründe haben mag.

Die Religion, der Islam, ist allgegenwärtig, bis hinein in sprachliche Wendungen. Die klassische Antwort auf die Frage „Wie geht es dir?“ lautet nicht etwa „gut“ oder „geht so“, sondern „Gott sei gepriesen". Auch das legendäre *Inscha'Allah*, so Gott will, ist nicht allein eine Floskel, sondern hat durchaus einen tieferen Sinn, den mir die Verkäuferin in einem Buchladen in Kairo erklärte. Ich fragte sie, wann ich das von mir vorbestellte Buch endlich abholen könne. „Morgen, so Gott will", sagte sie. Das hatte sie allerdings die Tage zuvor auch schon gesagt. Deswegen fragte ich nach: „Morgen im europäischen Sinn oder *Inscha'Allah* – morgen, also irgendwann?" Sie fand den Vergleich unpassend und hielt mir den folgenden Vortrag: „Weder Sie noch ich wissen, was bis morgen geschieht. Ich könnte es mir leicht machen und Ihnen sagen, natürlich ist Ihr Buch morgen da, selbstverständlich, kein Problem. Aber im Grunde wäre eine solche Antwort anmaßend, eine Lüge. Niemand weiß, was geschieht. Vielleicht kann die Druckerei nicht liefern, vielleicht wird der Bote mit dem Buch bis morgen krank, vielleicht erleidet er einen Unfall auf dem Weg hierher. Vielleicht haben Sie keine Zeit, uns morgen zu besuchen, vielleicht kommt bei mir etwas dazwischen. Alles, was wir tun, liegt in Gottes Hand. Und deswegen ist die Aussage ‚Morgen, so Gott will' die ehrlichste und vernünftigste Antwort, die ich Ihnen geben kann."

Das Buch habe ich übrigens nie erhalten. Aber was macht das schon. Kein Buch könnte mit ihrer Weisheit konkurrieren.

Das andere Leben: Die „vollständige Hingabe" an Gott

Wie gesagt, bei uns spielt Religion nur eine sehr untergeordnete Rolle. Doch ungeachtet von Reformation und Aufklärung bewegen elementare und existentielle Fragen die Menschen auch hierzulande. Was ist der Sinn des Lebens, wie gehe ich um mit Krankheit und Tod? In den westlichen Industriegesellschaften gehen solche Fragen schnell unter im Lärm der Freizeitgesellschaft, der Konsum- und Medienwelt, die in erster Linie Produkte und Lifestyle anbieten, aber keine Mitmenschlichkeit. Was bleibt, ist ein großes Vakuum, eine Leere und Einsamkeit, die jeder mit sich selber ausmacht, gepaart mit der stillen Sehnsucht nach einem anderen Leben, das sich eines Tages offenbare. Ich glaube, dass genau darin die ungeheure Provokation des Islam und der arabischen Welt liegt. Dieser aus unserer Sicht rückständige und fanatische Teil der Welt hat etwas, wonach auch wir uns sehnen, das uns aber längst abhanden gekommen ist. Vielfach wissen wir nicht einmal mehr zu benennen, was uns eigentlich fehlt. Doch jeder, der einmal im Orient war, hat in einem stillen Moment dieses Andere wahrgenommen, dieses Schwerelose, diesen anderen Umgang mit Zeit, mit Schicksal, mit sich selbst, weil nicht das gesamte Leben den Gesetzen der Ökonomie unterworfen ist. Sie werden, in Teilen zumindest, gebremst von der Religion. Versäume nicht, an Gott zu denken. Die arabisch-islamische Welt braucht dringend Reformation und Aufklärung, die Trennung von Staat und Religion. Was sie nicht braucht, ist eine Kopie europäischer Verhältnisse, weil wir, wenn wir ehrlich sind, längst verstanden haben, dass unsere säkulare Philosophie des „Höher, Schneller, Weiter" auf Dauer keinen Bestand haben kann. Auch wir müssen zurückfinden zu einer Sinnhaftigkeit, die nicht mit dem Begriff Religion umschrieben sein muss, aber doch neue Lebensinhalte erschließt. An diesem Punkt kann die westliche Welt sehr viel vom Orient lernen.

Religion wird vielen ein Bedürfnis, sobald man nicht länger dem äußeren Erscheinungsbild vertraut, sondern einen Blick hinter die Fassaden wirft. Wer bin ich jenseits der Rolle, die ich beruflich oder privat einnehme? Was bleibt, was hat Bestand? Was ist Wahrheit? Religion kann viele Gesichter annehmen. Kunst und Kultur beispielsweise stellen ebenso die Sinnfrage wie einst die Propheten. Und allen Offenbarungsschriften ist gemein, dass sie Geschichten erzählen, archetypische Parabeln über gut und böse, richtig und falsch. Im Mittelpunkt der koranischen Erzählung steht der nachbiblische Prophet Mohammed. Seine Biographie lässt zunächst keine Heldensaga vermuten. Noch vor seiner Geburt verlor er den Vater, seine Mutter im Kindesalter. Seine väterlichen Verwandten zogen ihn auf, und schon als Jugendlicher verdiente er sein Geld im Karawanenhandel. Er heiratete eine deutlich ältere und vermögende Witwe und wurde ein erfolgreicher Unternehmer. Doch zu Beginn des 7. Jahrhunderts befielen ihn existentielle Zweifel. Obwohl glücklich verheiratet und gut situiert, wurde er plötzlich zum Aussteiger, verließ seine Heimatstadt Mekka und zog in die Wüste, wo er fastete, meditierte, sühnte.

Die genauen Gründe für diesen Bruch in seiner Biographie sind nicht klar. Vermutlich spielten ein Gefühl menschlicher Ohnmacht, der Sinnlosigkeit seines Lebens und Strebens oder ein Leiden an der ungleichen Verteilung von Glück und Reichtum in seiner Gesellschaft eine Rolle. Die altarabische, aus Vielgötterei bestehende Religionswelt sprach ihn nicht mehr an, weder intellektuell noch emotional. Jahrelang durchlebte Mohammed seine von Visionen und Selbstzweifeln begleitete Sinn- und Lebenskrise, aus der er mit einem geläuterten Bewusstsein hervorging, mehr noch: mit einer Mission. Er glaubte, von Gott (arabisch *Allah*) berufen und gesandt worden zu sein, seine mekkanischen Stammesbrüder moralisch zu läutern und zur Umkehr zu ermahnen. Im Jahr 613, im Alter von etwa 43 Jahren, begann Mohammed in Mekka öffentlich zu predigen. Er wurde zum Propheten, der in einer bildreichen, beschwörenden, oftmals die eigene innere Unruhe widerspiegelnden Reimprosa seine Offenbarungen vortrug.

Demnach ist der Mensch vollständig von Gott, seinem Schöpfer, abhängig. Das irdische Leben ist nur ein Durchgangsstadium, eine Etappe auf dem Weg ins Jenseits. Am Tag des Gerichts werden die Menschen von den Toten auferstehen, und Gott wird sie nach ihren Taten richten, sie mit dem Paradies belohnen oder zur Verdammnis verurteilen, dem ewigen Höllenfeuer. Ein gottgefälliges Leben, der rechte Weg, besteht in der Überwindung menschlicher Anmaßung, von Egoismus und Selbstherrlichkeit, zugunsten einer dankbaren Hinwendung zum Schöpfer und Erhalter des Lebens. Das Ziel ist die „vollständige Hingabe" (arabisch *Islam*) an Gott.

Die Mekkaner allerdings, vor allem die reiche Kaufmannsschicht, reagierten auf Mohammed, wie Menschen allgemein mit Außenseitern und Visionären verfahren: Sie jagten den Propheten fort. Im Jahr 622 flüchtete Mohammed mit seinen Getreuen nach Medina. Diese Hidschra (wörtlich „Auswanderung") wurde zum Beginn der islamischen Zeitrechnung. Acht Jahre später eroberte er Mekka im Triumph und verkündete am Schwarzen Stein der Kaaba, dem Allerheiligsten: „Die Wahrheit ist gekommen, der Irrtum hat sich zerstreut." Nur wenige Jahrzehnte nach Mohammeds Tod im Jahr 632 hatte der Islam ein Weltreich begründet, dessen grundlegende Lehre bereits das Glaubensbekenntnis erhält: Es gibt keine Gottheit neben Gott, und Mohammed ist der Gesandte Gottes. Eine neue, die dritte monotheistische Religion nach Judentum und Christentum war entstanden, kodifiziert im Koran (arabisch für „Lesung"), der Grundlage aller Offenbarung und Wahrheit. Der Koran ist Gotteswort, nicht Menschenwort, verkündet von Mohammed, seinem Gesandten. Anders als Jesus im Christentum gilt Mohammed nicht als Gottes Sohn. Vielmehr ist er ein normalsterblicher, wenngleich auserwählter Verkünder Seiner Botschaft.

Mit dem Glaubensbekenntnis ist allerdings ein sehr weiter Rahmen gesteckt. Es wirft zahlreiche Fragen auf, die überdies sehr unterschiedlich beantwortet werden können. Zum Beispiel die nach der Führung der islamischen Gemeinde. Wer ist berechtigt, die Nachfolge Mohammeds anzutreten? Darüber wurde heftig gestritten bis zum Mord, und es kam zu zahlreichen Trennungen und Abspaltungen innerhalb der islamischen Frühgemeinde. Die wichtigste führte zum Entstehen von Sunniten und Schiiten. Heute stellen die Sunniten etwa 90 Prozent der weltweit 1,3 Milliarden Muslime. Aber das ist eine andere Geschichte, die uns hier nicht interessieren soll. Wichtig ist allerdings, dass sich die ehemals dominante Rolle der Araber innerhalb der islamischen Welt – politisch, wirtschaftlich und theologisch – zunehmend relativiert. Je größer die Entfernung von Mekka, umso größer wird die Bereitschaft, religiöse Überlieferungen und Dogmen mit der Lebenswirklichkeit zu versöhnen. Der toleranteste Islam findet sich heute in der Peripherie, in Malaysia und Indonesien (gleichzeitig das zahlenmäßig größte islamische Land der Welt), in Schwarzafrika und in Zentralasien. In diesem Zusammenhang sei auch erwähnt, dass „Arabien" ein literarisch geprägter, dem Englischen entlehnter Begriff aus dem 19. Jahrhundert ist, der damals wie heute in erster Linie eine mythische Landschaft beschreibt, die Sehnsucht nach einem weiten Land, nach Wüste und Romantik irgendwo hinter Suez. Geographisch aber existiert kein „Arabien", es gibt lediglich das Königreich Saudi-Arabien – ein Land, das nur wenig zum Träumen anregt.

Ich erlaube mir, noch einmal auf den eingangs erwähnten Vorwurf einzugehen, wonach der Islam eine gewalttätige Religion sei. Zahlreiche Glaubensinhalte, etwa die frühe Verkündigung Mohammeds mit ihrer starken Betonung des Endgerichts und dem Aufruf zur Umkehr, erinnern an Bußprediger wie Johannes den Täufer oder an die ersten Auftritte von Jesus. Tatsächlich schöpft der Islam vielfach aus christlichen und jüdischen Quellen. Alle drei monotheistischen Religionen enthalten letztendlich eine gemeinsame Botschaft: Frieden und ein glückliches, erfülltes Leben findet der Mensch allein auf dem

Weg Gottes. Wer nun den Islam aus sich heraus zu einer fanatischen Religion erklärt, legt damit die Axt auch an die gemeinsamen geistigen und kulturellen Wurzeln, die den Islam mit Judentum und Christentum verbinden. Und wäre eine Religion, die für Kreuzzüge und Inquisition verantwortlich ist, demzufolge nicht ebenso brutal und hasserfüllt?

Gewalt gibt es in allen Religionen, aber ihre Ursache liegt nicht in den Offenbarungstexten, sondern in der Art und Weise, wie sie gelesen werden: dogmatisch oder allegorisch, sinnbildlich oder wörtlich. Zum Sprengsatz wird Religion immer dann, wenn sie politisch oder ideologisch missbraucht wird, sei es in Nordirland oder in Afghanistan. Ich möchte das an einem Beispiel veranschaulichen, dem Begriff Dschihad, allgemein als „Heiliger Krieg" übersetzt. Die Verbreitung des Islam mit Waffengewalt und zur Verteidigung oder Vergrößerung des islamischen Herrschaftsgebietes ist laut Koran eine der Grundpflichten der muslimischen Gemeinschaft. Dieses Gebot erklärt sich aus dem Sendungsbewusstsein Mohammeds, der nach seinen Erfahrungen in Mekka nicht mehr allein auf das Wort setzte, sondern gleichermaßen auf das Schwert. Heißt das nun, dass jeder Muslim zur Gewalt verdammt ist, kämpfen wird bis zum Endsieg des Islam, bis zu seiner weltweiten Herrschaft? Einfache und ungebildete Gläubige, aus deren Reihen die radikalen Islamisten sich mehrheitlich rekrutieren, werden das so sehen. Der Dschihad gehört zum Grundkonzept aller militanten islamistischen Gruppierungen. Überdies aktivierte der Dschihad immer wieder Muslime als so genannte Glaubenskämpfer (Mudschahidin) zum bewaffneten Kampf.

In der islamischen Geschichte jedoch war der Dschihad über Jahrhunderte eine ruhende Pflicht. Um den Frieden zu bewahren, wurde nach nichtkriegerischen Lösungen gesucht. Nach manchen Hadithen, den außerhalb des Korans überlieferten Aussagen Mohammeds, soll der Gläubige nicht nur mit dem Schwert, sondern auch mit der Zunge kämpfen. Seit dem 8. Jahrhundert entwickelte sich vor allem im Rahmen der islamischen Mystik der Gedanke vom Dschihad als der Pflicht zur religiösen und ethischen Selbstbeherrschung und Selbstvervollkommnung. Im heutigen Sprachgebrauch gibt es beispielsweise den *Dschihad al-bina'*, von dem ich in einer libanesischen Zeitung las, den Dschihad im Bauwesen. Gemeint war nicht, dass die Bauarbeiter sich gegenseitig umbringen. Die Rede war vielmehr von einer gemeinsamen, alle gesellschaftlichen Kräfte umfassenden Anstrengung im Bereich des Wiederaufbaus, um die Kriegsschäden im Libanon zu beseitigen. Eine der wichtigsten arabischen Zeitungen ist die in London verlegte *Al-Hayat*, gewissermaßen die arabische FAZ. In der Datumszeile führt sie den Ausspruch: „Wahrlich, das Leben (al-Hayat) ist Bekenntnis und Engagement (Dschihad)".

Im Koran gibt es zahlreiche Stellen zum Dschihad. Eine der Schlüsselstellen ist die folgende (4, 74–76): „Diejenigen aber, die das diesseitige Leben um den Preis des Jenseits verkaufen, sollen um Gottes willen kämpfen. Und wenn einer um Gottes willen kämpft, und er wird getötet – oder er siegt –, werden wir ihm (im Jenseits) gewaltigen Lohn geben. Warum wollt ihr (denn) nicht um Gottes willen und (um) der Unterdrückten (willen) kämpfen, (jener) Männer, Frauen und Kinder, die (in Mekka zurückbleiben mussten und) sagen: ‚Herr! Bring uns aus dieser Stadt hinaus, deren Einwohner frevlerisch sind, und schaff uns deinerseits einen Freund und Helfer'? Diejenigen, die gläubig sind, kämpfen um Gottes willen, diejenigen, die ungläubig sind, um der Götzen willen. Kämpft nun gegen die Freunde des Satans! Die List des Satans ist schwach."

Was macht man daraus? Alles eine Frage der Lesart und der Interpretation. Im Laufe der Zeit sind auf diese Weise verschiedene Denkschulen entstanden. In der heutigen arabisch-islamischen Welt gilt es vier große religiöse Strömungen zu unterscheiden. Die *islamische Orthodoxie* wird insbesondere durch die tausendjährige Al-Azhar-Universität in Kairo verkörpert, die höchste Autorität im sunnitischen Islam (wenngleich im Islam offiziell keine klerikale Hierarchie besteht). Daneben gibt es den *Volksislam* mit seiner religiösen Mystik und Heiligenverehrung, seinen Wanderpredigern und Wahrsagern (Sufismus). Die große Mehrzahl der Muslime im weiten Raum zwischen Marokko und Indonesien, Schwarzafrika und Zentralasien bekennt sich jedoch zum *traditionalistischen Islam*, also jenem Islam, wie er seit alten Zeiten von seinen Anhängern gelebt worden ist – gelebt und interpretiert von Theologen, Rechtsgelehrten, von Philosophen und Wissenschaftlern, von Künstlern und Dichtern. Recht und Kultur, soziale Strukturen, das Werteempfinden, allgemein die Weltanschauung, sind zutiefst von diesem traditionalistischen religiösen Verständnis beeinflusst.

Und schließlich gibt es den islamischen Fundamentalismus, den *Islamismus*. Er bezeichnet eine späte Sonderentwicklung der islamischen Religion, der es um die Erringung von Macht und ihre Ausübung auf der Grundlage der Scharia, des islamischen Gesetzes, geht. Religiöse Glaubensinhalte werden dabei politisch instrumentalisiert und massenwirksam eingesetzt. Fundamentalismus ist kein Phänomen der islamischen Welt allein, er ist in allen Religionen anzutreffen. Fundamentalismus bedeutet in erster Linie die Verteidigung persönlich-patriarchaler Autorität in Wirtschaft, Politik und vor allem in der Familie. Fragen der Stellung der Frau und der Moral sind nicht Ersatzthemen für anderes, sondern stehen tatsächlich, wie soziologische Untersuchungen belegen, im Zentrum der Auseinandersetzung. Der Konflikt zwischen Modernisten und Fundamentalisten ist demzufolge ein Konflikt über Ideale der Lebensführung und gesellschaftliche Ordnungsprinzipien. Obwohl es auch jüdische und christliche Fundamentalisten gibt, etwa in den Reihen der israelischen Siedlerbewegung oder der protestantischen Freikirchen in den USA, gilt der Fundamentalismus in der westlichen, in unserer Wahrnehmung, in aller Regel als ein rein islamisches Phänomen. Es passt ja auch ins Bild: Islam gleich Terror. Interessanterweise behaupten nur die islamischen Fundamentalisten und die Anhänger von Samuel Huntingtons These eines „Kampfes der Kulturen", dass der Islamismus identisch sei mit dem Islam, es folglich zwischen Koran und Heiligem Krieg keinen Unterschied gebe. Was den berechtigten Verdacht nahe legt, dass Huntington und die Seinen, darunter die eingangs zitierte Oriana Fallaci, den Islamisten innerlich näher stehen als gemeinhin angenommen.

Der Grundschullehrer Hassan al-Banna (1906–1949) gilt als der erste namhafte Ideologe des islamischen Fundamentalismus. 1928 gründete er in Ägypten die Muslimbruderschaft, die bis heute in zahlreichen arabischen Ländern aktiv ist. Ideologisch und organisatorisch ist der Werdegang der Muslimbrüder charakteristisch für die meisten islamistischen Bewegungen der Gegenwart: entstanden aus Protest, als radikale und gleichzeitig karitativ tätige Massenbewegung erfolgreich und eine Gefahr für die Machthaber, dann verboten und schließlich erneut zugelassen, nunmehr gewandelt und eine gemäßigte Opposition, der islamische Staat eine ferne Utopie. Hassan al-Banna ist der Begründer des politischen Islam, und seine Lehre, so dürftig sie ist, prägt bis heute das Weltbild der meisten islamischen Fundamentalisten, auch wenn sie sich in der Regel nicht auf ihn berufen, sondern auf nachfolgende Vordenker oder schlichtweg „den Koran".

Hassan al-Banna war überzeugt, dass der Islam eine umfassende Lebensordnung sei, einzigartig und unvergleichlich, weil von Gott selber enthüllt. Der wahre Gehalt des Islam könne nur durch Gottes Verkündung selbst, also den Koran, und die Worte des Propheten erschlossen werden. Islamische Fundamentalisten lehnen jedwede Exegese ab, denn sie bedeutet, heilige Texte zu deuten, zu interpretieren. Ein islamistischer Führer aber, angefangen mit al-Banna, wird argumentieren, dass diese Texte wortwörtlich zu verstehen sind – sollten dennoch Fragen offen bleiben, gibt der jeweilige Führer gerne Auskunft. Das hat für ihn den Vorteil, seine Macht und Autorität gegenüber den eigenen Anhängern zu festigen. (Die islamische Orthodoxie bekämpft aus diesem Grund den Islamismus, weil er ihren eigenen Machtanspruch in Frage stellt.) Das politische Hauptanliegen von al-Banna und seinesgleichen liegt in der Befreiung der arabisch-islamischen Welt vom Westen und seinem Einfluss. Damals in Ägypten ging es um den Kampf gegen die britischen Kolonialherren, heute ist Amerika der Islam-Feind Nummer eins, Amerika und sein nahöstlicher Verbündeter Israel. Das bedeutet, nach außen konsequent den Befreiungskampf fortzuführen und nach innen die Gesellschaft zu „islamisieren", angefangen mit der entsprechenden Kleidungsordnung, Vollbart für die Männer, Kopftuch oder Schleier für die Frauen. Das Endziel ist die Errichtung eines islamischen Staates, von einem Kalifen regiert. Dieser Staat würde das islamische Gesetz befolgen, die Scharia, konsequent missionieren und einen Kampf, notfalls auch mit Waffen, für die Gerechtigkeit und das gemeinsame Erbe der Menschheit führen.

Soweit die Theorie, die wie alle Ismen totalitäre Züge trägt. In der Praxis sind die meisten islamistischen Bewegungen pragmatisch bis zur Selbstverleugnung und passen sich ihrem gesellschaftlichen Umfeld an, falls sie nicht im Untergrund wirken oder, aus ihrer Sicht, Widerstand gegen Ungerechtigkeit leisten.

Die Anziehungskraft solcher rückwärts gewandter Utopien, die sich auf die vermeintliche Lebensführung des Propheten Mohammed im 7. Jahrhundert berufen, ist dort am größten, wo die Modernisierung am wenigsten fortgeschritten ist, wie etwa im Jemen, oder von religiösem Rigorismus überlagert wird, wie in Saudi-Arabien. Der islamische Fundamentalismus ist kein Modell zur Überwindung der gesellschaftlichen und politischen Krisen der arabisch-islamischen Welt. Ganz im Gegenteil ist er ein Krisensymptom, ein ideologisches und identitätsstiftendes Modell vor allem für sozial Deklassierte – nicht zu vergessen allerdings eine bedeutsame Minderheit aus den Mittel- und Oberschichten. In den Führungspositionen islamistischer Bewegungen finden sich generell viele Hochschulabsolventen, insbesondere dann, wenn sie für sich persönlich keine Karrieremöglichkeiten im Umfeld der jeweils herrschenden Oligarchie sehen.

Ausgehend von ihrem Unbehagen an der Moderne (abgesehen von technischen Errungenschaften wie Computer oder Internet) flüchten islamische Fundamentalisten in eine idealisierte Vergangenheit, die als menschlich vollkommen angesehene Frühzeit des Islam, als der Prophet Mohammed mit nur wenigen Getreuen auszog, ein Weltreich zu begründen. Islamisten glauben, dass die Befolgung ritueller Gebote, etwa das fünfmalige Beten am Tag, eine moralische Läuterung des Einzelnen wie der Gesellschaft zur Folge habe. Und die ist ihrerseits Voraussetzung dafür, in der Welt wieder führend zu sein – wie in der goldenen Zeit des Mittelalters, als die Araber die Wissenschaft beherrschten und die Europäer von ihnen lernten. Aus der Sicht von Islamisten ist der Westen politisch und kulturell dominant, weil die Muslime weltlichen Versuchungen erlegen sind und die Reinheit ihres Glaubens längst nicht mehr leben. Deswegen konnten die Ungläubigen das zur „Hure Babylon“ verkommene „Haus des Islam“ schwächen und nach ihren Vorstellungen unterwerfen.

Der Islamismus wäre nicht denkbar ohne seine Mobilisierung zunächst gegen den Kolonialismus, dann, nach dem Zweiten Weltkrieg, gegen die Vorherrschaft Amerikas im Nahen und Mittleren Osten, vor allem die vorbehaltlose Unterstützung Washingtons und der westlichen Welt für Israel. Wie ausgeführt, bündelte zunächst der arabische Nationalismus die Emotionen der Straße, angeführt vom ägyptischen Präsidenten Gamal Abdel Nasser. Nach der vernichtenden Niederlage der arabischen Armeen im Sechstagekrieg 1967 war der arabische Nationalismus diskreditiert, in der Öffentlichkeit nicht länger glaubwürdig. Das Vakuum wurde schnell gefüllt. Die Machtübernahme Khomeinis im Iran 1979 verhalf dem Islamismus in der gesamten arabisch-islamischen Welt endgültig zum Durchbruch. Der Islam ist die Lösung, so lautete nun die griffige ideologische Formel. Obwohl die in den siebziger und achtziger Jahren entstandenen islamistischen Gruppen, häufig Abspaltungen der Muslimbruderschaft, unmissverständlich an die Macht strebten, glaubten die jeweiligen Herrscher lange Zeit, sie für ihre Zwecke instrumentalisieren zu können. So duldete Präsident Anwar al-Sadat die Aktivitäten radikaler Islamisten in Ägypten, weil er hoffte, sie würden den Einfluss der Linken und der Nasseristen, vor allem an den Universitäten, zurückdrängen. Sadat fiel seinem eigenen Kalkül zum Opfer. Als Reaktion auf Ägyptens Friedensvertrag mit Israel wurde er 1981 von einem islamistischen Attentäter aus den Reihen der Armee ermordet.

Der Aufstieg der Islamisten wäre mit Sicherheit nicht so erfolgreich gewesen, wenn die Staaten der arabisch-islamischen Welt Demokratien wären. Da es, von Ausnahmen abgesehen, keine Pressefreiheit und keine unabhängigen Parteien gibt, die Zivilgesellschaft überdies schwach entwickelt ist, können die islamistischen Bewegungen weitgehend ungestört agieren. Eine westlich-moderne, liberal-reformistische Gegenöffentlichkeit besteht nur in Ansätzen und sieht sich gleichermaßen im Visier der Geheimdienste wie der Islamisten. Weiten Teilen der Bevölkerung bleiben allein die Moscheen, um ihren Unmut über die Machthaber und ihre bedrückenden Lebensverhältnisse zu ventilieren. Die Islamisten ihrerseits sind beliebt, weil sie nicht nur reden, sondern auch handeln. Vor allem bieten sie soziale Dienstleistungen, versorgen sie kostenlos die Alten, Kranken, Arbeitslosen und Schwachen. Sie ersetzen damit die völlig unzureichende, in der Regel gar nicht erst vorhandene staatliche Fürsorge.

Die Regime gehen äußerst ungern gegen die Islamisten vor. Zum einen, weil die herrschende Elite bisweilen große Sympathien für deren Ziele empfindet, allen voran in Saudi-Arabien. Zum anderen, weil sich die Herrschenden nach Möglichkeit mit dem islamischen Fundamentalismus arrangieren. Wenn er allerdings offen die Machtfrage stellt, wie mit der Ermordung Sadats in Ägypten oder, um weitere Beispiele zu nennen, in Syrien zu Beginn der achtziger Jahre oder in Algerien in den Neunzigern, dann wird er gnadenlos militärisch bekämpft, ohne Rücksicht auf Verluste in der Zivilbevölkerung.

Nicht nur Präsident Sadat beging den Fehler, die Islamisten zu unterschätzen. Auch Israel glaubte, sie für eigene Zwecke nutzen zu können. Bis zum Ausbruch der ersten Intifada gegen die israelische Besatzungsmacht in der West Bank und im Gazastreifen (also jenen Gebieten, die Israel im Sechstagekrieg 1967 eroberte) im Dezember 1987 spielte der Islam als politische Kraft unter den Palästinensern kaum eine Rolle. Zwar gab es die Muslimbruderschaft, die seit den dreißiger Jahren auch in Palästina aktiv war, doch deren Vertreter setzten überwiegend auf soziale und religiöse Aktivitäten. Die Politik und den aktiven Widerstand gegen die Besatzung überließen sie der säkularen PLO, die im Untergrund operierte und die dominante Kraft unter den Palästinensern blieb, bis sie als Folge ihrer Vertreibung aus dem Libanon 1982 vorübergehend an Bedeutung verlor.

Eine Woche nach Beginn der Intifada wurde die Hamas (arabisch „Hingabe", „religiöser Eifer", gleichzeitig die Abkürzung für „Bewegung des islamischen Widerstandes") im Gazastreifen von Scheich Ahmad Jassin gegründet, ein radikaler Ableger der Muslimbruderschaft. Obwohl ihre Charta vom August 1988 eindeutig ist (Artikel acht: „Gott ist das Ziel, der Prophet der Führer, der Koran die Verfassung; der Heilige Krieg weist den Weg, und der Tod für Gott ist die innigste Sehnsucht."), ließen die Besatzungsbehörden die Hamas zunächst gewähren, weil sie sich davon eine Schwächung des palästinensischen Widerstandes und der PLO erhofften. Das war ein Irrtum. Nach mehreren Anschlägen änderten die israelischen Behörden ihre Strategie und versuchten, die Hamas zu zerschlagen. Aber da war sie längst Legende und zu einer einflussreichen Bewegung geworden. Heute sind die islamistischen Gruppierungen, allen voran Hamas und der Islamische Dschihad, das Rückgrat der palästinensischen Opposition. Sie sind nur noch teilweise von der Nationalbehörde unter Arafat zu kontrollieren. Die Selbstmordanschläge von Hamas und Dschihad trugen zu einer weiteren Eskalation im Rahmen der zweiten, der Al-Aqsa-Intifada bei, die im September 2000 begann.

Nicht nur der Aufstieg der Hamas ist eine unmittelbare Folge israelischer Besatzungspolitik. 1982 überfiel Israel unter dem militärischen Oberbefehl von Ariel Scharon das Nachbarland Libanon, um die dort agierende PLO zu vertreiben. Aus Sicherheitsgründen besetzte Israel anschließend den südlichen Libanon und machte sich damit die schiitische Bevölkerung zum Feind. Aus ihren Reihen entstand 1982 die Hizbullah (arabisch „Partei Gottes"), die nach einem jahrelangen Guerillakrieg im Mai 2000 den bedingungslosen und vollständigen Abzug israelischer Truppen aus dem Libanon erreichte.

In der westlichen Wahrnehmung sind Hamas und Hizbullah Terror-Organisationen, Letztere aus Teheran gesteuert, die ein einziges Ziel verfolgen: Israel zu vernichten. Diese Sichtweise greift zu kurz. Beide Gruppen wären nie zu Massenbewegungen geworden, wenn nicht die auf Vorherrschaft ausgerichtete Politik Israels Palästinenser und Libanesen radikalisiert hätte. Da weder die Vereinten Nationen noch Amerika Israel für sein völkerrechtswidriges Vorgehen im Libanon oder in den besetzten Gebieten jemals zur Rechenschaft gezogen haben, gelten Terroranschläge gegen Israel, auch gegen israelische Zivilisten, in weiten Teilen der arabischen Öffentlichkeit als legitime Selbstverteidigung. Israelische Bomben und Granaten haben Tausende Libanesen umgebracht, ist etwa in Beirut zu hören. Aber nur, wenn Israelis sterben, regt man sich im Westen auf.

Seit dem israelischen Abzug aus dem Südlibanon hat die Hizbullah ein Problem. Ihre Legitimation war der Widerstand gegen die Besatzung. Die ist Vergangenheit. Will die „Partei Gottes“ nicht bedeutungslos werden, muss sie sich wandeln, und zwar in eine politische Organisation, die Interessenvertretung der Schiiten im Libanon. Damit tritt sie in Konkurrenz zu anderen Parteien, etwa der Amal, die das schiitische Großbürgertum vertritt. Gegenwärtig sitzen zwölf Abgeordnete der Hizbullah im libanesischen Parlament und machen Politik für ihre Klientel, die schiitische Mittel- und Unterschicht in den südlichen Vororten Beiruts und im Südlibanon. Rhetorisch gibt sich die Hizbullah nach wie vor radikal und kompromisslos, gleichzeitig jedoch arrangiert sie sich mit den neuen Verhältnissen, indem sie innenpolitisch Pragmatismus zeigt. Dennoch versucht sie, so lange wie möglich von ihrem „Heldenimage“ zu profitieren. Überall im Süden des Libanons, an fast jedem Baum und Lampenmast, hängen Poster mit den Fotos von „Märtyrern“, die im Kampf gegen die israelische Besatzungsmacht getötet wurden. Der Widerstand wird überhöht, um eine Legende zu schaffen. In der Bevölkerung wird die Hizbullah respektiert, auch von Nicht-Schiiten, weil sie erfolgreich Widerstand geleistet hat. Aber diese Wertschätzung allein ist kein politisches Kapital, von dem die „Partei Gottes" dauerhaft profitieren kann – umso weniger, als ihre Dschihad-Rhetorik dem Lebensgefühl der libanesischen Bevölkerung in keiner Weise entspricht: Nach Jahren des Krieges ist ein unbändiger Lebenswille zu spüren, vor allem in Beirut. In die wiederaufgebaute Innenstadt drängen noch um Mitternacht Flaneure und Passanten, die Restaurants und Diskotheken sind ebenso exklusiv wie gut besucht. Hier geht es um Spaß, Selbstdarstellung und Lifestyle – Dschihad gilt in diesen Kreisen schlichtweg nicht als sexy.

Die Erfolgsgeschichte des islamischen Fundamentalismus wäre ohne die besondere Rolle Saudi-Arabiens nicht denkbar gewesen. Als Reaktion auf die schiitische Revolution von 1979 im Iran begann das ultrakonservative und entsprechend verängstigte Herrscherhaus in Riad, das für sich die Führung innerhalb des sunnitischen Islam beansprucht, einen Heiligen Krieg zu führen und mitzufinanzieren. In enger Abstimmung mit der CIA versuchte die Familiendynastie der Al-Saud, den Iran revolutionär zu überbieten, aus Sicherheitsgründen weitab der eigenen Grenzen. Afghanistan wurde zum Schlachtfeld, der Dschihad gegen die sowjetische Besatzung zum Fanal – ein Instrument saudischer Eigenlegitimation und amerikanischer Machtpolitik im Wettstreit mit Khomeini, dessen revolutionäres Charisma weit in die arabische Welt hineinwirkte. Radikale Islamisten von Algerien bis Pakistan strömten zu Tausenden nach Afghanistan und kämpften dort gegen das Böse.

Nach dem Abzug der Sowjets aus Afghanistan 1989 richtete sich die Ventilfunktion des Dschihad jedoch gegen seine Urheber. Die „heiligen Krieger", größtenteils in ihre Heimatländer zurückgekehrt, sahen nunmehr in den USA und ihrem Verbündeten Saudi-Arabien den Hauptfeind des Islam. Teilweise gingen die Dschihad-Kämpfer in den Untergrund und bekämpften die prowestlichen Regierungen ihrer Länder mit terroristischer Gewalt: in Algerien, Ägypten, Saudi-Arabien, im Jemen, in Pakistan. Die erste Hälfte der Neunziger wurde zur Hochzeit des Islamismus – auch dort, wo er keine Gewalt anwandte, prägte er doch maßgeblich den politischen Diskurs.

In der zweiten Hälfte jedoch kam es zu einer entscheidenden Zäsur. Als Massenbewegung geriet der Islamismus in die Defensive, aber in seiner Dschihad-Variante steigerte er noch seine Todesbereitschaft, sich selber und anderen gegenüber, bis hin zu den verheerenden Anschlägen vom 11. September 2001. Dem „traditionellen" Islamismus dagegen wurde gerade sein Hang zur Gewalttätigkeit zum Verhängnis. Mangelnder Realitätssinn und blinde Gewalt haben die arabischen Islamisten sukzessive auch eben jenen gesellschaftlichen Schichten entfremdet, aus denen heraus sie ursprünglich entstanden sind. Beispiel Algerien: Die islamistische FIS („Islamische Heilsfront") gewann 1992 die ersten freien Wahlen, weil die seit der Unabhängigkeit 1962 regierende Nomenklatura aus ehemaligen FLN-Kämpfern, den Kämpfern gegen die französische Kolonialmacht, den Staat und sein Vermögen als Privateigentum ansah. (FLN steht für „Front der Nationalen Befreiung".)

Durch einen Militärputsch um ihren Wahlsieg betrogen, ging die FIS in den Untergrund und löste sich auf in verschiedene Gruppen, die das Land mit Terror überzogen. Die Pest der nach wie vor unumschränkt herrschenden FLN-Nomenklatura erschien besonders den städtischen Mittelschichten zunehmend als das geringere Übel, gemessen an der Cholera blindwütiger islamistischer Gewalt, die oft nicht von gewöhnlicher Bandenkriminalität zu unterscheiden ist. Keines der Probleme, die 1992 zum Wahlsieg der FIS führten, wurde auch nur in Ansätzen gelöst. Der Islamismus hat seine Glaubwürdigkeit verloren, während das Regime erfolgreich auf Zeit spielte.

Islamische Fundamentalisten, die nicht wie die FIS im Untergrund und somit in der politischen Bedeutungslosigkeit enden wollen, müssen sich mit dem Establishment arrangieren, sofern die Machthaber diese Option ermöglichen. In Jordanien etwa ist die „Islamische Aktionsfront“ seit 1989 im Parlament vertreten und hat bei den nachfolgenden Wahlen kontinuierlich an Einfluss und Sitzen verloren. Islamisten sind am erfolgreichsten in der Opposition. Einmal an der Macht beteiligt, verlieren sie schnell ihr heilsgeschichtliches Pathos, ihre Glaubwürdigkeit. Ihre einzige Chance besteht darin, sich zu mäßigen und Pragmatismus zu zeigen – ähnlich wie die AKP (Gerechtigkeits- und Fortschrittspartei) in der Türkei, die mittlerweile die Regierung in Ankara stellt. Sie versucht, sich gewissermaßen als eine islamische CDU zu profilieren.

Der politische Islam bekämpft also gleichermaßen den politisch-kulturellen Einfluss des Westens wie das Machtmonopol undemokratischer Machteliten, die ihrerseits uneingeschränkt von westlichen Regierungen unterstützt werden – auch militärisch. (Sofern die Machteliten nicht anti-amerikanisch eingestellt sind, wie in Libyen oder im Irak unter Saddam Hussein.) Auf diese Weise „kontrollieren“ die USA und, in geringerem Maß, Großbritannien vor allem die Golfregion, Frankreich hingegen den Maghreb, insbesondere Algerien – und stets geht es dabei um den Zugriff auf Öl- oder Erdgasreserven. Dennoch richtete sich die Gewalt von Islamisten bis Mitte der neunziger Jahre nahezu ausschließlich gegen die israelische Besatzungsmacht (Hamas, Hizbullah) oder aber gegen die verhassten Regime selbst. Terroranschläge auf westliche, vor allem amerikanische Einrichtungen sind, von Ausnahmen abgesehen, erst seit der zweiten Hälfte der neunziger Jahre zu verzeichnen. Sie sind ein „Markenzeichen“ des Dschihad-Islam unter Führung von Osama bin Laden.

Dieser Dschihad-Islam unterscheidet sich in zweierlei Hinsicht vom „traditionellen“ Islamismus. Zum einen durch seine offene Kriegserklärung an die USA, zum anderen durch sein länderübergreifendes, nicht allein fast die gesamte islamische Welt, sondern auch Europa und Nordamerika umfassendes Netzwerk einiger Tausend geistesverwandter, extrem gewaltbereiter Gesinnungstäter im Umfeld von Al-Qa'ida. Bislang fehlt eine Strategie für deren Bekämpfung, die sich der Flexibilität des Gegners anpasst. Der Sturz der Taliban nach dem 11. September 2001 führte nicht zu einer Zerschlagung der vorhandenen terroristischen Strukturen; ganz im Gegenteil organisierte sich Al-Qa'ida neu und ist heute unberechenbarer denn je. Zunehmend werden ehemals straffe Hierarchien aufgelöst und dezentralisiert, von autonomen Zellen oder Einzeltätern abgelöst. Der große Fehler der Amerikaner und der mit ihnen verbündeten Anti-Terror-Koalition besteht darin, den Dschihad-Islam allein unter Sicherheitsaspekten zu betrachten. Washington setzt in erster Linie auf die Wirkung wuchtiger und überzogener Militäreinsätze, zunächst in Afghanistan, anschließend im Irak. Damit allerdings werden neue Unruheherde geschaffen, die noch viel gefährlicher sind als die vorherigen. Weite Teile Afghanistans fallen erneut zurück in Chaos und Anarchie, und der Irak wird mehr und mehr zum Schlachtfeld eines neuen Dschihad gegen den verhassten Westen und die USA. Gleichzeitig werden die politischen, sozialen und gesellschaftlichen Ursachen für das Entstehen des radikalen Islamismus ausgeblendet und ignoriert. Eine wirkliche Demokratisierung der arabischen Welt steht demzufolge weder in Washington noch in Brüssel auf der Agenda, abgesehen von Rhetorik. Sie ist aber eine wesentliche Voraussetzung, um den radikalen Islamisten den Nährboden zu entziehen. Ohne konstruktive Anstöße von außen kann und wird die gesellschaftliche Öffnung nicht gelingen. Solange die arabischen Regime sicher sein können, als willige Helfer in den Anti-Terror-Kampf eingebunden zu werden, haben sie auch keinen Druck des Westens zu befürchten. Anstatt diesen Teufelskreis zu durchbrechen, reden vor allem amerikanische Meinungsmacher, Politiker und Analysten lieber vom „islamischen Totalitarismus". Dahinter steht eine Denkschule, die den Islam auf den Islamismus reduziert, sofern er nicht von vorneherein zu einer fanatischen Religion erklärt wird. Nach dieser Logik können nur Kompromisslosigkeit und noch mehr Gewalt den Terror im Namen Allahs besiegen. Was wiederum Wasser auf den Mühlen radikaler Islamisten ist, weil sich dergestalt ihr antiwestliches Feindbild wie von Zauberhand selber zu bestätigen scheint. Der Terror erzeugt Gegengewalt, und die Gegengewalt erzeugt neuen Terror. Ein friedlicherer Ort wird die Welt auf diese Weise mit Sicherheit nicht.

Geld, aber nicht um jeden Preis. Das Eigenleben der Basare

Ich bitte um Nachsicht, falls ich den einen oder anderen Leser mit meinem Ausflug in die Religion und ihr politisches Umfeld langweilen sollte. Aber es ist unmöglich, die arabische Welt zu verstehen, ohne sich mit ihrer inneren Befindlichkeit auseinander zu setzen. Und das wiederum ist nicht möglich ohne die Kenntnis der wesentlichen Hintergründe.

Araber und Muslime sehen sich häufig als Opfer der Globalisierung und des Westens, als Spielball von Entwicklungen, die sie weder steuern können noch für richtig halten. Die große Vergangenheit, als die Araber ein Weltreich begründeten und in Wissenschaft, Kunst und Kultur Maßstäbe setzten, ist unwiderruflich vorbei. Sie endete spätestens mit der Reconquista, der Vertreibung von Juden und Muslimen aus Spanien im ausgehenden 15. Jahrhundert. Die damalige Macht und Bedeutung, noch immer unvergessen, steht in einem schmerzhaften Gegensatz zur bedrückenden Gegenwart, die wenig hoffnungsfrohe Perspektiven erkennen lässt. So sehen viele gebildete Araber den Sieg Amerikas im Irak, ungeachtet ihrer Freude über den Sturz Saddam Husseins, nur als eine weitere historische Demütigung in einer endlosen Serie von Niederlagen: angefangen mit der Invasion Napoleons in Ägypten 1798 (dem Beginn der Neuzeit im Orient, der mit Hilfe einer überlegenen Waffentechnik der Weg bereitet wurde), weiter mit der Kolonialisierung Nordafrikas, der Niederschlagung der ägyptischen Reformbewegung im 19. Jahrhundert, dann der Errichtung französischer und britischer Protektorate im Nahen Osten nach dem Ersten Weltkrieg, obwohl den Arabern als Belohnung für ihren Kampf gegen das Osmanische Reich die Unabhängigkeit versprochen worden war, bis hin zu der den Arabern aufgezwungenen Gründung Israels im Jahr 1948, die auf arabischer Seite als eine Fortführung des Kolonialismus mit anderen Mitteln gesehen wurde und wird. Die israelische Besatzungspolitik nach 1967, der Golfkrieg 1990/91 – diese und andere nahöstliche Umbrüche erwecken seit Jahrzehnten den Eindruck, der Westen und insbesondere die USA seien Feinde aller Araber und Muslime. Dennoch blicken sie sehnsuchtsvoll nach Amerika – und spüren, besonders nach dem 11. September, dass ihnen Verachtung und Misstrauen entgegenschlagen. Sie glauben sich in den USA kollektiv in Verantwortung genommen für etwas, worunter sie in ihren Ländern doch auch leiden, das sie größtenteils vehement bekämpfen.

Die Menschen in der arabischen Welt sehnen sich nach Freiheit und Demokratie, sie sind es leid, sich von unfähigen Machthabern bevormunden zu lassen. Sie sehen allerdings in den westlichen Demokratien längst keine Bündnispartner mehr für ihre eigene Befreiung. Washington und gleichermaßen Europa haben in der Vergangenheit immer wieder unter Beweis gestellt, dass „Demokratie" lediglich „prowestlich" meint. Solange die Regime für Ruhe und Ordnung im eigenen Land sorgen und die Islamisten in Schach halten, können sie mit der wohlwollenden Unterstützung westlicher Hauptstädte rechnen. Das gilt für Algerien ebenso wie für Ägypten oder Saudi-Arabien. Die Verlierer dieser Politik sind ausgerechnet die demokratischen, in der Regel säkularen Oppositionellen, die sich gleichermaßen im Visier der Sicherheitskräfte wie der islamischen Fundamentalisten wiederfinden. Die Demokratisierungswelle in Osteuropa hat die arabische Welt vor allem deswegen nicht erreicht, weil die extremistische Islam-Auslegung, wie sie der in Saudi-Arabien praktizierte Wahhabismus betreibt, jedwedes reformistisches Denken, jede Aufklärung verhindert. In der gesamten arabischen Welt und darüber hinaus werden rückwärts gewandte islamistische Bewegungen aus Saudi-Arabien finanziert, sei es direkt vom Staat oder aber von einflussreichen Politikern und vermögenden Geschäftsleuten. Das erklärt, warum ein muslimischer Martin Luther nicht einmal am Horizont auszumachen ist, warum islamische Vordenker und Reformer überwiegend im westlichen Exil leben, in Europa oder den USA.

In Saudi-Arabien ist der Islam Staatsreligion, genauer gesagt eine erzkonservative, pietistische Strömung, besagter Wahhabismus. Ihr Begründer war Mohammed Ibn Abd al-Wahhab (1703/4–1792), der in Anlehnung an den mittelalterlichen Theologen Ibn Taimiyya die Einheit von Staat und Religion forderte sowie die strikte Einhaltung der Grundlagen islamischen Glaubens. Die moralische Läuterung des Einzelnen wie der Gesellschaft sollte den Weg weisen in das ideale islamische Gemeinwesen, wie einst unter dem Propheten Mohammed. In der zweiten Hälfte des 18. Jahrhunderts eroberte die Familie Al-Saud die politische Macht auf der arabischen Halbinsel, und zur Legitimation ihrer Herrschaft beruft sie sich bis heute auf die Lehre von Ibn Abd al-Wahhab. Nüchtern besehen ist der Wahhabismus eine Spielform des islamischen Fundamentalismus. Beide verbindet die Suche nach religiöser Erneuerung und politischer Agitation.

Das Gefühl, zu den Verlierern der Geschichte wie auch der Globalisierung zu gehören, stärkt bei vielen Arabern und Muslimen die Neigung, sich als ein vom Schicksal verfolgtes Opfer zu bedauern und daraus die Rechtfertigung für einen grenzenlosen, absoluten, auch terroristischen Widerstand abzuleiten. Die arabische Vorliebe für eine eher gefühlsbetonte als logische Betrachtung ihrer selbst und der anderen wird bei uns oft als gestörtes Verhältnis zur Realität wahrgenommen. Nicht selten verbindet sich das ausgeprägte Selbstmitleid mit Neid und

Missgunst gegenüber Europäern oder Amerikanern. Die Abneigung gegenüber dem Westen, die in blanken Hass umschlagen kann, geht einher mit der Suche nach einer „unverfälschten" eigenen Kultur und Identität, die als moralisch überlegen gilt. Unbequeme Wahrheiten werden dabei gerne ausgeblendet. Ich erinnere mich an eine Diskussion mit einem ägyptischen Historiker, der in scharfen Worten den europäischen und amerikanischen Sklavenhandel geißelte. Ich machte ihn darauf aufmerksam, dass die damaligen Sklavenjäger vielfach arabische Stämme waren. Und noch zu Beginn des 20. Jahrhunderts gab es in Ägypten aus dem Sudan importierte schwarze Sklaven. Warum er das denn versäumt habe zu erwähnen? Weil, so seine Antwort, die Araber ihre Sklaven stets besser behandelt hätten als alle anderen.

Der historische Orient: höfisch und feudal

Die Frage, weshalb die arabische Welt den Anschluss an die technisch-rationale Moderne bislang nicht vollzogen hat, beschäftigt ganze Legionen von Analytikern und Historikern, und je nach Standpunkt des Betrachters fällt die Begründung sehr unterschiedlich aus. Eine allumfassende Antwort gibt es selbstredend nicht, die Ursachen sind ebenso vielfältig wie die Erklärungsversuche. Aber ein Aspekt erscheint mir doch wesentlich (wenngleich nicht ganz einfach zu vermitteln). Es geht um ein anderes Verständnis gesellschaftlicher Dynamik, namentlich einer anderen Gewichtung von Geld und von Zeit. Die Araber begründeten ihr Weltreich im Namen des Islam. Die Menschen in den von ihnen eroberten Gebieten konnten sich entweder zu der neuen Religion bekennen oder aber ihre alte beibehalten, sofern sie Juden oder Christen waren. Dann allerdings hatten sie eine zusätzliche „Kopfsteuer" zu entrichten. Der missionarische Impuls war also gepaart mit Pragmatismus. Militärische Gewalt und Realpolitik ergänzten sich. Die arabische Eroberung hatte keine Revolution zur Folge, keine Neuordnung der gesellschaftlichen oder sozialen Verhältnisse. Karawanenhandel und Basarökonomie bestimmten weiterhin den wirtschaftlichen Rhythmus von Marokko bis Indien und Zentralasien. Solange die tributpflichtigen Stämme und Regionen zahlten, konnten sie weitgehend ungestört ihr gewohntes Leben fortführen.

Nicht anders hielten es nach ihnen die türkischen Osmanen, deren Reich nach dem Ersten Weltkrieg unterging. Jahrhundertelang herrschten sie über weite Teile der arabischen Welt. Ob Araber oder Türken, beide begnügten sich damit, in den eroberten Gebieten Steuern einzutreiben und in Damaskus, Bagdad oder Konstantinopel einen prächtigen Hofstaat zu unterhalten. Während die Fugger oder die Medici ihr durch Handel erworbenes Vermögen in erste Manufakturen investierten, blieb der Orient höfisch und feudal. Der kapitalistische Aufbruch Europas und später Amerikas, angefangen mit der Entdeckung des Neuen Kontinents bis hin zu Microsoft, fand in der arabischen Welt keine Entsprechung. Dort ist man der traditionellen Form des Warenaustauschs treu geblieben, der Basarökonomie, und reagierte lediglich auf die Veränderungen durch die Moderne, ohne ihr ein eigenes, arabisches Gesicht zu verleihen.

Warum hat es eine vergleichbare kapitalistische Dynamik in der arabischen Welt nicht gegeben? Die Ursachen sind sicher komplex, aber möglicherweise hat es sie auch deswegen nicht gegeben, weil islamische Theologen auf dem Höhepunkt arabischer Macht Angst vor der eigenen Courage bekamen. Im 9. und 10. Jahrhundert durchlebte das islamische Spanien, al-Andalus, eine Zeit der kulturellen Hochblüte. Während sich Europa nördlich der Pyrenäen durch das raue Mittelalter schleppte, erfreuten sich etwa die Einwohner Córdobas einer öffentlichen Kanalisation und beleuchteter Straßen. Córdoba, aber auch Sevilla und Granada rühmten sich ihrer Bildungsinstitute, in denen arabische Philosophie, Recht, Literatur, Mathematik, Medizin, Astronomie, Geschichte und Geographie gelehrt wurden. Das irritierte nicht allein den christlichen Klerus, der sich daran störte, dass die Christen die Muslime imitierten, indem sie sich etwa Harems einrichteten und Literatur und Musik der Araber übernahmen. Es verunsicherte gleichermaßen die islamische Orthodoxie, die sich durch die freimütigen theologischen Debatten und die in weiten Teilen gelebte religiöse Toleranz bedroht fühlte. Um ihren Machtanspruch durchzusetzen, prägte sie einen verhängnisvollen Lehrsatz: Das Tor der freien Meinungsfindung ist geschlossen. Nicht mehr Toleranz und Anpassungsvermögen waren gefragt, sondern Dogma und Rigorismus. Seit dem 12. Jahrhundert ist das arabische Geistesleben, ob weltlich oder religiös, von diesem Bannstrahl wider die Vernunft geprägt. Auch Politik, Wirtschaft und Gesellschaft wurden von dem verheerenden Votum der Orthodoxie ins Mark getroffen. Jeder, der Neues wagt oder denkt, riskiert seither den Vorwurf der Häresie, der Gotteslästerung. Auf den Glanz von al-Andalus folgte der kulturelle Niedergang, und er dauert bis heute an. In den letzten 800 Jahren haben es die Araber nicht vermocht, die Entwicklung umzukehren und den Aufbruch zu wagen. Heute ist die arabische Welt bestenfalls eine Karikatur der ihr innewohnenden Möglichkeiten, von unfähigen Regimen und islamistischen Eiferern in ihrer Entwicklung blockiert und gleichsam in Geiselhaft genommen. Und wir, im Westen, stehen nicht wirklich für Freiheit – abgesehen von Rhetorik. Stattdessen reichen wir den ranghöchsten Geiselnehmern die Hand und machen sie zu ehrbaren Partnern, etwa im Anti-Terror-Kampf.

Die Rede war von der „Basarökonomie“. Basare gibt es überall in der islamischen Welt. Basar ist ein persisches Wort, die Araber sagen Suq (auch Souk oder Suk geschrieben). Beides bedeutet „Markt“. Die schönsten arabischen Basare gibt es in Marokko, in Damaskus, in Kairo (Khan al-Khalili) und in der jemenitischen Hauptstadt Sanaa. Basare sind stets in der Altstadt angesiedelt, und sie folgen einem weitgehend gleich bleibenden Ordnungsmuster. Die jeweiligen Produkte sind bestimmten Teilen des Basars zugeordnet: Waren, die sich einer hohen Wertschätzung erfreuen, zum Beispiel Koranliteratur, werden im Zentrum des Basars angeboten, in unmittelbarer Nähe oder Nachbarschaft zur Moschee. Je geringer das soziale Image der angebotenen Waren, umso größer ihre Entfernung zur Moschee. Metzgereien beispielsweise finden sich überwiegend am äußeren Rand des traditionellen arabischen Marktes. Eine weitere Gemeinsamkeit aller Basare in der arabisch-islamischen Welt ist ihre Branchenorientierung. Sämtliche Produkte haben jeweils ihren eigenen Ort; ob Gewürze, Kleidung, Teppiche, Schmuck oder Lebensmittel, sie alle haben ihren festen Platz innerhalb der Marktordnung. Der Käufer kann folglich ohne große Mühe Preise vergleichen – anders als etwa in einer deutschen Großstadt, wo die entsprechenden Geschäfte weit gestreut liegen. Der Basar ist demzufolge einer gewissen Egalität verpflichtet. Ein Händler kann seine Preise nur mit Blick auf die Wettbewerber in seiner Nachbarschaft gestalten. Seine Spielräume nach oben sind begrenzt.

Dahinter steckt, wenn man so will, ein gesellschaftliches Ordnungsmodell. In der arabischen Welt ist nicht der Einzelne, das Individuum das Maß der Dinge, sondern die Gruppe, das Kollektiv – sei es die Familie, der Clan, der Stamm oder die religiöse Gemeinschaft. Das war früher in Europa nicht anders, aber die industrielle Revolution und die Säkularisierung haben die Gewichte verschoben. Bei uns gilt nunmehr das Individuum als Subjekt der Geschichte, jedenfalls in der Theorie. Die arabische Welt lebt in einer Art „Zwischenwelt“: Äußerlich ist sie vielfach hypermodern –man denke etwa an die Skyline der Städte am Golf. Aber sie ist festgefahren, ihre Entwicklung blockiert zwischen Fortschritt und Restauration, zwischen Feudalismus und Moderne. Mittelalterliche Verhältnisse bis hin zur Leibeigenschaft auf dem Land kontrastieren mit den Verheißungen der Warenwelt, von McDonalds bis Armani. In diesem Kontext ist die Basarökonomie zu sehen, die, von Ausnahmen abgesehen, dem Solidarprinzip folgt. Nicht der Einzelne soll in kürzester Zeit so viel wie möglich verdienen, vielmehr sieht sich der Basar als eine Art Wirtschaftsgemeinschaft für die Wechselfälle des Lebens, mit genauen Spielregeln und festgesetzten Normen, ähnlich wie weiland die Zünfte in Europa. Der Basar verkörpert demzufolge eine vormoderne, vorkapitalistische Wirtschaftsform, die ihre besten Zeiten hinter sich hat. Vor allem, weil bestimmte Berufsgruppen, etwa die Färber oder die Kupferschmiede, nicht mit Billigimporten aus Fernost konkurrieren können. Auch ist der Basar wenig innovativ, das Erschließen von neuen Geschäftsbereichen ist seine Sache nicht. Nur wenigen Basarhändlern gelingt der mentale und finanzielle Sprung in den Kapitalismus, indem sie etwa in der Immobilienbranche investieren.

Ein letztes Angebot unter Freunden

Dennoch, der Basar prägt noch immer die Mentalitäten und hat großen politischen Einfluss. Die iranische Revolution wäre ohne die aktive Unterstützung der Basarhändler nicht denkbar gewesen. Der Basar verkörpert ein Lebensgefühl, das unseren verinnerlichten Wertmaßstäben fundamental zuwiderläuft. *Time is money* – das gilt nicht im Basar. Alles regelt sich hier über persönliche Beziehungen und Kontakte. Auch der Kunde wird nach dem Eindruck beurteilt, den er macht oder hinterlässt, was wiederum großen Einfluss auf die Preisgestaltung hat. In Damaskus lernte ich einen Händler kennen, der Möbel im traditionellen syrischen Design verkauft, mit aufwendigen Intarsienarbeiten und handgeschnitzt. Eher durch Zufall landete ich in seinem Laden am Rande des jüdischen Viertels. Der Mann saß in einer ziemlich düsteren Ecke und las Zeitung, die Lampen an der Decke waren von einer dicken Staubschicht bedeckt. Wir kamen ins Gespräch und ich erfuhr, dass die vielen Antiquitäten in seinem Geschäft von jüdischen Auswanderern stammen, die erst in den achtziger Jahren die Genehmigung erhielten, Syrien zu verlassen. Aber er führte nicht allein Antiquitäten, er hatte auch eine eigene Werkstatt, in der Stühle, Bänke, Schränke, Stellwände, Tische von Hand gefertigt wurden: jedes Stück ein Meisterwerk. Stunden saßen wir und redeten, schließlich lud er mich zum Essen ein. Das mochte ich nicht tun, weil solche Angebote in der Regel eher höflich gemeint sind.

Am nächsten Tag kam ich wieder. Ich wollte eine Sitzbank kaufen, die es mir angetan hatte. Als ich nach dem Preis fragte, sah mich der Händler, Milad Dayye, kurz an und sagte: „300 Dollar." Kaum hatte ich angefangen zu verhandeln, fiel er mir bereits ins Wort: „Wenn ich mit dir feilschen wollte, hätte ich 1000 verlangt und mich auf 500 herunterhandeln lassen. Das ist mein erstes und mein letztes Angebot unter Freunden." Das sagte er so klar und eindeutig, dass mir nicht einmal in den Sinn gekommen wäre, seine Worte anzuzweifeln. Er meinte wirklich, was er sagte. Dann stellte sich die Frage, wie ich die Bank nach Deutschland bekomme. Milad Dayye setzte sich ans Telefon und erkundigte sich nach den Preisen für Luftfracht. Nochmals 300 Dollar. Am Ende gab ich ihm also 600 bar auf die Hand. Einen Beleg verlangte ich nicht – wozu auch.

Würde ich einem Verkäufer in Deutschland 600 Euro ohne Quittung geben, nach dem Motto: Wird schon? Wer das täte, müsste ausgesprochen naiv sein. Mit Leuten vom Schlage eines

Milad Dayye geht das. Im Orient sind Glaubwürdigkeit und Sympathie wesentliche Kriterien für den Umgang miteinander, gerade weil es damit in Politik und Öffentlichkeit nicht zum besten steht. Ich bin in der arabischen Welt Menschen begegnet, denen ich blind vertrauen würde. Nicht aus Dummheit, sondern aufgrund eines Ehrenkodex, den es bei uns in dieser Form kaum noch gibt. Zwei Wochen nach meiner Rückkehr aus Syrien traf das Möbelstück bei mir ein, unbeschädigt und wie besehen.

Milad Dayye ist für mich die personifizierte Basarökonomie. Er verdient sein Geld, aber nicht um jeden Preis – im wahrsten Sinn des Wortes. Das hat menschliche Vorzüge, erklärt aber auch, warum sich die arabische Welt so schwer damit tut, im Wettbewerb mit anderen zu bestehen, nicht allein mit Europa und Amerika, sondern auch mit dem Fernen Osten. Das Prinzip, das der Globalisierung zugrunde liegt, nämlich Geld aus Geld zu machen, widerstrebt dem Lebensgefühl in „Arabien". Ich verallgemeinere natürlich, und ich übersehe nicht das Versagen der Eliten, in die Zukunft zu investieren. Dennoch, die meisten Araber bevorzugen, das ist jedenfalls mein Eindruck, einen „sanften Kapitalismus". Nicht Zeit ist Geld, sondern Geld ist Zeit.

Eine der entlegensten Regionen der arabischen Welt ist das Wadi Hadramaut im Jemen. Es ist nur schwer zugänglich, im Norden begrenzt durch die endlosen Weiten des Sandmeeres Ruba'a al-Khali, im Osten durch die Gebirgsketten in Richtung Oman, im Süden durch das Arabische Meer. Erst vor 70 Jahren erkundeten die ersten europäischen Forscher die Region. Und dennoch gab es, von der Hafenstadt Mukalla aus, seit dem frühen 19. Jahrhundert enge Handelsbeziehungen zu Indien und Indonesien. Die hölzernen Dhaus, ebenso wendige wie bauchige Segelschiffe, in der Regel mit lediglich einem Unterdeck, folgten den Passatwinden und konnten auch weite Entfernungen ohne große Schwierigkeiten zurücklegen. Aber es gingen nicht nur enge Handelsbeziehungen vom Wadi Hadramaut bis fast auf die andere Seite des Globus; zudem wanderten Zehntausende Bewohner des kargen Gebirgslandes über Generationen vor allem nach Indonesien aus und begründeten dort Kolonien hadramischer Geschäftsleute. Viele wurden in Batavia oder Yogyakarta sehr reich. Aber fast alle sind im Alter wieder in ihre Heimat zurückgekehrt, gemeinsam mit ihren indonesischen Frauen. Deswegen sieht man im Wadi Hadramaut noch heute viele Einheimische, die äußerlich genauso gut Indonesier sein könnten. Diese Geschäftsbeziehungen und Auswanderungswellen endeten nach dem Zweiten Weltkrieg. Geblieben ist ein erstaunliches Phänomen, die Frage nämlich, warum es die Hadramis im Alter fast ausnahmslos wieder in ihre Heimat zog. Immerhin haben sie sich damit ganz anders verhalten als etwa die Auswanderer, die zeitgleich in die USA aufbrachen und dort ihre neue Heimat fanden.

Ich glaube, es ist ein ähnliches Phänomen wie bei Milad Dayye. Geld allein macht nicht glücklich. Geschäfte sind wichtig, aber nicht das Maß der Dinge. Das Wadi Hadramaut ist eines der konservativsten Landstriche der arabischen Welt, hier haben sich Sitten und Traditionen bewahrt, die zurückreichen bis in die Zeit des Propheten Mohammed. Und wer einmal eine Nacht unter dem dortigen Sternenhimmel verbracht oder die absolute Stille der unberührten Berglandschaft erlebt hat, der begreift, warum alle drei monotheistischen Religionen in der Wüste entstanden sind. Ich denke mir, dass dieses Wissen den Menschen aus dem Wadi Hadramaut Wurzeln gab, die sie mitnahmen bis ans Ende der Welt. Dort verdienten sie ihr Geld, aber sie hatten nicht das geringste Interesse, sich ihre neue Heimat untertan zu machen. Wären die Hadramis nach Nordamerika gesegelt, würde es die Indianer vermutlich noch geben, als eine eigenständige Zivilisation. Aber auch die Kehrseite dieser bewussten Selbstbeschränkung ist nicht zu übersehen. Sie liegt in der gesellschaftlichen Stagnation, seit al-Andalus.

Nahaufnahmen. Vier Frauen aus der arabischen Welt erzählen

Männern vertrauen heißt auf Sand bauen.
Syrisches Sprichwort

Wie als Mann über orientalische Frauen schreiben? Am besten wohl, indem sie selber erzählen. Ich stelle vier Frauen vor, die mich tief beeindruckt haben, aus jeweils sehr unterschiedlichen Gründen. Obwohl die Auswahl selbstredend subjektiv ist, glaube ich dennoch, dass ihre Probleme, Hoffnungen und Lebensumstände stellvertretend für Millionen Frauen in der arabischen Welt stehen. Drei der Frauen, die im Folgenden zu Wort kommen, sind Araberinnen, die vierte gehört zum Volk der Dinka im Südsudan.

Amina Lemrini, 49 Jahre, Vorsitzende der „Demokratischen Vereinigung marokkanischer Frauen", Rabat

Der Sitz der Vereinigung ist ein versteckt liegendes Haus in der Gasse eines Volksviertels, in dem Sitzungen und Tagungen abgehalten werden, aber auch Frauen in Not Hilfe und Zuflucht finden. Meistens geht es lebendig zu und laut, in einem Raum wird gekocht, nebenan werden Papiere und Broschüren gedruckt. Marokkanische Männer verirren sich nur selten hierhin, erst recht keine Ausländer. Umso größer ist die Gastfreundschaft und Herzlichkeit. Selbst eine Frau mit grün und blau geschlagenem Gesicht ließ es sich nicht nehmen, mir mit strahlendem Lächeln einen Tee zu servieren.

„Die Islamisten mögen keine Frauen, die Forderungen stellen"

„Ich denke, dass es für die Frauen in Marokko gleichermaßen Fortschritte und Rückschritte gibt. Wenn ich etwa meine Generation mit der meiner Mutter vergleiche, hat es deutliche Veränderungen zum Besseren gegeben. Meine Mutter war Analphabetin, und für sie wäre es undenkbar gewesen, eine Arbeit anzunehmen. Vor allem im Bildungsbereich, an den Schulen ebenso wie an den Universitäten, hat sich in den letzten 30 Jahren viel getan. Das wiederum ermöglicht den Frauen, sich zu qualifizieren und einen Arbeitsplatz zu finden. Etwa ein Drittel der Arbeitnehmer in Marokko sind mittlerweile Frauen. Das ist eine sehr hohe Quote, für unsere Verhältnisse. Andererseits können noch immer neun von zehn Frauen außerhalb der Städte weder lesen noch schreiben.

Ein anderer Bereich, in dem es große Veränderungen gegeben hat, ist die Geburtenkontrolle. Mittlerweile sind überall in Marokko, auch auf dem Land, empfängnisverhütende Mittel erhältlich. Damit erhalten die Frauen erstmals die Möglichkeit, über ihr Leben mitzubestimmen. Die Zahl der ungewollten Schwangerschaften ist deutlich zurückgegangen. Parallel dazu hat es in den achtziger und neunziger Jahren wichtige politische Fortschritte gegeben. So hat Marokko mehrere Resolutionen der Vereinten Nationen unterschrieben, die sich gegen die Diskriminierung von Frauen richten. Seit 1992 sind Frauen im marokkanischen Parlament vertreten, vier Frauen wurden zu Staatssekretärinnen berufen. In allen gesellschaftlichen Bereichen sind Frauen heute präsent. So weit die guten Nachricht.

Andererseits, und das ist die schlechte Nachricht, sind die Widerstände gegen die Gleichberechtigung sehr stark. Auf juristischer Ebene, insbesondere im Ehe-, Familien- und Erbrecht, ist die Hierarchie der Rollenverteilung unmissverständlich: Die Frau ist dem Mann untertan. Der Mann hat alle Rechte, die Frau nur sehr wenige. Wenn eine Frau sich scheiden lassen will, muss sie sich einer demütigenden juristischen Prozedur unterziehen, während der Mann ohne Angabe von Gründen die Scheidung beantragen kann. Das Sorgerecht für die Kinder bekommt in aller Regel der Mann. Für alles und jedes braucht die Frau die Genehmigung ihres Vaters oder Ehemanns. Ist der Vater verstorben und die Frau unverheiratet, wird sie von ihren Brüdern bevormundet. Anders als in Europa oft angenommen, ist die Polygamie ohne Bedeutung. Ihre Quote liegt in Marokko bei zwei oder drei Prozent, und, was noch wichtiger ist, sie hat unter den Jugendlichen keinerlei Vorbildfunktion.

Innerhalb der Familie gibt es also keine Gleichberechtigung. Die Frau hat dem Mann zu gehorchen. Tut sie das nicht, sind die Folgen dramatisch. Gewalt in der Ehe gibt es überall. Aber in Marokko kommt es vor, dass Frauen getötet werden, wenn sie sich ihrem Mann nicht unterordnen. Dieses Thema ist ein absolutes Tabu. Niemand redet darüber. Schläge gehören zum Alltag. Kommt die Frau etwa zu spät nach Hause, drohen ihr Prügel, und zwar nicht nur in den Unterschichten. Auch auf der Arbeit werden Frauen häufig geschlagen, vor allem dann, wenn sie sich gegen Anzüglichkeiten oder sexuelle Übergriffe zur Wehr setzen. Offiziell heißt es dann, die Frauen seien selber daran schuld, wegen ihrer aufreizenden Kleidung. Über solche Themen wird in der Öffentlichkeit kaum gesprochen, auch von Seiten der Frauen nicht. Sie haben Angst, ihren guten Ruf zu verlieren.

Im öffentlichen Bewusstsein ist der Platz der Frau im Haus, nicht im Café, im Betrieb oder in der Politik. Es ist ein Macho-Denken, die Logik des Patriarchats. Für diese Mentalität ist nicht der Islam verantwortlich, sie ist ein Teil mediterraner Kultur und in Spanien, Portugal oder Italien genauso anzutreffen. Wir haben allerdings ein großes Problem mit den Islamisten. Sie mögen Frauen nicht, die Forderungen stellen, weil wir damit das Patriarchat schwächen. Die Hauptforderung der marokkanischen Frauenverbände ist die juristische Gleichstellung der Frau. Deswegen nehmen uns die Islamisten ins Visier und betreiben Desinformation. In ihren Predigten bezeichnen sie uns als Herumtreiber, Drogensüchtige oder Prostituierte, die im Sold des Zionismus und des Westens stünden, um die Grundlagen der islamischen Gemeinschaft zu zerstören.

Diese Leute reden, als wäre der Islam ihr Eigentum. Doch die Religion gehört niemandem. Ich bin selber Muslimin und lasse mich nicht ausgrenzen. Die für Marokko entscheidende Frage lautet, welchen Islam wir leben wollen: einen Islam des Obskurantismus und der Intoleranz oder aber einen Islam, der für Offenheit und Humanismus steht. Nicht der Islam ist frauenfeindlich, vielmehr missbrauchen die Männer den Islam, um gegen die Frauen vorzugehen. Diese alles nivellierende Haltung: ‚Das geht nicht! Das ist gegen den Islam!' gilt es zu überwinden. Wir brauchen mehr aufgeklärte und aufgeschlossene Kräfte in den religiösen Institutionen. Es würde schon reichen, wenn sich ein bekannter Geistlicher im Fernsehen gegen die Diskriminierung von Frauen aussprechen würde. Das aber geschieht nicht. Die gemäßigten islamischen Kleriker legen sich ebenso wenig mit den Islamisten an wie die Regierung selbst. In meinen Augen ist das ein großer Fehler. Die Islamisten gewinnen immer mehr an Einfluss, aber sie sind nicht in der Lage und auch nicht willens, die Probleme der Gesellschaft konstruktiv zu lösen.

König Mohammed VI. steht der juristischen Gleichstellung der Frau sehr aufgeschlossen gegenüber. Eines seiner ersten großen Reformprojekte nach der Thronbesteigung im Jahr 2000 war die Änderung des Personenstandsrechtes, das die Ungleichbehandlung der Frauen festschreibt. Ein Jahr später musste er jedoch erkennen, dass er mit dieser Initiative seiner Zeit voraus war. Der Widerstand in der Gesellschaft, allen voran der Islamisten, war so groß, dass der König einen Rückzieher machen musste. Das ist nicht nur für die Frauen in Marokko eine schwere Niederlage, sondern auch für die Frauen in anderen arabischen Ländern. In Ägypten beispielsweise hatten die Frauenvereinigungen stets auf das marokkanische Beispiel verwiesen, um die Gesetzgebung in Kairo in ihrem Sinn zu verändern. Im Augenblick geschieht auf dem Gebiet nichts mehr, und niemand weiß, wann die Blockade überwunden werden kann."

Shirin Hamani, 33 Jahre, Unternehmensberaterin, Dschidda, Saudi-Arabien

Ich lernte Shirin Hamani auf einer Buchmesse in Abu Dhabi kennen, der Hauptstadt der Vereinigten Arabischen Emirate. Während einer Kaffeepause, ganz banal. In den Tagen danach trafen wir uns regelmäßig wieder, zwei Seelenverwandte, denen die Zeit nie zu lang wurde. Sie trug die Abaya, das schwarze Ganzkörpergewand für Frauen. Die Abaya ist gewissermaßen das Gegenstück zur Dschallabiya, dem weißen Ganzkörpergewand für Männer. Beides wird vor allem in den Golfstaaten getragen. Shirin kombinierte ihr Schwarz mit lackroten Schuhen von Prada, goldenen Armreifen und einer Kette aus Edelsteinen. Über ihresgleichen heißt es in *Tausendundeiner Nacht*, dass den Männern bei ihrem Anblick schwindelig werde, das Herz sich weite und tausend Seufzer ihrer Brust entführen. Ich weiß genau, was die Kollegen umtreibt.

„Ich habe den Eindruck, dass arabische Frauen über das Leben europäischer oder amerikanischer Frauen sehr viel mehr wissen als umgekehrt. Ich habe Betriebs- und Volkswirtschaft in Dschidda, London und New York studiert und kenne beide Welten, den Westen und die arabisch-islamische Welt. Meine Kommilitonen waren sehr erstaunt: ‚Du kommst tatsächlich aus Saudi-Arabien? Wie kann das denn sein, ein so offener Mensch wie du! Warum bleibst du nicht hier, deine Heimat ist doch ein einziges Gefängnis, nicht nur für Frauen.' Ich muss gestehen, dass ich nun wirklich nicht den üblichen Klischees entspreche. Wenn ich zum Beispiel nach Europa oder Amerika reise, trage ich weder ein Kopftuch noch die Abaya. Ich passe mich an und kleide mich westlich. Warum auch nicht? Kleidung ist für mich keine Frage von Ideologie, ich sehe das rein pragmatisch. In arabischen Ländern bin ich grundsätzlich verschleiert, weil ich als saudische Frau keine andere Wahl habe. Ich würde zur Außenseiterin werden, wenn ich es nicht täte, und diese Rolle liegt mir nicht.

Der Schleier ist für viele Frauen in der islamischen Welt ein Zwang, aber dieser Zwang hat keine religiösen Gründe, sondern politische. Viele Frauen im Westen glauben, die Befreiung der muslimischen Frau beginne mit dem Ablegen des Kopftuchs. Ich sehe das nicht so. Die Verschleierung ist Teil eines größeren Problems, der Frage von Freiheit und gesellschaftlicher Öffnung insgesamt. Womit wir wieder bei der Politik wären, und dazu möchte ich mich nicht äußern. Jedenfalls ist es für arabische Frauen nicht hilfreich, wenn der Schleier zur Weltanschauung erhoben wird, sei es bei uns oder im Westen.

Ich komme aus einer sehr toleranten und gebildeten Familie, und für meinen Vater war es selbstverständlich, dass seine drei Töchter die bestmögliche Ausbildung erhalten. Normalerweise ist es unüblich, dass unverheiratete saudische Frauen alleine im Ausland studieren. In der Regel werden sie von männlichen Verwandten begleitet. Bei uns war das anders. Mein Vater hat verlangt, dass wir keine Affären beginnen und uns auf das Studium konzentrieren. Das haben wir ihm versprochen, und wir haben uns daran gehalten. London oder New York sind wirklich andere Welten, ein bisschen so, als würde man auf dem Mond landen. Dennoch habe ich mich schnell eingelebt. Eigentlich habe ich alles gemacht, was Studenten eben so machen: viel gefeiert und Spaß gehabt, neben der Arbeit. Allerdings gab es für mich eine klare Grenze. Tanzen ja, aber nicht mehr. Manchmal ist mir das sehr schwer gefallen, vor allem, wenn ich verliebt war. Aber dem Wunsch meines Vaters nicht zu entsprechen, das wäre mir wie Verrat vorgekommen. Einmal habe ich mit dem Gedanken gespielt, einen Amerikaner zu heiraten. Wir passten gut zusammen, nur wäre er niemals mit mir nach Saudi-Arabien gegangen. Ich konnte ihm das nicht verübeln, ich wäre ja auch nicht bereit gewesen, in Amerika zu bleiben.

Es fällt mir schwer, über die Lage arabischer Frauen insgesamt zu reden. In jedem Land, in jeder Familie sind die Verhältnisse anders, und ich will nicht verallgemeinern. Die Rahmenbedingungen sind schwierig, klar. Dennoch führen sehr viele arabische und saudische Frauen ein gutes Leben, mich eingeschlossen. Ich habe in London und New York häufig Frauen getroffen, die trotz oder gerade wegen ihrer vielen Freiheiten sehr verunsichert sind und nicht wissen, was sie eigentlich wollen. Sie haben ständig neue Liebhaber, reisen durch die Welt, machen Karriere – aber ich habe das Gefühl, dass sie in ihrem Innern sehr einsam sind. Sie wollen alles, und am Ende haben sie nichts, oder doch nur sehr wenig. Vor allem ihr Privatleben ist vielfach eine Katastrophe. Einerseits wollen sie heiraten und Kinder haben, andererseits im Beruf vorankommen.

Einerseits haben sie Lust, für ihren Mann da zu sein, für ihn zu kochen oder das Haus zu führen, andererseits mögen sie sich das aber nicht eingestehen, weil es irgendwie altmodisch ist oder mit ihrem sonstigen Weltbild nicht übereinstimmt. Erstaunlich fand ich, dass dieselben Frauen, die ihr eigenes Leben so wenig im Griff haben, mich ständig bekehren wollten und mir erzählten, ich müsse endlich meine eigene Unfreiheit erkennen, sonst würde ich mich niemals emanzipieren.

Ich weiß, dass meine Freiheiten begrenzt sind. Dennoch möchte ich mit den Frauen, die ich in Europa und Amerika kennen gelernt habe, nicht tauschen, so sehr ich sie mag. Mit vielen von ihnen bin ich noch immer befreundet, obwohl sie es ablehnen, mich in Saudi-Arabien zu besuchen. Das ist schade, weil wir viel voneinander lernen können. Ein großer Unterschied zwischen amerikanischen oder europäischen Frauen einerseits und arabischen Frauen andererseits liegt in der Art und Weise, wie sie ihre Rechte einfordern. Im Westen erfolgt das über die Politik und die Medien, mit viel Engagement und Leidenschaft. In den Golfstaaten wäre das undenkbar. Hier werden Forderungen niemals öffentlich erhoben, sondern nur diskret, im persönlichen Gespräch. Oder es werden Fakten geschaffen, ohne darüber viele Worte zu verlieren. Im Golfstaat Katar beispielsweise durften Frauen bis vor wenigen Jahren nicht Auto fahren. Eines Tages fingen einige Ehefrauen einflussreicher Männer einfach damit an. Andere folgten ihrem Beispiel, und irgendwann wurden Frauen am Steuer akzeptiert, obwohl sie dort offiziell bis heute nicht Auto fahren dürfen. So und nicht anders werden bei uns Veränderungen herbeigeführt. Selten offensiv, immer mit der gebotenen Zurückhaltung, damit niemand sein Gesicht verliert.

In Saudi-Arabien gibt es ein generelles Fahrverbot für Frauen. Daran wird sich auf absehbare Zeit auch nichts ändern, weil die Gesellschaft sehr konservativ ist. Das ist bedauerlich, aber ich rege mich darüber nicht mehr auf. Ich habe einen Fahrer aus Pakistan, und ich rede mir ein, in einem Taxi zu sitzen.

Ich habe erst sehr spät geheiratet, mit 27. Für hiesige Verhältnisse ist das fast schon zu spät. Aber ich wollte nicht an den Falschen geraten. Ein Ehemann, der mich bevormundet – allein der Gedanke wäre unerträglich. Mein Mann hat ebenfalls in den USA studiert, in Houston, und arbeitet in der Ölindustrie. Er ist sehr weltoffen und viel auf Reisen, genau wie ich. Er vertraut mir, weil er weiß, dass auch mein Vater mir vertrauen konnte. Dafür bin ich ihm sehr dankbar, denn ohne sein Einverständnis könnte ich nicht ins Ausland reisen. Wir haben zwei Söhne, vier und drei Jahre alt. Ich versuche, sie nicht allzu sehr zu verwöhnen. Arabische Mütter neigen dazu, ihre Söhne zu vergöttern. Das führt dann dazu, dass sie als Jugendliche und Erwachsene alle Frauen als Dienerinnen ansehen.

Obwohl ich einen Beruf habe und Abteilungsleiterin bin, ist mir die Familie das Wichtigste. Wenn ich mich zwischen meiner Karriere und meiner Familie entscheiden müsste, würde ich keinen Augenblick zögern. Ich weiß, dass ich sehr privilegiert bin. Wir haben mehrere Hausangestellte, und ich muss mich um nichts kümmern, weder um die Küche noch um das Einkaufen noch um die Wäsche. Ich führe ein glückliches Leben, und dafür bin ich Gott dankbar.“

Mariam Karnib, 26 Jahre, Produzentin beim Fernsehsender *Al-Manar*, Beirut

Al-Manar heißt auf deutsch „Der Leuchtturm“. Der Name ist Programm. Denn der Sender strahlt „das Licht der Märtyrer“ aus und erhält damit ihr Vermächtnis am Leben. Er gehört der schiitischen „Partei Gottes“, der Hizbullah, und hat eine der höchsten Einschaltquoten im Libanon. Das mag an der ungewöhnlichen Mischung liegen: amerikanische Spielfilme und Cartoons, aber auch viel einheimische Action und Reality-TV, vor allem in Form der noch immer regelmäßig gezeigten Aufnahmen von Selbstmordanschlägen der Hizbullah gegen die israelische Besatzung im Süden Libanons, die im Mai 2000 endete. Das Studio verfügt über den neuesten Stand der Technik, die Atmosphäre ist geschäftig und professionell, nicht anders als bei einer deutschen Sendeanstalt. Genau das ist ja so erstaunlich, dieses Nebeneinander von Moderne und Dschihad. Ein Programmschema aus Information, Unterhaltung und Propaganda. Bugs Bunny folgt den Nachrichten aus Israel/Palästina, aus dem Irak und Afghanistan, wo sich die Gewalt im Namen der Freiheit und im Namen des Islam nachhaltig entlädt. Und abends dann Filme wie *Titanic* oder *Amy und die Wildgänse*.

„Ein Schleier kann eine Festung sein oder eine Aufforderung"

„Ich bin von Kopf bis Fuß ein politischer Mensch, mein ganzes Leben ist Politik. Ich stamme aus einem Dorf im Südlibanon. Meine ersten Erinnerungen setzen ein mit dem Alltag unter israelischer Besatzung. Noch bevor ich eingeschult wurde, lernte ich die Entfernung von Artilleriestellungen und Granatwerfern einzuschätzen, anhand der Lautstärke des Beschusses. Ich habe gesehen, wie Menschen auf offener Straße verblutet sind. Ich habe erlebt, wie israelische Soldaten Krankenwagen mit Notfällen die Weiterfahrt verweigerten, einfach so. Solche Eindrücke bleiben. Besatzung ist Unrecht, und meine Generation ist mit diesem Unrecht aufgewachsen. Im Nahostkonflikt kann ich als Journalistin nicht neutral sein. Ich weiß genau, auf welcher Seite ich stehe, auch wenn ich mich mit der israelischen Sicht der

Dinge ständig befasse, aus beruflichen Gründen. *Al-Manar* strahlt regelmäßig eine israelische Presseschau aus, die ich, unter anderem, betreue. Die Übersetzung besorgen Palästinenser, die in israelischen Gefängnissen Hebräisch gelernt haben.

Eines der größten politischen Probleme in der arabischen Welt ist die Palästinafrage. Solange sie nicht gelöst ist, wird auch der Kampf gegen Israel nicht enden. Wenn es einen palästinensischen Staat geben sollte und sich die Palästinenser mit Israel abfinden, werden auch wir uns mit den neuen Verhältnissen arrangieren. Sollen die Israelis dann ihr Leben führen, wir führen unseres.

Natürlich gibt es andere Probleme. Der Zustand der arabischen Welt ist fürchterlich. Warum sind die Araber nicht selber mit Saddam Hussein fertig geworden, dem Schlächter seines Volkes? Das ist eine große Schande. Die Armut, die fehlende Bildung, die ungewisse Zukunft, die schwierigen Lebensbedingungen – es gibt viel zu tun. Deswegen bin ich Journalistin geworden. Ich bin nicht naiv, ich weiß, dass ich die Verhältnisse nicht von Zauberhand verändern kann. Aber ich kann sie erklären helfen, ein anderes Bewusstsein schaffen, Menschen dazu bewegen, sich zu engagieren und nicht gleichgültig wegzuschauen. Das ist jedenfalls mein Anspruch.

Ganz zu schweigen natürlich von der Rolle der Frau. Frauen haben bei weitem nicht dieselben Rechte wie Männer. In unserer Gesellschaft wird Religion falsch gedeutet. Das liegt nicht am Islam, sondern an der Macht von Traditionen, die wie Gesetze wirken. Dagegen zu verstoßen ist fast unmöglich. Und die Männer sorgen dafür, dass die Dinge bleiben, wie sie sind. Immerhin ist im Libanon kürzlich ein Gesetz verabschiedet worden, das zivilrechtliche Eheschließungen zwischen unterschiedlichen Konfessionen ermöglicht. Vorher mussten die Paare nach Zypern fahren und dort heiraten, wenn keiner von beiden konvertieren wollte.

Seit meiner Pubertät zeige ich mich in der Öffentlichkeit nur vollständig verschleiert, abgesehen natürlich vom Gesicht und von den Händen. Allerdings trage ich niemals schwarz, das ist mir zu streng und gefällt mir nicht. Helle Farben sind mir lieber. Zu Beginn war es ein politischer Protest. Fast alle Mädchen in meinem Dorf haben sich verschleiert, weil wir wussten, dass die israelischen Soldaten verschleierte Libanesinnen verachten. Es gibt übrigens Untersuchungen, denen zufolge die Zahl verschleierter Frauen im Nahen Osten nach dem Irak-Krieg deutlich zugenommen hat. Offenbar ist auch das eine Form von Protest, in dem Fall gegen Amerika.

Ich möchte betonen, dass ich nie gezwungen wurde, mich zu verschleiern. Meine Eltern sind zwar sehr konservativ, und meine Mutter trägt ebenfalls das Kopftuch. Aber sie haben mich nie bedrängt oder mir Vorschriften gemacht. Es ist meine freie Entscheidung, jenseits der Politik. Ich fühle mich schlichtweg wohler und freier, wenn ich mich äußerlich bedeckt halte. Dann habe ich die Gewissheit, nicht nach meinem Aussehen beurteilt zu werden, sondern nach meinen Leistungen und meinem Verhalten. Im Übrigen habe ich die Erfahrung gemacht, dass viele Männer versuchen, durch meinen Schleier hindurchzusehen, so wie Sie jetzt gerade. Wenn ich in der richtigen Stimmung bin, gefällt mir das. Man kann einen Schleier so anlegen, dass er die Phantasie des Betrachters sichtlich anregt. Früher haben sich nur Frauen aus der Unterschicht verschleiert, heute gibt es Mode-Designer, die auf Edel-Hidschabs spezialisiert sind. (Eigentlich bedeutet Hidschab Kopftuch, bezeichnet in der Umgangssprache aber auch Ganzkörperschleier.) Solche Teile sind dann genauso teuer, als wären sie von Armani oder Versace.

Ich finde, ein Schleier hat etwas sehr Sinnliches, Geheimnisvolles, Verführerisches – wenn ihre Trägerin das will. Ein Hidschab kann eine Festung sein oder eine Aufforderung. Das gefällt mir, weil ich die Spielregeln bestimme und nicht der

Mann, indem er mich mit seinen Blicken kurz durch sein Raster jagt. Grundsätzlich muss jede Frau selber bestimmen können, ob sie sich verschleiern will oder nicht. Im Koran heißt es: Es gibt keinen Zwang in der Religion. Wenn Frauen sich verschleiern müssen, so wie in Saudi-Arabien oder im Iran, bin ich strikt dagegen. Von dem, was die Taliban den Frauen in Afghanistan angetan haben, will ich gar nicht erst reden.

Arabische Frauen heiraten früh, häufig schon mit 20. Das hat mehrere Gründe, auch solche, die mit Sexualität zu tun haben. Zwar gibt es Frauen, die sich sexuelle Beziehungen vor oder außerhalb der Ehe leisten, doch das sind Minderheiten, in der Regel aus der Oberschicht. Ich bin unverheiratet, aber ich weiß, dass ich spätestens mit 30 heiraten muss, weil sonst der Druck aus der Gesellschaft zu groß wird. Wenn ich Europäerin wäre, würde ich nicht heiraten. Dann hätte ich alle Freiheiten, in jeder Hinsicht. Also werde ich weiterhin davon träumen, meinen Prinzen zu finden. Natürlich sollte er gut aussehen. Und gläubig sein. Ehrlich und verlässlich. Er müsste akzeptieren, dass ich ehrgeizig bin und den Sinn meines Lebens nicht darin sehe, Hausfrau und Mutter zu werden.

Alles hat zwei Seiten. Man sollte versuchen, die Balance zu finden. Kompromisse machen. Starke Familienbande sind besser als ein Leben in Einsamkeit. Träume und Pragmatismus gehören zusammen. So wie in den Büchern von Paulo Coelho, die ich alle gelesen habe. Mir gefällt seine Mischung aus Spiritualität und Märchenhaftigkeit. In *Der Alchimist* heißt es: ‚Sag deinem Herz, dass die Furcht vor dem Leiden schlimmer ist als das Leiden selbst.‘ Das finde ich auch.“

Monika Akon Kiryang, 29, Mitarbeiterin im „Zentrum zur Förderung der Frau", Khartum, Sudan

Monika stammt aus der Provinz Bahr al-Ghazzal im Süden Sudans und ist vor dem langjährigen Bürgerkrieg geflohen. Heute lebt sie in Hayy Yussuf, im Nordosten Khartums, einem Flüchtlingslager, in dem es so gut wie nichts gibt. Kein fließendes Wasser, keinen Strom, keine Kanalisation, keinen Baum, keinen Strauch. Nur Sand und Hitze, im Sommer bei 50 Grad im Schatten. Niemand kennt die genaue Zahl der Kriegsflüchtlinge. Es dürften drei bis vier Millionen sein, und die meisten leben in den Vororten Khartums, wenn man die Lager so nennen will. Ein Besuch in Hayy Yussuf ist für einen Europäer eine körperliche Strapaze und mehr noch eine seelische Belastung. Dieses Ausmaß an Elend und Hoffnungslosigkeit geht an die Substanz. Und doch lächeln die Menschen, dankbar, dass jemand kommt und sich für sie interessiert.

„Ich wünschte, ich könnte etwas für meine Kinder tun"

„Was soll ich Ihnen erzählen. Meine Geschichte handelt von Armut, Flucht und Krieg. Es geht mir nicht gut. Ich habe fünf Kinder im Alter von zwei bis 12 Jahren, und ich weiß nicht, was ich ihnen morgen zu essen geben soll. Von meinem Mann habe ich mich vor zwei Jahren getrennt, vielleicht ist er tot, vielleicht lebt er noch. Ich bin keine Araberin, sondern gehöre zum Volk der Dinka. Die Dinka sind mehrheitlich Christen. Die meisten Südsudanesen sind Christen oder Animisten, im Gegensatz zu den arabischen Muslimen, die im Norden leben. Die Araber haben immer versucht, uns zu beherrschen. Ich weiß nicht, wann der Bürgerkrieg im Sudan begonnen hat. Wahrscheinlich am Anfang der Zeit. Ich weiß nicht einmal mehr, wer gegen wen kämpft, weil sich die Fronten und Allianzen ständig ändern. Ich weiß nur, dass ich aus meiner Heimat fliehen musste, nachdem Regierungstruppen unsere Nachbardörfer niedergebrannt hatten. In Bahr al-Ghazzal war ich die Vorsitzende der Frauenunion.

Die Regierung unternimmt nichts, um uns zu helfen. Nur Christen, die zum Islam konvertieren, erhalten Unterstützung und Geld. In Hayy Yussuf gibt es einige Lehmhäuser, aber die große Mehrzahl der Menschen lebt unter Plastikfolien oder baut sich Unterkünfte aus Sperrholz und Plastik. Manchmal kommen Bulldozer und machen alles platt. Niemand weiß, warum. Das wenige, was wir an Infrastruktur haben, darunter auch das „Zentrum zur Förderung der Frau“, wird von ausländischen Hilfsorganisationen finanziert.

Ursprünglich sind die Dinka Viehzüchter und Nomaden. Die Dinka sind ein stolzes und reiches Volk. Je größer der Reichtum, umso mehr Frauen hat ein Dinka. Ein Onkel von mir hatte 24 Frauen und 87 Kinder. Ich kenne Dinka, die 30, 40 und noch mehr Frauen haben oder, besser gesagt, hatten, denn von dem Reichtum ist wenig geblieben. Wer in Hayy Yussuf landet, hat nichts mehr. Ich war die einzige Frau meines Mannes, weil er sich andere Frauen nicht leisten konnte. Mir wäre es egal gewesen, wenn er sich noch andere Frauen genommen hätte. Ehe und Liebe haben nichts miteinander zu tun. Solange mein Mann mir Geld gab, konnte er machen, was er wollte. Und ich mache, was ich will.

Die Menschen hier sind glücklich, wenn sie eine Mahlzeit am Tag bekommen. Viele haben tagelang nichts zu essen. Ohne die ausländischen Hilfsorganisationen würden sie verhungern. Die Lage der Frauen ist genauso aussichtslos wie die der Männer. Die Frauenförderung, die wir im Zentrum leisten, besteht in erster Linie darin, die Lebensmittelverteilung zu organisieren, Gesundheitsfürsorge anzubieten und Kondome an die Frauen zu verteilen. In unserer Kultur hat jedes Entgegenkommen seinen Preis. Wenn Sie mir etwas Gutes tun, bin ich verpflichtet, auch Ihnen etwas Gutes zu tun. Also passiert es häufig, dass ein Mann einer Frau etwas zu essen gibt und sie anschließend mit ihm schläft. Das ist keine Prostitution. Die Frau fühlt sich dadurch nicht erniedrigt. Er hilft ihr, und sie ist ihm dafür dankbar. Das ist normal. Ganz im Gegenteil würden sich die meisten Dinka-Frauen gedemütigt fühlen, wenn sie von einem Mann etwas erhalten und er es anschließend ablehnt, ihre Dankbarkeit entgegenzunehmen. Damit würde er sagen, dass er sie für Dreck hält.

Natürlich macht das nicht jede Dinka-Frau so. Frauen, die Geld haben, zeigen sich auf andere Weise erkenntlich. Übrigens gilt das, was ich gerade gesagt habe, nicht für den Umgang mit Arabern. Eine Dinka-Frau würde lieber einen Tag länger hungern als von einem dieser feisten Kerle in den weißen Dschallabiyas etwas entgegenzunehmen. Sie kommen gerne in ihren Landrovern und verteilen Brot. Sehr häufig sind das Leute aus dem Umfeld der islamischen Fundamentalisten. Sie führen sich auf wie Herrenmenschen und wollen Sex.

Die Christen mögen die Muslime nicht, und die Muslime mögen die Christen nicht. Die Nordsudanesen mögen die Südsudanesen nicht, und die Südsudanesen mögen die Nordsudanesen nicht. Die Dinka hassen die Araber, und die Araber hassen die Dinka. Es ist eine endlose Spirale ohne Anfang und Ende. Wohin das führt, weiß niemand. Das Leben im Sudan ist ohne Hoffnung. Die politischen Probleme mögen eines Tages gelöst werden, doch die Armut wird bleiben. Meine älteren Kinder gehen zur Schule, aber ich frage mich, wozu. Sie sind sehr aufgeweckt und neugierig. Noch verstehen sie nicht. Ich kann ihnen nichts bieten. Ich schäme mich dafür. Ich wünschte, ich könnte etwas für sie tun."

MTV und die wahre „Achse des Bösen"

Ich habe in der arabischen Welt viele Gespräche wie die mit den hier vorgestellten Frauen geführt, quer durch die Gesellschaft. Und jedes Mal stelle ich fest, dass die Bilder, die ich über die Region im Kopf habe, von der Realität überholt werden. Die gelebte Wirklichkeit ist mithin komplexer als meine vorgefasste Meinung, meine Vor-Urteile. Wenn ich in Berlin-Kreuzberg oder in Neukölln verschleierte anatolische Mütterchen sehe, mühselig und beladen, empfinde ich Mitleid und reagiere mit Wegsehen oder Gleichgültigkeit. Ihre Welt ist nicht meine, ihr Wertesystem ist mir fremd, und ich möchte damit, ehrlich gesagt, auch wenig zu tun haben – wenngleich mir mein Verstand sagt, dass sich dieses Wertesystem in erster Linie den sozialen Verhältnissen verdankt, aus denen diese Frauen stammen, und die sind von Armut, Traditionalismus und schlechten Ausbildungsverhältnissen geprägt.

Die Erzählungen von Amina Lemrini, Shirin Hamani, Mariam Karnib und Monika Akon Kiryang sind natürlich nicht repräsentativ. Aber sie machen nachdenklich, mich jedenfalls. Was Shirin oder Mariam über den Schleier sagen, passt in kein Klischee, ist aber häufig von arabischen Frauen zu hören. Was folgt daraus für mich, den europäischen Betrachter? Zunächst einmal musste ich lernen, meine Ansichten zu überdenken. Möglicherweise ist der Schleier nicht per se ein Instrument der Unterdrückung, als das er im Westen allgemein wahrgenommen wird. Es sei denn, Frauen wie Shirin oder Mariam wären lediglich ein propagandistisches Sprachrohr ihrer selbst. Welcher Sichtweise folgen? Der eigenen, vorgefassten, aus dem

Westen importierten? Oder aber sich einlassen auf eine vielschichtige Wirklichkeit?

Solche Fragen sind gleichermaßen hochpolitisch. Obwohl wir in einer zunehmend vernetzten und globalisierten Welt leben, nimmt die Bereitschaft ab, sich mit anderen Kulturen auseinander zu setzen, mit anderen Denk- und Sichtweisen, unterschiedlichen Befindlichkeiten. Wer nicht für uns ist, ist gegen uns – dieser Satz von Präsident Bush, den er im Rahmen des Anti-Terror-Kampfes äußerte, spiegelt durchaus eine weit verbreitete Ansicht wider. *The West is best,* darüber wird nicht verhandelt, geschweige denn nachgedacht. Und ohne jeden Zweifel ist das Leben im Westen besser, freier, vielfältiger als, sagen wir, in Saudi-Arabien. Nicht diese Feststellung ist das Problem. Sondern ihre Ideologisierung, ihre imperiale Überhöhung: Der Westen ist das Beste, also hat der Westen das Recht, die Welt nach seinem Willen und seiner Vorstellung so zu gestalten, bis sie nur noch sein Ebenbild trägt. Eine Reaktion darauf ist Ablehnung und Hass auf den Westen, wie er vor allem im Umfeld der Islamisten gedeiht. Erstaunlich ist allerdings, dass deren Dschihad-Mentalität auch im Westen anzutreffen ist, unter umgekehrten Vorzeichen. Einer ihrer prominentesten Vertreter ist Samuel Huntington, dessen weltweiter Bestseller *Der Kampf der Kulturen* 1996 auf Deutsch erschien. Darin vertritt der amerikanische Politologe die These, die Konflikte im 21. Jahrhundert würden zwischen den Staaten und Gruppen der großen Kulturen ausgetragen und könnten in Weltkriege neuer Dimensionen münden. Huntington unterscheidet zwischen der abendländisch-westlichen, der islamischen, chinesischen, japanischen, hinduistischen, slawisch-orthodoxen, lateinamerikanischen und afrikanischen Kultur, sieht aber vor allem in den „blutigen Rändern" des Islam eine Gefahr für das westliche Abendland. Huntington folgt der Logik islamischer Fundamentalisten. Er tut so, als ob der Islam identisch wäre mit deren Weltbild: Alles Dschihad. In der Sache ist das Unsinn, aber leider ein sehr folgenschwerer. Denn Huntington schuf damit das theoretische Fundament für eine Denkschule, die seit den frühen neunziger Jahren vor allem in den USA das *policy making* wesentlich beeinflusst.

Es ist eine gefällige und bequeme Theorie, weil sie Machtfragen sowie politische, soziale und gesellschaftliche Gegensätze in den Bereich der Kultur verlagert und somit zu einer Schicksalsfrage stilisiert, ein naturgegebenes Ringen, das sich jeder Analyse weitgehend entzieht – und somit auch der Möglichkeit, vermittelnd einzugreifen. Aus dieser Perspektive ist „Zivilisation" offenbar eine Frage des genetischen Codes, vergleichbar der Hochbegabung. Entweder man hat sie, oder man hat sie nicht. Eine kulturelle Größe, um es mit Huntington zu sagen. Demnach wäre, denkt man seine Theorie zu Ende, auch der Kolonialismus lediglich eine Art „Kulturkampf" gewesen, ein Sieg des Besseren, Höherwertigen über das Schlechte, Minderwertige, Verderbliche, ein Sieg der abendländisch-westlichen Kultur, weiland Christentum genannt, über die Heiden. Auch die Ausrottung und Marginalisierung der Indianer Nord- und Südamerikas wäre demzufolge – ja, wie eigentlich zu erklären?

Es führt nur ein kurzer Weg von Huntington zu Präsident Bush und seiner viel zitierten „Achse des Bösen", die es zu bekämpfen gelte, namentlich Irak, Iran und Nordkorea. Die tatsächliche „Achse des Bösen" aber verlaufe ganz woanders, schreibt Lim Kooi Fong. Sie betreffe Gier, Hass und Intoleranz. Ich las seinen Artikel während eines Aufenthaltes in Sri Lanka und hatte bei jeder Zeile den Eindruck, dass er Recht hat. Dieser Art von Sensibilität, einer nüchternen, gleichwohl empathischen Wahrnehmung anderer Kulturen wünschte ich mir auch in deutschen Zeitungen öfter zu begegnen. Lim Kooi Fong ist Sonderkorrespondent des „Buddhist News Network", mehr weiß ich über ihn leider nicht. Sein Artikel ist in der Zeitung *Daily Star*, Colombo, am 19. Dezember 2002 erschienen, anlässlich der Konferenz der buddhistischen Weltjugend. Wie kann es sein, fragt er, dass wir einerseits im Zeitalter der Informationstechnologie leben, des freien Waren- und Datenaustauschs, andererseits aber die kulturellen und religiösen Trennlinien immer sichtbarer werden, insbesondere nach dem 11. September?

Eine Antwort liegt, so Fong, in der medial vermittelten Popkultur, in der Art und Weise, wie sie global Verbreitung finde, etwa in Musiksendern wie MTV, deren „Botschaft" in nichtwestlichen Gesellschaften ganz anders aufgenommen werde als im Westen selbst. „Die Unterhaltungsindustrie, dem Kommerz und dem Kapitalismus verpflichtet, versucht unermüdlich, einer leicht zu beeindruckenden jungen Generation einen Lebensstil zu vermitteln, der auf Individualismus und Selbstbezogenheit beruht. Nicht passiv, sondern mit Hilfe eines aggressiven und die Sinne ansprechenden Marketing, vor allem in den populären Medien Kino, Musik und Fernsehen. Die Globalisierung beschleunigt nun den weltweiten Export dieser Produkte. Da sie ‚gut gemacht' sind und auf Grundbedürfnisse abzielen, erreichen sie weltweit die Jugendlichen, unabhängig von ihrer Kultur oder Religion." Diese Fähigkeit des Kapitalismus, Lifestyle-Konzepte weltweit erfolgreich zu vermarkten, erkläre seinen Erfolg mehr noch als etwa technische Errungenschaften oder Management-Wissen. Allerdings, so Fong weiter, gebe es jenseits der Ränder westlicher Kultur „lokale Lebensräume, die sich dem schrankenlosen Import eines Pop-Lebensstils widersetzen. Einige Leute aus diesem Umfeld verwerfen jedwede Öffnung nach außen und verordnen Verhaltensregeln, die aus der Religion oder althergebrachten Sitten und Gebräuchen abgeleitet werden." Dennoch würden gerade die Älteren sehr wohl merken, dass ihr Einfluss auf die Jugend schwinde. Gleichzeitig spürten sie, wie die Fundamente sozialer Institutionen – Gottesfurcht, Familie, Brauchtum – untergraben würden. Demzufolge entstünden Gegenkräfte, die den Einfluss westlicher Kultur zu bekämpfen suchten, weil sie ihn als Bedrohung ihres eigenen Lebens empfänden.

„Diesen Teil der Geschichte mag man im Westen, in der entwickelten Welt, nicht sehen, jedenfalls ist das in den allgewaltigen Massenmedien kein Thema von Bedeutung. Was wir bislang nicht wirklich verstanden und folglich unterschätzt haben, ist der Einfluss fremder Kulturen und Wertesysteme auf regionale Identitäten und religiöse Überzeugungen. Wir wissen lediglich, dass westliche Designs und Produkte nach immer größeren Marktanteilen gieren, in Gestalt moderner Dogmen wie der ‚Globalisierung'. Das unermüdliche, geradezu evangelistische Projekt des Kapitalismus, sein Kulturverständnis um jeden Preis zu vermarkten, ohne Interesse für die gesellschaftlichen Folgewirkungen, gleichgültig gegenüber den sozialen Verwerfungen, die es in Teilen der Welt anrichtet, ist eine tickende Zeitbombe. Und wenn sie dann wirklich explodiert, sind wir ratlos und fragen uns, wie das passieren konnte."

Lim Kooi Fong glaubt, dass der weltweite Terror nicht zuletzt durch „ein Überschreiten der Toleranzgrenze" zu erklären sei. Religiöse Extremisten in geschlossenen Gesellschaften, die ihre eigenen Lebensideale und Machtpositionen bedroht sähen, holten nunmehr zum Gegenschlag aus. Auch wenn wir ihre Aktionen verurteilten, seien sie doch ein Warnsignal. Denn das Gefühl, dass der Westen mit der Globalisierung, insbesondere dem Lifestyle-Export, die Grenze des Tolerierbaren längst überschritten habe, sei in nicht-westlichen Gesellschaften stark verbreitet, weit über das Milieu von Terroristen hinaus. Der Westen erwecke den Eindruck, die Triebkraft seiner Kultur sei überwiegend die Gier, und die Gesellschaften, die den Westen ablehnen, ergingen sich in blindwütigem Hass. Beide Seiten verstünden einander nicht, gleichzeitig wachse die gegenseitige

Ignoranz. „Die Folge ist eine unglückselige globale Konfrontation mit religiösen Untertönen. Wenn wir den Terrorismus besiegen wollen, müssen wir seine Ursachen bekämpfen. Dazu gehört der Teufelskreis aus Gier, Hass und Ignoranz. Wir können ihn nur durchbrechen, indem wir weltweit an einem Strang ziehen und uns nicht in gegenseitigen Schuldzuweisungen blockieren. Alles spricht dafür, Gier, Hass und Ignoranz als die wahre ‚Achse des Bösen' zu bezeichnen. Dagegen gilt es Krieg zu führen, dagegen allein."

Ful bei Abduh.
Auf der Flucht vor dem Gesetz

Unweit vom Hauptbahnhof, in einer Gegend Kairos, die bis in die späten fünfziger Jahre hinein zu den besseren Wohnvierteln gehörte, liegt das Hotel „Luna Park". Kommen Sie bloß nicht auf die Idee, dort abzusteigen. Es ist keine der ersten Adressen am Platze, höflich gesagt. Gewiss, gelegentlich verirren sich Europäer dorthin, Rucksackreisende, aber die bleiben selten länger als eine Nacht. Ein Versehen, gewissermaßen. Spät am Abend sind alle Katzen grau, der Reisende ist müde, dankbar für ein Refugium inmitten der tosenden Scharia al-Gumhuriya, der „Straße der Republik", an der das Schild „Luna Park" lockt. Das hört sich an nach Juri Gagarin, nach Kosmonauten, Sowjetmenschen im All, Abenteuer (Gorki Park!), flüchtigen, aber leidenschaftlichen Affären. Außerdem wirbt an der Rezeption ein Schild für Neckermann. Kurzum, alles wird gut, denkt sich der Reisende – und täuscht sich, insoweit er ein Hotel erwartet, wie wir es landläufig verstehen. Ein Ort vertrauensseliger Einkehr, der ungestörten Nachtruhe, morgens ein liebevoller Weckruf, das einladende Frühstücks-Büfett.

Zunächst einmal wurde ich Zeuge eines physikalischen Phänomens. Während ich mir gerade die Zähne putzte, platzte in meinem Zimmer – Original-Einrichtung aus den fünfziger Jahren, verstaubte, zerschlissene, vermutlich grüne Sessel, durchgelegenes Doppelbett, begehbarer Kleiderschrank – das Wasserrohr. Das kann passieren. Allerdings ereilte mich das Mysterium: Das Rohr brach oberhalb der Wandbeleuchtung, das Wasser bahnte sich seinen Weg, und zwar quer über die Neonröhre am Waschbecken hinweg. Das gelblich-fahle Halogen wurde umspült von wahren Fluten, in vollendeter Harmonie. Kein Kurzschluss, nichts. Die Neonröhre versah weiterhin ihren Dienst, als habe sie mit dem Malheur nicht das Geringste zu tun. Auch der Nachtportier zeigte sich erstaunt, spielte einen Augenblick mit dem Gedanken, das Licht auszuschalten, unterließ es dann aber, wohl um das Schicksal nicht zu bedrängen. Ich bekam ein anderes Zimmer, riesig, gewaltig, eine halbe Fabrikhalle groß. Stundenlang noch rauschte das Wasser, kurz vor Morgengrauen war es endgültig von der zweiten in die erste Etage vorgedrungen und setzte gleich mehrere Zimmer unter Wasser, was für lautstarke Aufregung sorgte und meinen Eindruck verstärkte, dass kaum eine Sprache so wirkungsmächtige und metaphernreiche Flüche bereithält wie die des Propheten. ‚Hinweg, du Hund des Arabertums' hörte ich, offenbar an den unschuldigen Nachtportier gewandt. Der wiederum keine Sekunde zögerte, um ein verächtliches ‚Geh doch selber und belästige deine Mutter' zu retournieren.

Gelegentlich suche ich existentielle Anfechtungen, und dafür liebe ich Orte wie das „Luna Park". Dort steigen überwiegend hoffnungsvolle Menschen aus Oberägypten ab, die in Kairo eine Anstellung suchen oder fragwürdigen Geschäften nachgehen. Wie der Ingenieur, der eines Abends an meine Tür klopfte und mir von einem Staudamm erzählte, den er in Deutschland bauen wolle. Ob ich die Anschubfinanzierung übernehmen könne, am besten jetzt gleich, bar auf die Hand? Oder Umm Kawkab, eine Wahrsagerin, die mich mit ihrer debilen Tochter zu verkuppeln suchte und mir prophezeite, nachdem sie die Vergeblichkeit ihrer Bemühungen erkannt hatte, ich würde bei einem Flugzeugabsturz ums Leben kommen, recht bald schon.

Und dann ist da Abduh. Äußerlich erinnert er an Präsident Mubarak, ein würdevoller Pharao. Abduh ist Mitte 40 und arbeitet 16 Stunden am Tag, bei drei verschiedenen Arbeitgebern. Er verdient 50 Euro im Monat, gerade genug, um sich und seine Familie, Frau und zwei Kinder, zu ernähren. Gemeinsam bewohnen sie ein Zimmer im Haus eines Verwandten, nicht weit vom „Luna Park“. Dort serviert er von fünf Uhr morgens an das Frühstück. Es gibt Ful, Ful oder Ful: gekochte und teilweise pürierte Bohnen mit Olivenöl und Knoblauch. Ful ist billig und nahrhaft und dementsprechend das Volksgericht. Ful spricht man mit langem u, so wie in cool. Fuul ist cool.

Abduh arbeitet ohne zu klagen. Stunde um Stunde, aber immer ist er freundlich, auch wenn er aus allen Poren schwitzt und ich manchmal Angst habe, er könnte eins werden mit dem Ful, das er anrichtet und serviert. Innerhalb weniger Tage wurden wir Freunde. Oder sagen wir: Vertraute, denn oft hatte er gar keine Zeit zum Reden, und wir tauschten nur einige freundliche Worte aus, spürten aber beide, dass wir bei Gelegenheit ein längeres Gespräch führen sollten. Schließlich war es dann soweit, an einem Freitag, dem islamischen Sonntag. Es war nicht viel los im Frühstücksraum, und Abduh hatte Zeit. Er umkreiste mehrfach meinen Tisch, bevor er sich setzte, hüstelte – Wie geht’s denn heute so, diese Hitze, also wirklich – ein Räuspern, das ganze Kindergärten in Angst und Schrecken versetzt hätte, ein stummer Blick an die Decke, und dann ging es los.

„Mischu, sag mal, in Deutschland, wie ist das da eigentlich. Mit den Frauen.“

Abduh saß vor mir wie ein zu groß geratenes Kind, die Augen weit geöffnet, sehnsuchtsvoll, begierig zu erfahren von einer Welt, die für ihn ebenso unerreichbar ist wie das Paradies. Was tun? Ihm wahrheitsgemäß sagen: *Anything goes*? In seinem Herzen einen Stachel pflanzen, der ihn entfremdet von seiner Frau, die abends neben ihm liegt, unberührt, unbesehen, weil Abduh von dem träumt, was er niemals haben wird? Nein und nochmals nein. Dafür ist er mir zu sympathisch.

„Frauen? Abduh, in Gottes Namen, erwähne dieses Wort nicht in meiner Gegenwart."

„Aber warum? Was ist geschehen? Waren sie nicht gut zu dir?"

„Ich habe keinen Grund zur Klage."

„Das will ich glauben. Es ist doch so, dass du … Ich meine, alle Europäer … Also, wenn du eine Frau brauchst, dann nimmst du dir eine, nicht wahr? Ihr habt Diskotheken, Nachtklubs, es gibt doch sogar Anzeigen, da suchen Frauen einen Mann. Das hat mir ein Freund aus Paris geschrieben. Er hat mal einer geantwortet, sie haben sich getroffen und sind noch am selben Abend zusammen ins Bett gegangen. Das ist doch unglaublich."

„Ach Gott, ja."

„Machst du das in Deutschland auch?"

„Längst nicht mehr, Abduh."

„Verstehe. Das dauert dir zu lange. Erst die Anzeige lesen, dann schreiben, dann auf eine Antwort warten – würde ich auch nicht machen. Ich würde in Nachtklubs gehen und da mein Glück versuchen. Und du?"

„Na ja, also – früher, klar. Da war ich sehr aktiv. Sehr aktiv. Das gebe ich zu. Aber heute? Nein, danke."

„Kannst du nicht mehr so oft?"

„Abduh, mein Guter. Hast du nicht gehört von dem neuen Gesetz?"

„Was für ein Gesetz denn?"

„In Deutschland haben sie ein neues Gesetz verabschiedet. Es ist das Grauen, das nackte Grauen. Kannst du dir das vorstellen, dass sie so ein Gesetz verabschieden? In Deutschland? Abduh, wir haben es alle nicht fassen können."

Sein Gesichtsausdruck ließ ein Fragezeichen erkennen.

„Darin steht, dass Männer alles tun müssen, was die Frauen von ihnen verlangen."

Abduh überlegte. „Aber das ist doch wunderbar. Dann muss niemand mehr Anzeigen aufgeben."

„Du verstehst nicht, Abduh. Ich sage dir, wie das läuft. Ich gehe über die Straße und will einkaufen. Ich denke mir nichts Böses, der Tag ist schön, und auf einmal spricht mich eine Frau an und sagt: Komm mit."

„Zu ihr nach Hause? Das ist ja unglaublich!"

„Allerdings. Du sagst es."

„Und dann? Wie geht es weiter."

„Es ist die Hölle. Meistens fängt es in der Küche an."

„In der Küche?!"

„Gott ist mein Zeuge. Ich wasche und putze, bis alles sauber ist und glänzt."

„Du meinst die Frau?"

„Nein, die Küche."

„Das gibt es doch gar nicht …! Aber danach, was passiert dann? Ich meine, kannst du wenigstens … Du weißt schon … Vielleicht zur Belohnung?"

„Du meinst, ob sie mich aus Dankbarkeit endlich gehen lässt? O nein, Abduh, so einfach ist das nicht. Ist die Küche fertig, kommt das Badezimmer. Ist das Badezimmer geputzt, gibt sie mir den Staubsauger, und dann ist das Wohnzimmer dran."

„Gott im Himmel, das ist ja schlimmer als Gefängnis …"

„Abduh, die meisten Männer in Deutschland trauen sich nicht mehr auf die Straße. Du weißt nie, was passiert. Wer dich als Nächstes anspricht, wen du nach Hause begleiten musst. Und wieder beginnt das Martyrium."

„Aber kommt es denn nie vor, dass die Frau dich bittet, sie nach der Arbeit – zu berühren?"

„Doch, das gibt es, Abduh. Das gibt es. Ich will dir die ganze Wahrheit sagen, auch wenn sie schmerzt."

„Soll ich dir einen Tee holen? Willst du noch Ful?"

„Danke, Abduh. Geht schon. Ich habe es verwunden, auch wenn ich manchmal noch schlecht träume deswegen. Da bat mich diese Frau – na ja, sie forderte mich auf, ihr Bett zu beziehen. Ich tat ihr den Gefallen. Anschließend trat sie ganz nah an mich heran und bat mich, ihren Busen anzufassen."

Abduh war dermaßen aufgelöst, dass er das islamische Glaubensbekenntnis aufsagte: Es gibt keine Gottheit neben Gott, und Mohammed ist der Gesandte Gottes. „Und dann hast du endlich …?", fuhr er fort.

„Ja. Ja, Abduh. Ich bin aus ihrer Wohnung geflüchtet und nach Hause gerannt."

„Allmächtiger. Was bist du nur für ein Trottel."

„Ich weiß. Es war unklug wegzulaufen. Sie hat mich angezeigt, und ich musste eine hohe Geldstrafe zahlen. Die Deutschen sind sehr gründlich mit ihren Gesetzen."

„Aber warum, in Gottes Namen, hast du sie nicht einfach aufs Bett geworfen und ihr diesen kleinen Gefallen getan?"

„Es ging einfach nicht."

„Wieso. War ihr Mann in der Nähe?"

„Nein, der ist damals bei El Alamein gefallen. Abduh, sie war Mitte 80."

Während Abduh noch in einer Art Schockstarre verharrte, erzählte ich ihm, wie sehr ich meine neu gewonnene Freiheit in Kairo genießen würde. Endlich einmal über die Straße gehen, ohne ein Opfer verfehlter Gesetze zu werden. Abduh nickte gedankenverloren. Meine Geschichte hatte ihn ganz offenkundig beeindruckt. Die Idee, dass ich etwas übertrieben haben könnte, ist ihm vermutlich nie gekommen. Geschichten erzählen gehört im Orient zum Alltag, noch dominiert das Wort über die Bildersprache der Massenmedien. Die Frage nach dem Wahrheitsgehalt stellt sich eigentlich nur, wenn der Erzähler über einen schlechten Leumund verfügt. Da Abduh keinen Grund hatte, an meiner Integrität zu zweifeln, musste er tatsächlich annehmen, dass ich haarscharf der Apokalypse entronnen war. Wie konnte das sein? Solche Gesetze. In Deutschland. Was für ein Albtraum! So gesehen erschien sein entbehrungsreiches Leben in Kairo in einem ganz anderen Licht. Ganz unabhängig von der Frauenfrage.

Am Samstag kommt das Sams

Abduh hatte Mitleid mit mir. Er fühlte sich verpflichtet, mich das Unglück vergessen zu machen, dem ich anheim gefallen war. Für den Nachmittag lud er mich ein zu Freunden im Khan al-Khalili, dem Basarviertel gegenüber der Al-Azhar-Moschee. Ein ununterbrochener Menschenstrom ergoss sich durch die engen Gassen des Viertels, und bei geschlossenen Augen, nur der Kakophonie zugewandt, entstand das Bild einer Menschheit auf der Flucht, einem unbestimmten Ziel folgend, das lautstark angepriesen wurde, in allen Tönen und Sprachen. Unterwegs aßen wir Pfannkuchen in einem kleinen Café, in dem überwiegend Ehepaare saßen, die Frauen mit Kopftuch, die Männer im Anzug. Am Nebentisch saß ein Herr, der genauso aussah wie mein Onkel Franz. Manchmal begegnet man Menschen, die einem auf ungewohnte Weise vertraut erscheinen, und sei es am anderen Ende der Welt. Mich erstaunt das jedes Mal erneut, ohne dass ich die Botschaft dahinter verstünde. Onkel Franz und seine Gemahlin waren mit ihrer Enkeltochter unterwegs, wie sich herausstellte. Die Kleine, 11 Jahre alt, Fariba mit Namen, sah mich eine Weile neugierig an, dann sprach sie mich an.

„Wo kommst du denn her?“, fragte sie.

„Aus Deutschland“, sagte ich. „Hast du schon mal von dem Land gehört?“

Sie überlegte. Da war doch was … Sie kannte Mercedes. Schnee gebe es in Deutschland. „Und was ist mit dem Esel, dem Hund und der Katze, dem Hahn?“, half ihr Onkel Franz auf die Sprünge. Genau, die Bremer Stadtmusikanten. Die kannte Fariba auch. Sogar den Rattenfänger von Hameln. „Ihr habt aber viele Tiere“, sagte sie. „Auch Trolle“, entgegnete ich, denn mir war Paul Maars Geschichte vom Sams eingefallen. Ich erzählte Fariba also von Herrn Taschenbier, den ich vorsichtshalber mit Taschensaft übersetzte. Was er für Probleme hatte mit dem Sams, das einfach die Möbel aufaß und sich nichts gefallen ließ, immer sagte, was es dachte. Wie Herr Taschensaft das Sams loswerden wollte, aber es am Ende ganz lieb hatte und sich die ganze Woche über auf den Samstag freute, wenn das Sams wieder kam: Am Sonntag scheint die Sonne, am Montag kommt Herr Mon mit den Mohnblumen, am Dienstag ist Dienst, Mittwoch ist Mitte der Woche, am Donnerstag donnert es, am Freitag ist frei und am Samstag kommt das Sams. Dummerweise fiel mir zu spät auf, dass man die Geschichte nicht einfach übersetzen kann, sondern erklären muss. Denn auf arabisch macht es keinen Sinn, dass es am Donnerstag donnert, der arabische Donnerstag ist schlichtweg „der fünfte Tag“ der Woche. Während ich also vor mich hinstotterte, waren die Blicke im Café längst auf mich gerichtet. Kaum ein Gast, der nicht Anteil nahm an der Geschichte von „Sabti“, dem Sams. Einige fragten nach, boten Übersetzungshilfen. Ein Mann hatte die Deutsche Schule in Kairo besucht und beschrieb Fariba wort- und gestenreich, was denn Sabti für ein Wesen war, wobei er zwischendurch bei mir nachfragte, ob das denn alles so stimme.

Man muss sich das etwa wie folgt vorstellen: Da sitzen rund 20 Gäste in einem kleinen, unscheinbaren Café und essen ihre Pfannkuchen. Dann geschieht etwas, das ihre Aufmerksamkeit auf sich zieht, und aus gänzlich Unbekannten wird in kürzester Zeit eine verschworene Gemeinschaft, die mehr oder weniger an einem Strang zieht, in diesem Fall einer 11-Jährigen pädagogisch zur Seite zu stehen. Sabti. Was passiert in Kairo am fünften Tag, wenn es in Deutschland donnert? Fragen, die bewegen und mit der allergrößten Hingabe erörtert werden, notfalls auch an Fariba vorbei. Der zur Belohnung – ein kluges Kind – noch ein Pfannkuchen und ein Eis auf Kosten des Hauses gereicht wird, sehr zur Verlegenheit von Onkel Franz und seiner Frau, die zum Aufbruch mahnt, aber die Rechnung ohne Fariba gemacht hat.

Ganz zu schweigen von Abduh. Er saß regungslos auf seinem Stuhl, die Arme über der Brust verschränkt. Ich gebe zu, dass ich ihm nicht gerade wenig zugemutet habe, an einem einzigen Tag. Erst die deutschen Gesetze, dann Sabti. Beides zusammen kann ganz andere Bäume fällen.

Letztendlich aber landeten wir tatsächlich bei Abduhs Freunden Tarik und Mohammed. Sie führen ein kleines Parfümgeschäft unweit des berühmten „Café Fishawy“, das eigentlich eher eine Teestube ist. Der richtige Ort, um in aller Ruhe eine Wasserpfeife zu rauchen. Tarik und Mohammed grüßten uns kurz und herzlich, als wir ihren Laden betraten. Abduh stellte mich vor, und dann setzten wir uns zu den übrigen Leuten, Nachbarn und Kunden, die um Ruhe baten. Ein Fernseher lief, die Spannung war auf dem Höhepunkt. „Deutschland sucht den Superstar“ gibt es auch in der arabischen Welt, produziert vom libanesischen Sender LBC. Dort heißt die Sendung schlicht „Superstar“, der größte Straßenfeger aller Zeiten. Fast zehn Millionen Araber beteiligten sich per Fax, Internet oder Telefon am ersten Finale im August 2003, dem Showdown zwischen einer syrischen und einer jordanischen Sängerin, den die Jordanierin mit 52 Prozent der Stimmen knapp für sich entschied. In einer zutiefst politisierten Region, zerrissen von Gewalt, war der „Superstar“ eine willkommene Abwechslung – und gleichzeitig ein politisches Ereignis. Arabische Präsidenten gewinnen Wahlen in der Regel mit 99 Prozent der Stimmen. Allein die Tatsache, dass der Sieg der jordanischen Sängerin so knapp ausfiel, war frische Luft für die arabische Welt. Es geht also auch anders.

Über den „Superstar" zu mehr Demokratie: Die Bedeutung des arabischen Satellitenfernsehens ist in der Tat nicht zu unterschätzen. Den Anfang machte 1996 der Nachrichtensender *Al-Jazeera* (Die Insel) mit Sitz im Golfstaat Katar. Der dortige Herrscher hatte erkannt, dass er sich mit einer unabhängigen Fernsehstation profilieren kann. Er übernahm die Finanzierung des Senders, der sich stark an seinen Vorbildern BBC und CNN orientiert. Nachrichten rund um die Uhr, sachlich und professionell, mit Korrespondenten aus aller Welt, auch aus Berlin. Das war eine Revolution. Die staatlichen arabischen Medien sind überwiegend linientreu und langweilig, den ehemaligen DDR-Sendern sehr ähnlich. Nachdem *Al-Jazeera* seinen Sendebetrieb aufgenommen hatte, boomte der Verkauf von Satellitenschüsseln, der in einigen Ländern (darunter der Irak unter Saddam Hussein) verboten wurde. Heute ist *Al-Jazeera* der wichtigste Nachrichtenkanal in der arabischen Welt, von Marokko bis Oman prägt er die politische Wahrnehmung, deckt Missstände auf und stellt den Regierenden kritische Fragen. Vermutlich stellen sich auch die Verantwortlichen der regimetreuen Sender gelegentlich die Frage, ob sie überhaupt noch Zuschauer haben.

Im Westen wurde *Al-Jazeera* nach dem 11. September 2001 bekannt, da der Sender regelmäßig Video-Botschaften von Osama bin Laden ausstrahlt. Deswegen wirft ihm vor allem die amerikanische Regierung vor, ein Propaganda-Forum von Al-Qa'ida zu sein. Auffallend ist, dass der Sender ganz andere Schwerpunkte setzt als westliche Medien, wie auch im Irak-Krieg zu beobachten war. Während CNN überwiegend siegreich vorrückende amerikanische Soldaten zeigte, zeigte *Al-Jazeera* Bilder von Verletzten und Verzweifelten in irakischen

Krankenhäusern, berichtete exklusiv aus Basra oder Kirkuk, wo keine westlichen Korrespondenten zugelassen waren, präsentierte die Schäden durch amerikanische Bomben in Bagdad. Es war die andere Seite des Krieges, die *Al-Jazeera* in den Vordergrund rückte. Und wie zuvor in Kabul griff die US-Armee auch in Bagdad das Büro von *Al-Jazeera* an. Der Korrespondent wurde dabei getötet.

Gleichgültig, wie man zu dem Sender steht – er verschafft der Demokratie in der arabischen Welt ein maßgebliches Forum. Da gibt es Diskussionsrunden über Themen, die schlichtweg verblüffen. Zum Beispiel zu der Frage, warum arabische Fußballmannschaften bei internationalen Wettkämpfen kaum eine Rolle spielen, weshalb sie so schlecht spielen. Wir sind nicht diszipliniert genug, war ein Wortbeitrag. Wir spielen Fußball, wie wir Auto fahren. Jeder macht, was er will. Ein anderer meinte, arabische Fußballer hätten Angst, selbstbewusst anzugreifen, weil sie gewohnt sind, sich mit tausend Zwängen zu arrangieren. Wie sollten sie da lernen, nach vorne zu denken und zu spielen?

Die arabische „Generation Golf"

Abduh hat ein anderes Naturell als seine Freunde Mohammed und Tarik. Er sieht den „Superstar", wie er einen Pfannkuchen isst oder sein Ful serviert. Die Dinge passieren. Das Leben macht ohnehin, was es will. Je weniger Illusionen, umso leichter fällt der Alltag. Mohammed und Tarik dagegen halten fest an ihren Träumen. Sie wollen mehr als Parfüm verkaufen im Khan al-Khalili. Beide sehnen sich nach Wohlstand und Komfort, nach Ruhm, nach dem Angenehmen und Flüchtigen. Sie fiebern mit dem „Superstar" und bewundern Amr Khalid, Großmeister und Guru eines neuen Trends. In weniger als vier Jahren hat es der 36-Jährige aus gutem Haus geschafft, zu einem der bekanntesten Prediger der arabischen Welt aufzusteigen. Er ist gewissermaßen der Yuppie der Islam-Szene, der dem Motto folgt: Hilf dir selbst, dann hilft dir Gott. Sein Erfolgsrezept ist vergleichsweise einfach. Er hält sich aus dem Konflikt zwischen der islamischen Orthodoxie, verkörpert durch die Al-Azhar-Moschee, und dem politischen Islam heraus und bietet stattdessen ein marktgerechtes Produkt an: einen Islam, der das städtische Bürgertum anspricht und Selbstverwirklichung verheißt. Amr Khalids Predigten handeln von Ehrgeiz, Reichtum, Erfolg, von beruflichem Aufstieg, von Professionalität und Sorge um sich selbst, die dem Glauben keinesfalls entgegenstünden. Im Gegenteil, Reichtum sei ein Geschenk des Himmels, denn ein vermögender Muslim werde sich durch großzügige Spenden auszeichnen und damit Gottes Werk erfüllen.

Modernität und Offenheit plus Geschäftssinn, das ist das Konzept von Amr Khalid. Er hat sich das Urheberrecht an seinen Predigten gesichert und mehrere Firmen gegründet, die seine Kassetten vertreiben. Gleichzeitig hat er Shows nach dem Vorbild amerikanischer Fernsehprediger in der arabischen Welt eingeführt, die in mehreren Ländern, vor allem in Ägypten und den Golfstaaten, hohe Einschaltquoten erzielen. Sein Erfolg hat mittlerweile mehrere Nachahmer gefunden, doch deren Botschaft unterscheidet sich kaum von seiner eigenen. Anders als traditionelle Prediger treten Amr Khalid und seinesgleichen nicht mit Vollbart und in der weißen Dschallabiya auf, sondern glattrasiert, mit Hemd und Krawatte. Und nie geht es um Politik, geschweige denn den Heiligen Krieg, stattdessen erscheint ein verzeihender, Gunst gewährender, liebender Gott. Khalid predigt die Werte des Marktes als Gütesiegel eines wohltemperierten, hedonistisch verstandenen Islam – Religion mit Wohlfühl-Garantie. Während die soziale Ungleichheit in

Ägypten und der arabischen Welt insgesamt weiter zunimmt, verkörpert Khalid den Glauben an eine neoliberale Wirtschaftsordnung, die jedem seinen Platz zuweist, parallel zu seiner Leistungsbereitschaft.

Wie geht das zusammen, Dschihad-Islam und Hedonismus-Islam? Ich würde sagen: Wer nichts mehr zu verlieren hat oder anti-westlich eingestellt ist, der entscheidet sich für die radikale Variante. Der Hedonismus-Islam dagegen verkörpert den Wertewandel, der sich in Ägypten und der übrigen Region vollzieht. Er orientiert sich an den Vorstellungen einer kleinen, aber kaufkräftigen Schicht gut ausgebildeter, junger Stadtbewohner. Diese arabische „Generation Golf" will keine grundlegenden Veränderungen. Sie lebt in der Gegenwart und propagiert in erster Linie weltliche Werte: Individualismus, Spaß, Konsum und privates Wohlergehen.

Auch islamische Fundamentalisten reagieren auf die Entwicklung. Ein Beispiel dafür ist die jüngere Geschichte des Naschid, des religiösen Gesangs. In den siebziger Jahren hatten islamistische Gruppen den ursprünglich aus dem Sufismus, dem Volksislam, stammenden Gesang an den ägyptischen Universitäten wiederbelebt und machten daraus ein Hohelied auf das Märtyrertum. In den Achtzigern, als die Islamisten in Ägypten weniger starken Verfolgungen ausgesetzt waren, wandelten sich auch die Inhalte der Lieder: Man wurde poetisch und besang die Liebe und das Glück. In den letzten zehn Jahren entstanden zahlreiche neue Naschid-Gruppen, die sich auch musikalisch erweiterten und Instrumente einführten, die es vorher nicht gab, darunter Schlagzeug und Synthesizer. Diese Gruppen, die Namen tragen wie *Al-Wa'd* („Das Versprechen") oder *Al-Dschil* („Die Generation"), lassen sich für ihre Auftritte bezahlen und vertreiben Audiokassetten ihrer Musik. Ihr Dschihad-Repertoire haben sie längst abgelegt. Lieber machen sie den ägyptischen Popstars Konkurrenz, indem sie sich eines gemäßigten Predigertons bedienen. So handeln ihre Lieder vom Nationalgefühl, etwa in Palästina oder im Irak, bieten aber auch romantische Themen. Inzwischen ist der Naschid in der Weltmusik angekommen – als Stilelement, das mit nichtarabischen Rhythmen, mit angloamerikanischem Pop, Rap und Jazz zusammengeht.

Letztendlich sind der Wandel des Naschid und der Erfolg Amr Khalids Indizien für den Niedergang des politischen Islam, dessen Sittenstrenge und Radikalität immer weniger dem Lebensgefühl der Gesellschaft entspricht. Beider Erfolgsgeschichte bestätigt einmal mehr, dass der Einfluss des islamischen Fundamentalismus in dem Maß zurückgehen dürfte, wie die Zahl derer zunimmt, die über ein gutes Einkommen und eine Lebensperspektive verfügen. Am Ende könnte aus dem Dschihad ein Lifestyle-Element werden, eine Art Rocky Horror Picture Show. Auf diesen Zusammenhang hinzuweisen ist wichtig, weil er einmal mehr die unselige Auffassung widerlegt, der Islam sei aus sich heraus fanatisch und gewalttätig, eine totalitäre Religion mit einem auf ewig unveränderlichen Dogma, die sich jedweder Neuerung verweigere. Aber das Leben ist niemals statisch, und Menschen verändern Glaubenssätze.

Mohammed und Tarik übrigens haben kürzlich ein Parfüm kreiert, das sie in Europa vermarkten wollen. Es soll „Harem" heißen (Pour Homme) und „Sheherazade" (Pour Femme). Und Abduh? Er hat mittlerweile ein kleines Restaurant eröffnet: Ful, Felafel, gegrillte Hähnchen. Es heißt – kein Witz – „Sabti".

Cool Memories. Unsere Art, die Dinge zu sehen

Am meisten erstaunt mich auf meinen Reisen in arabischen Ländern, dass ich nur selten in meiner Funktion wahrgenommen werde, als Journalist und Autor, sondern als ein Vertreter „des Westens" schlechthin gelte. Es dauert nie lange, mit den Menschen ins Gespräch zu kommen. Und nur selten halten sie sich mit ihrer Meinung zurück. Oft denke ich, sie sind froh, einen westlichen Gesprächspartner vor sich zu haben, der ihnen zuhört und mit ihnen diskutiert. Vor allem über Politik, vor allem über den Konflikt zwischen Israelis und Palästinensern, über den Irak, über die Folgen des 11. September. Ich werte diese Sehnsucht nach einem Meinungsaustausch, die vom Schuhputzer bis zum Minister im Wesentlichen dieselbe ist, als einen Hinweis auf den fehlenden Dialog zwischen Orient und Okzident, oder, anders gesagt, zwischen Arabern und Muslimen einerseits und „uns" andererseits – denen, die in der Weltgesellschaft die wirtschaftlichen und politischen Maßstäbe setzen, den Amerikanern, Europäern, Japanern, Australiern. Natürlich gibt es diplomatische und wirtschaftliche Kontakte zwischen beiden Seiten – aber nur selten ein offenes Gespräch, das sich dem Gefälle von Macht und Ohnmacht entzieht. Dialog meint nicht das freundliche Nebeneinander von autistischen Monologen: *The west is best,* Allah ist am größten. Gemeint ist die Bereitschaft, andere Lebens- und Denkweisen als gleichwertig zu akzeptieren, ohne allerdings bestehende Defizite, etwa im Bereich der Menschenrechte, zu übersehen oder aus falsch verstandener Rücksichtnahme gar nicht erst zu erwähnen.

Ein ernsthafter Dialog ist für beide Seiten eine Herausforderung. Es ist leicht, als Europäer Demokratie und Rechtsstaatlichkeit zu predigen. Aber was sagt man, gerade als Deutscher, wenn ein Jordanier oder Libanese die folgende Frage stellt: Warum verurteilt die Europäische Union den Terror der Hamas, schweigt aber zu der Gewalt des israelischen Staates in den besetzten palästinensischen Gebieten? Weshalb werden arabische Staaten regelmäßig zur Rechenschaft gezogen, wenn sie gegen internationales Recht verstoßen, Israel jedoch nie? Wieso droht die Europäische Union Israel nicht mit Sanktionen, falls es seine völkerrechtswidrige Siedlungspolitik fortsetzt? In solchen Fällen versuche ich, auf die besondere moralische Verantwortung vor allem Deutschlands gegenüber Israel hinzuweisen, was in der arabischen Welt allerdings niemanden überzeugt. Wenn die Deutschen ein schlechtes Gewissen wegen ihrer Vergangenheit hätten, warum sollen dann, so heißt es, die Palästinenser den Preis dafür bezahlen? Als letzter Joker bleibt mir in solchen Fällen das Argument, dass die Araber von den Europäern nicht mehr Engagement in Sachen Palästina fordern könnten, als sie selber zu leisten bereit seien, und bekanntlich beschränke sich die arabische Seite in dieser Frage weitgehend auf Rhetorik.

Dennoch, das Unbehagen an der eigenen Argumentation bleibt groß. Niemand mag sich in Frage stellen lassen. Genau das aber geschieht zwangsläufig in der Auseinandersetzung mit anderen Weltbildern. Am Ende finde ich mich oft genug zwischen allen Stühlen wieder. Die Araber werfen mir vor, ich sei pro-israelisch, die Israelis wiederum sagen, ich sei pro-arabisch, und in Deutschland übt man sich besser in Diplomatie, was dieses Thema anbelangt. Im Gegensatz zu Israel können die Palästinenser in der hiesigen Öffentlichkeit nur auf wenig Verständnis und Wohlwollen hoffen. Auch deswegen nicht, weil ihnen der politische Diskurs in westlichen Gesellschaften fremd ist – und umgekehrt. Wo wir von Demokratie und

Rechtsstaatlichkeit reden oder gar von christlichen Werten, reden Palästinenser und Araber von Gerechtigkeit, Würde oder Ehre. Mit anderen Worten: Man redet aneinander vorbei. In Deutschland gibt es nicht einen Palästinenser, der die Anliegen seines Volkes selbstbewusst, medientauglich und in einer für die breite Öffentlichkeit nachvollziehbaren Weise vertreten würde. Die israelische Seite dagegen hat es leicht, ihrem Standpunkt Gehör zu verschaffen. Palästinenser glauben im Allgemeinen, man müsse lediglich über das eigene Leid und das seit Jahrzehnten erfahrene Unrecht berichten, und schon zeige sich der westliche Gesprächspartner erschüttert und einsichtig, dass es so nicht weitergehen könne.

Klientelismus und Stammesdenken prägen die politische Kultur Palästinas und darüber hinaus der arabischen Welt, und diese Kultur ist nicht kompatibel mit dem Pluralismus, dem Lebensgefühl und dem Werteempfinden in westlichen Gesellschaften. Israel zählt zum westlichen Kulturkreis, die arabischen Staaten nicht, ebenso wenig die Palästinenser. Sie fallen in die Kategorie Islam/Fanatismus/Frauenfeindlichkeit und gelten demzufolge als wenig glaubwürdig und potentiell bedrohlich. Den Zusammenhang zwischen dem Terror der Hamas einerseits und der israelischen Siedlungspolitik andererseits, der fortgesetzten Inbesitznahme palästinensischen Landes in den besetzten Gebieten, will die hiesige Öffentlichkeit in der Regel nicht sehen. Ein seriöses Angebot zum Dialog gibt es auf beiden Seiten kaum. Die Dialektik zwischen „uns" und „ihnen" ist eine von Siegern und Verlierern, und wir rechnen uns zu den Siegern, weil wir uns für die höher stehende und weiterentwickelte Kultur halten. Wer allerdings das Elend und die Ausweglosigkeit etwa im Gazastreifen, nach mehr als 35 Jahren israelischer Besatzung, mit eigenen Augen gesehen hat, der begreift, wie dünn der Firnis der Zivilisation ist, die in der Regel nur die Verteidigung eigener Privilegien meint.

Im Nahen Osten sind beide Seiten Täter und Opfer zugleich, Israelis wie Palästinenser. Ich glaube allerdings, dass der Stärkere eine besondere Verantwortung gegenüber dem Schwächeren hat. Der Goliath in diesem Konflikt ist Israel, die stärkste Militärmacht in der Region. Die Palästinenser ihrerseits befinden sich in einer Situation, die auf zynische Weise ausweglos ist: Wenden sie Gewalt an, um ihre Ziele zu erreichen, gelten sie als Terroristen und somit als *bad guys.* Sollten sie jedoch der Gewalt entsagen, würde sich niemand mehr für ihr Schicksal interessieren, wäre der Nahostkonflikt nicht länger ein dringliches Thema der internationalen Politik. Wer die israelischen Siedlungen und Siedlerstraßen gesehen hat, die den palästinensischen Städten buchstäblich die Luft zum Atmen nehmen, sie eingrenzen und umzingeln wie Wagenburgen, der versteht, warum es einen palästinensischen Widerstand gibt. Seit Beginn der zweiten Intifada im September 2000 entlädt sich dieser Widerstand zunehmend in Form von Terror, während umgekehrt die israelische Seite gezielt die Lebensgrundlagen der Palästinenser zerstört, fast ihre gesamte Infrastruktur, darunter Schulen und Krankenhäuser, um den Widerstand zu brechen. Beide Seiten versuchen, ihre Ziele mit Gewalt zu erreichen. Die Palästinenser, weil sie nicht länger an Verhandlungen glauben, die Israelis, weil sie ihre legitimen Sicherheitsinteressen mit Allmachtsphantasien verwechseln.

In Dubai sagte mir ein Minister, er sei kein Anhänger der Hamas, aber er halte deren Methoden für legitim. Es sei „bedauerlich“, wenn israelische Zivilisten bei Selbstmordanschlägen ums Leben kämen, aber die Israelis würden ebenfalls wahllos Palästinenser töten, darunter mehrheitlich Zivilisten. Ich fragte ihn, ob aus seiner Sicht der Terror der Hamas auch dann noch legitim wäre, wenn es einen palästinensischen Staat in der West Bank und im Gazasteifen gäbe. Er sagte nein. In dem Fall wären die Hamas-Aktivisten gewöhnliche Schwerverbrecher, die mit allen Mitteln zur Rechenschaft gezogen werden müssten, von Israelis und Palästinensern gemeinsam. Denn gäbe es einen palästinensischen Staat in den 1967 von Israel eroberten Gebieten, mit Ost-Jerusalem als Hauptstadt, wäre Gewalt gegen Israelis nicht mehr zu rechtfertigen.

Ich erwähne diesen Minister, weil seine Sicht der Dinge in der arabischen Welt weit verbreitet ist. Ich kenne keinen Araber, der Verständnis, geschweige denn Sympathien für die auf Vorherrschaft ausgerichtete Politik Israels hätte. Dennoch ist die Bereitschaft zur Versöhnung groß, auch unter palästinensischen Flüchtlingen. Die Verachtung, die viele Israelis gegenüber den Arabern empfinden, ist mir auf arabischer Seite mit Blick auf Israel deutlich weniger begegnet. Dort gibt es Hass, Verzweiflung, Wut, Rachegelüste, die alle Teil eines großen, kollektiven Schmerzes sind – wenn ich so sagen darf: des Gefühls ständiger und bewusster Demütigung durch Israel und den Westen insgesamt, der Israel gewähren lässt und seinerseits in der arabischen Welt am liebsten auftritt wie ein Kolonialherr.

Umgekehrt kann ich jeden Israeli verstehen, der Angst hat und der politischen Führung der Palästinenser misstraut. Insbesondere ist Jassir Arafat vorzuwerfen, dass er den Wandel vom Widerstandskämpfer zum Staatsmann nicht vollzogen hat. Mental hat er den Schützengraben nie verlassen. Und in diesem Stil führt er auch die palästinensische Nationalbehörde, die vollständig auf seine Person zugeschnitten ist. Alle wichtigen Entscheidungen werden von ihm getroffen, ganz im Stil nahöstlicher Alleinherrscher. Ich bin Arafat erstmals 1994 begegnet, wenige Wochen nach seiner Ankunft in Gaza, nach fast 12 Jahren Exil in Tunis. Zu dem Zeitpunkt erfreute er sich weltweiter Wertschätzung und eines breiten Medieninteresses. In den Fluren seiner Verwaltungszentrale warteten Chefredakteure und bekannte Journalisten aus aller Herren Länder auf zugesagte Interviewtermine. Sie warteten und warteten. Männer und Frauen, für die Zeit Geld ist. Einflussreiche Meinungsmacher von CNN, BBC, *New York Times, Washington Post, Le Monde, Neue Zürcher Zeitung*, FAZ, Japaner, Chinesen, sogar Neuseeländer. Eine Bombe in diesen Wartesaal, und die wichtigsten Medien der westlichen Welt wären ins Mark getroffen gewesen.

Arafat und seinen Beratern war es vollkommen egal, dass die Stimmung unter den Anwesenden von Tag zu Tag schlechter wurde. Angesichts der allgemeinen Improvisation hatte jeder Verständnis, dass bereits zugesagte Termine mit Arafat wiederholt verschoben wurden. Doch es geschah nichts. Rein gar nichts. Abgesehen davon, dass der Sprecher und einflussreiche Berater Arafats, Marwan Kanafani, den anwesenden Journalistinnen zu späterer Stunde erklärte, dass ein gewisses Entgegenkommen ihm gegenüber hilfreich wäre, um die Terminfrage zu klären. Nach etwa einer Woche war die große Mehrzahl der Journalisten wieder abgereist, ohne Interview, ohne Erklärung oder Entschuldigung. Innerhalb von kürzester Zeit hatte Arafat das Wohlwollen namhafter westlicher Medienvertreter verspielt, aus Ahnungslosigkeit und Desinteresse. Arafat mag mit den Intrigen arabischer und israelischer Politik bestens vertraut sein, aber er hat keinerlei Vorstellung, wie wichtig der Umgang mit amerikanischen und europäischen Medien ist, um die öffentliche Meinung für sich zu gewinnen. Für die Palästinenser ein Debakel.

Nach zehn Tagen Wartezeit erhielt ich tatsächlich meinen Termin bei Arafat. Er beschwor die Vision eines blühenden Palästinas, des künftigen Singapur im Nahen Osten. Ich sagte ihm, dass er in der Woche zuvor eine große Chance verpasst habe, seine Vision der Welt mitzuteilen. Arafat zeigte sich verärgert über die Kritik, und Kanafani beendete das Gespräch nach zehn Minuten. Diese Episode bestärkte mich einmal mehr in meiner Auffassung, dass arabische Herrscher der Mühe nicht wert sind. Sie sind Steigbügelhalter der Macht, Ikonen ihrer selbst, doch keine Persönlichkeiten zum Anfassen, nur selten fähig zum Gespräch. Ihr Stil ist die Verlautbarung, der Monolog. Gelegentlich geraten ihre Auftritte zur Operette, wie bei Ghaddafi, dem Terminator aus Libyen. Eine Stunde lang schwadronierte er über sein Grünes Buch, die dritte Universaltheorie nach Kommunismus und Kapitalismus, eine quälend lange Stunde. Zwischenbemerkungen waren unerwünscht, und ich fragte mich die ganze Zeit: Was mache ich hier, in seinem Zelt in Tripolis? In Erinnerung geblieben sind mir sein schneeweißer Anzug und seine wunderschönen Leibwächterinnen. *Cool memories*, aber in der Sache ohne Bedeutung.

Was bleibt, ist die Begegnung mit Menschen, die Geschichten, die sie erzählen, und die Erfahrung, dass diese Geschichten in Deutschland oft genug nur schwer zu vermitteln sind. Die Palästinenser haben ein Problem? Das liegt nur an den arabischen Nachbarn. Die hätten die Flüchtlinge doch aufnehmen können, so wie es die Deutschen mit ihren Vertriebenen nach dem Zweiten Weltkrieg gemacht haben. Ich habe das oft gehört, sehr oft. Feinheiten wie die, dass 60 Prozent der Jordanier palästinensischer Herkunft sind, eine immerhin beachtliche Aufnahmequote, interessieren die wenigsten. Ganz abgesehen davon, dass der Vergleich schief ist: Anders als die Deutschen haben die Palästinenser keinen Weltkrieg entfesselt, mithin unterscheiden sich die Ursachen ihrer Vertreibung. Wer solche Fakten in Abrede stellt oder gar nicht erst geneigt ist, sie auch nur zur Kenntnis zu nehmen, will vor allem eins nicht: die Mitverantwortung Israels für die palästinensischen Flüchtlinge anerkennen. Offenbar ist die Welt leichter zu verstehen, wenn man sie in gut und böse unterteilt, in schwarz und weiß. Klare Antworten auf schwierige Fragen. Und in diesem Milieu, das durchaus auch Chefredaktionen und Staatskanzleien umfasst, gilt in der Regel lediglich eine Perspektive, die eigene. Wer andere Ansichten vertritt, wird schnell zum Außenseiter.

Eine sehr treffende Analyse der Mentalität Arafats wie auch des israelischen Premierministers Ariel Scharon stammt von einem israelischen Außenseiter, dem Schriftsteller Etgar Keret. Ausgerechnet Arafat und Scharon, die für die wechselseitige Eskalation der Gewalt verantwortlich seien, „sind in ihren Gemeinschaften sehr populär. Es ist absurd: Beide haben ihre Gesellschaft in den wirtschaftlichen Ruin getrieben, beide müssen täglich mit Toten auf beiden Seiten leben, und noch immer sind sie beliebt, sie erscheinen als Friedensmacher. Und keiner fragt, ob sie das überhaupt können. Wir haben mit Arafat und Scharon zwei Greise, die sich ihr ganzes Leben damit beschäftigt haben, Krieg zu führen. Ausgerechnet die sollen nun Frieden stiften? Sie sind dafür gar nicht qualifiziert. Beide lauern nur auf Schwächen des anderen. Aus dieser Stärker-Schwächer-Logik wird nie ein Frieden."

Allenthalben ist ein Dogmatismus der vorgefassten Meinung festzustellen, der sich von erfahrbaren Realitäten und Tatsachen nicht erschüttern lässt – was sehr schnell zu folgenschweren Irrtümern führt. Der irakische Sumpf wäre der amerikanischen Regierung erspart geblieben, wäre sie nicht ihrer eigenen, neokonservativen Ideologie erlegen. Auch die engagierte Ahnungslosigkeit deutscher Kommentatoren erstaunt mich in diesem Zusammenhang immer wieder. Wie ist es zu erklären, dass intelligente Menschen, die nachweislich keine Ahnung von den Verhältnissen im Nahen Osten haben, sich gleichwohl berufen fühlen, Themen wie Irak, Arafat, Islam immer wieder und mit Nachdruck zu behandeln?

Nehmen wir ein konkretes Beispiel, den Artikel im Feuilleton einer deutschen Wochenzeitung, der sich mit der Frage befasst, ob im Irak Demokratie zu verwirklichen sei. Ich nenne die Quelle allein deswegen nicht, weil sie unerheblich ist. Die hier vertretene Argumentation ist austauschbar, in anderen Zeitungen ähnlich zu finden. In dem Artikel heißt es: „Im Streit um den Irak-Krieg ist alles Mögliche umgewälzt worden, nur eine Frage wurde niemals gestellt: ob nämlich die Demokratie, wenn sie überhaupt durch Krieg eingeführt werden kann, den Irak tatsächlich friedlicher, zumindest weniger bedrohlich machen und der westlichen Lebensart näher rücken werde." Wie also den Irak verwestlichen? Keine leichte Aufgabe, denn „das, was uns in der islamischen Welt feindselig gegenübersteht, ist die Kultur – nicht einmal die Religion, sondern das, was kulturelle Überformung aus dem Islam gemacht hat. Zur Kultur gehören der ressentimentbeladene Minderwertigkeitskomplex gegenüber dem Westen, die Verehrung der Gewalt, die Sehnsucht nach dem Martyrium, die Gängelung der Frau und die Herrschaft der Patriarchen. Was wir bearbeiten, das heißt in unserem Sinne zivilisieren wollen, ist die Kultur, und nur das Instrument dazu ist die Demokratie. Das wahre Ziel heißt Umerziehung; man könnte auch sagen Anpassung. Wenn aber die Umerziehung nicht durch Politikexport gelingt – was dann? Dann bliebe nur der Weg der Kolonialisierung."

Nun, dem Autor zum Gruße: Dieser Weg wird längst beschritten. Die amerikanische Politik, den Irak mit Hilfe einer von Washington eingesetzten Regierung kontrollieren zu wollen, ist letztendlich eine Kopie der britischen Kolonialverwaltung, die auf indirekter Herrschaft beruhte. Die Vorstellung, dass die irakische Bevölkerung möglicherweise gar kein Interesse haben könnte, sich „verwestlichen" zu lassen, ist hiesigen Beobachtern zumeist fremd. Allenthalben wabert Huntingtons unseliger „Kampf der Kulturen" in den Köpfen. Demokratie ist jedoch eine harte Droge. Wer sie in Überdosis verabreicht, riskiert, dass der Schuss, im wahrsten Sinn des Wortes, nach hinten losgeht. Genau das geschieht gegenwärtig im Irak. Nach amerikanischer Logik sollte der Sturz Saddam Husseins den Irak demokratisieren, anschließend würde – Domino-Theorie – das demokratische Musterland Irak ausstrahlen auf den gesamten Nahen Osten. Auch der Friedensprozess zwischen Israel und den Palästinensern würde beflügelt, weil der „Terror-Sponsor“ Saddam Hussein nicht länger an der Macht sei.

Alles Wunschdenken, eine aus Ideologie geborene und zudem gefährliche Idiotie. Der Irak versinkt in Chaos und Anarchie, die Zukunft des ehemals säkularen Landes dürfte in Richtung Gottesstaat weisen. Die ohnehin begrenzten Reformansätze in den arabischen Nachbarstaaten sind durch die amerikanische Präsenz im Irak nahezu vollständig zum Erliegen gekommen: Im Schatten einer Invasionsmacht mit unverhohlen imperialen Ansprüchen kann es keine Demokratisierung geben. Die Regime setzen nun erst recht auf Systemerhalt, aus Angst, als Nächste ins Visier Washingtons zu geraten, wie bereits Syrien, Iran und Saudi-Arabien. Zwischen Israel und den Palästinensern regiert die Gewalt, von Frieden keine Spur. Und Washington verfolgt nur noch ein einziges politisches Ziel: die Explosion im Nahen Osten zu vermeiden.

So viel zu den Rahmendaten. Das westliche Gerede von der „Demokratisierung“ glaubt in der arabischen Welt niemand. Dagegen spricht die eigene Erfahrung. Abgesehen davon ist der Stolz der Araber nicht zu unterschätzen. Die amerikanische Besetzung des Irak wird weithin als Demütigung gesehen. Gedemütigte Menschen aber dürften wenig Neigung verspüren, sich „umerziehen“ oder „verwestlichen“ zu lassen, im Namen der „Demokratie“, und außerdem ihrer eigenen, als rückständig und gewalttätig angesehenen Kultur zu entsagen, um im nächsten Schritt auch noch die Trennung von Staat und Religion zu vollziehen. Sich häuten und entleiben, dem deutschen und westlichen Geiste zum Wohlgefallen – das geht sicher ein bisschen zu weit.

Was tun? Zunächst einmal zur Kenntnis nehmen, dass die amerikanische Außenpolitik in der arabisch-islamischen Welt große Verheerungen anrichtet und genau das Gegenteil von dem erreicht, was sie anstrebt. Sie garantiert nicht Freiheit und Sicherheit, sondern befördert Instabilität und Terror. Das zeigt sich sehr deutlich im Irak.

Coca-Cola in Nadschaf. Wie geht es weiter im Irak?

Im Irak rasen zwei Züge aufeinander zu. Auf der einen Seite gelingt es der amerikanischen Kontrollmacht nicht, die Bevölkerung für sich zu gewinnen. Gleichzeitig ist Washington nicht gewillt, die Verantwortung im Land an die Vereinten Nationen zu übertragen. Die Legitimität der amerikanischen Militärpräsenz bleibt somit fragwürdig. Ein klares Konzept jenseits von Improvisation ist nicht zu erkennen. Grundlegende Fragen bleiben ausgeklammert. Wird es freie oder „gelenkte" Parlamentswahlen geben? Wer kontrolliert die Erdöl-Einnahmen, die Amerikaner oder eine künftige irakische Regierung? Bleibt der Irak ein Zentralstaat oder wird er eine Föderation autonomer Regionen? Auf der anderen Seite regt sich zunehmend Widerstand gegen die amerikanisch-britische Besatzung. Um die Hintergründe zu verstehen, ist ein Blick auf die Geschichte und die Strukturen des Landes hilfreich.

Zunächst einmal ist der Irak eine Stammesgesellschaft und keine bürgerliche Gesellschaft westeuropäischer Prägung. Die einzige soziale Basis, die eine demokratische Wende herbeiführen könnte, das städtische Bürgertum insbesondere in Bagdad, ist durch die nach dem irakischen Einmarsch in Kuweit 1990 verhängten Wirtschaftssanktionen vollständig in die Verarmung und den Ruin getrieben worden. Es fehlen schlichtweg die gesellschaftlichen Akteure und politischen Köpfe für einen Neuanfang wie in Deutschland oder Japan nach 1945.

Die Grenzen der meisten arabischen Staaten wurden von den ehemaligen Kolonialmächten Frankreich und Großbritannien willkürlich mit dem Lineal gezogen. Ein wirkliches „Staatsvolk" ist seit der Unabhängigkeit nach dem Zweiten Weltkrieg in den jeweiligen Ländern erst in Ansätzen entstanden, mit Ausnahme der historischen Sonderfälle Ägypten und Libanon. Was jedoch unterscheidet einen jordanischen Beduinen von einem irakischen oder saudischen Beduinen? Aus seiner Sicht allein die Stammesgenealogie, nicht der Reisepass. Die Grenzen der Stämme sind mit den Landesgrenzen nicht identisch. Die politische Loyalität gilt daher weniger dem jeweiligen Regime als vielmehr dem jeweiligen Stamm beziehungsweise, im städtischen Kontext, dem Clan, der Großfamilie oder aber der religiösen Gruppe, vor allem bei Minderheiten. Die Staaten der arabisch-islamischen Welt, nicht allein der Irak, sind also überwiegend künstliche Gebilde ohne nationale Geschichte oder Mythologie. Für die Herrscher sind Machterhalt und Eigenstaatlichkeit weitgehend identisch. Zwang, Gewalt und Unterdrückung gehören vor diesem Hintergrund zum Repertoire arabischer Herrschaft, ausgeübt vom Militär und den Geheimdiensten. Die autoritäre Clan- und Klientelpolitik der Regime dürfte andauern, solange auch die wirtschaftliche Macht in den Händen einer Staatsklasse liegt, die sich aus dem Militär und der aufgeblähten Bürokratie rekrutiert.

Im Osmanischen Reich war der heutige Irak in drei Provinzen unterteilt. Die Folgen dieser Teilung wirken politisch bis in die Gegenwart. Die frühere Provinz Bagdad im Zentrum war und ist die Hochburg der sunnitischen Minderheit. Seit osmanischer Zeit sind die Sunniten überproportional in den führenden staatlichen Positionen und in der Verwaltung vertreten. Mit dem Beginn der modernen Geschichte des Irak nach dem Ersten Weltkrieg sicherten sie sich zusätzlich die Kontrolle über Armee und Regierung, obwohl sie nur 20 Prozent der Bevölkerung stellen. Möglich war diese Machterweiterung, weil Großbritannien seine Kolonie Irak von 1921 bis zur Unabhängigkeit 1958 nur indirekt verwaltete (*indirect rule*), mit einem vergleichsweise geringen administrativen und militärischen Aufwand.

Die frühere Provinz Mosul im gebirgigen Norden ist das Siedlungsgebiet kurdischer Stämme, die ebenfalls rund 20 Prozent der Bevölkerung ausmachen. Die Kurden sind überwiegend Sunniten, haben aber mit den arabischen Sunniten im Zentrum wenig gemein. Vor und während der Herrschaft Saddam Husseins, der 1979 die Macht ergriff, haben die Kurden immer wieder vergeblich versucht, sich mit anderen kurdischen Stämmen jenseits der Grenze in der Türkei, im Iran und in Syrien zu verbünden. Wiederholt wurden sie von den jeweiligen irakischen Zentralregierungen, den Nachbarstaaten und den USA instrumentalisiert, um eigene Gegner zu schwächen. Die seit Generationen gehegte Hoffnung auf einen eigenen Kurdenstaat erfüllte sich allerdings nicht. Unweit der Städte Mosul und Kirkuk, im Siedlungsgebiet der Kurden also, befinden sich große Erdölvorkommen. Das erklärt die strategische Bedeutung des Nordirak.

Auf kurdischer Seite sind vor allem zwei Parteien von Bedeutung, die Demokratische Partei Kurdistans (KDP) unter Führung von Masud Barzani, die ihre Hochburg unter den Stämmen im Nordwesten hat, und die Patriotische Union (PUK) unter Führung von Dschalal Talabani, die den südöstlichen Teil des Nordirak kontrolliert. Beide Parteien haben sich jahrelang erbittert bekämpft und sind, wie alle anderen irakischen Parteien und politischen Gruppierungen auch, in erster Linie Klientelbündnisse, nicht Volksparteien im westlichen Sinn. Die Kurden sind die einzige Bevölkerungsgruppe im Irak, mit deren Unterstützung und Wohlwollen die amerikanische Besatzungsmacht rechnen kann.

Bleiben die Schiiten im Süden, in der früheren Provinz Basra. Sie verhalten sich abwartend bis ablehnend gegenüber Amerikanern und Briten, weil sie mit beiden schlechte Erfahrungen gemacht haben. Seit osmanischer Zeit gehören sie zu den Verlierern der staatlichen Ordnungen im Irak, was einerseits mit ihrer traditionellen Lebensform bäuerlicher Selbstversorgung in abgeschiedenen Sumpf- und Marschgebieten zusammenhängt, andererseits mit ihrem tiefen, auch religiös begründeten Misstrauen gegenüber allen Formen nichtschiitischer Machtausübung. Die Schiiten sind, obwohl sie mit 60 Prozent die Mehrheit stellen, die am meisten benachteiligte Bevölkerungsgruppe. Als britische Generäle 1914 erstmals den Süden des Irak erkundeten, empfahlen sie sich den Schiiten mit nahezu denselben Worten wie heute amerikanische Generäle: Wir bringen euch Freiheit und Fortschritt, wir wollen, dass ihr an der Moderne teilhabt. Unter den Schiiten herrscht große Sorge, dass die Amerikaner sie ebenso marginalisieren werden wie schon ihre Vorgänger in Bagdad. Die meisten von ihnen sind außerordentlich politisiert und gut informiert. Die religiöse Komponente des Irak-Krieges, der Kampf des Guten gegen das Böse, den Präsident Bush für seine Regierung in Anspruch nimmt, beunruhigt sie. Und die Schiiten haben nicht vergessen, wie ihnen George Bush senior 1991 für ihren Aufstand gegen das Regime Waffenhilfe versprach, um sie dann allerdings fallen zu lassen. Saddams Truppen schlugen zurück und massakrierten über 10.000 Menschen.

Ali, Hussein und die Macht der Ayatollahs

Anders als die Sunniten, etwa 90 Prozent aller Muslime, sehen die Schiiten allein in dem vierten Kalifen Ali Ibn Talib und seinen Nachkommen die rechtmäßigen Nachfolger (Imame) des Propheten Mohammed. Daher kommt auch ihr Name: *Schia't Ali* bedeutet „Partei Alis“. Die Schiiten sind also im Wortsinn Parteigänger Alis. Nach dessen Tod im Jahr 661 haben sich die

Schiiten in mehrere Gruppen gespalten. Am wichtigsten sind die Zwölferschiiten. Heute leben sie überwiegend im Iran, Irak und Libanon. Sie erkennen eine Reihe von zwölf Imamen an, die frei von Sünde sind und über ein unfehlbares Wissen verfügen. Der zwölfte Imam ist im Jahr 874 „in die Verborgenheit entrückt" und wird am Ende der Zeit als Mahdi, als Erlöser, wiederkehren. Bis dahin sind in Vertretung die obersten Rechtsgelehrten der schiitischen Klerikerhierarchie, die als Ayatollah (persisch, wörtlich: Zeichen Gottes) oder Mudschtahid (arabisch, wörtlich: derjenige, der mit Hilfe schriftlicher Quellen über eine Rechtsfrage ein eigenständiges Urteil fällt) bezeichnet werden, zur Entscheidung in religiös-politischen Zweifelsfällen berechtigt.

Im Denken der Schiiten spielt das Martyrium, die Erfahrung unrechtmäßiger Gewalt und die Notwendigkeit, den eigenen Glauben zu verteidigen – und sei es um den Preis der öffentlichen Selbstverleugnung gegenüber Feinden – eine wesentliche Rolle. Das Gefühl, Gott auf seiner Seite zu wissen, aber nicht notwendigerweise die Menschen, in den seltensten Fällen nur die Staatsgewalt, erklärt das hohe Maß an Politisierung unter den Schiiten, ohne das die islamische Revolution im Iran unter Führung Ayatollah Khomeinis und seine Machtübernahme 1979 nicht denkbar gewesen wären. Ali und die meisten der zwölf Imame starben durch Mörderhand oder auf dem Schlachtfeld. Am 10. Tag des islamischen Monats Muharram gedenken die Schiiten mit Passionsspielen der Ermordung des dritten Imams Hussein, der Alis Sohn sowie ein Vetter und Schwiegersohn des Propheten Mohammed war und als „Herr der Märtyrer" verehrt wird. Er starb in der Schlacht von Kerbela (680) und wurde zum Symbol für Verfolgungen in einer dem schiitischen Glauben feindlich gesinnten Welt. Kerbela, wo Ali und Hussein begraben liegen, und Nadschaf, südlich von Kerbela, sind die Hauptwallfahrtsorte der Schiiten, während ihr geistiges Zentrum die theologische Hochschule in Qum ist, unweit von Teheran. Die Passionsspiele gehen einher mit teilweise blutigen Selbstkasteiungen, und es ist gleichermaßen beeindruckend und beängstigend, wenn sich Zehn- und Hunderttausende Männer in rhythmischen Abständen auf die Brust schlagen und unisono „Oh Ali!" rufen oder „Oh Hussein!"

Formal steht Großayatollah Ali al-Sistani an der Spitze der schiitischen Hierarchie, ein allseits respektierter Gelehrter in Nadschaf. Er hat das Regime Saddam Husseins nicht zuletzt deswegen überlebt, weil er sich politischer Äußerungen grundsätzlich enthielt. Al-Sistani ist gewissermaßen der Papst der irakischen Schiiten, ihre höchste moralische Instanz. Täglich erreichen ihn besorgte Anfragen gläubiger Schiiten, wie sie sich denn nun im Alltag gegenüber den amerikanischen Soldaten verhalten sollen. Er reagiert mit konkreten Vorschlägen, die von seinem Büro in Nadschaf verbreitet werden. Da fragt zum Beispiel ein Händler: „Was mache ich, wenn ein amerikanischer Soldat in meinen Laden kommt und eine Flasche Coca-Cola kaufen will?" Großayatollah al-Sistani: „Du verkaufst dem amerikanischen Soldaten, was immer er zu kaufen begehrt. Dann aber fragst du ihn, ebenso höflich wie nachdrücklich, wann er denn gedenke, unser Land wieder zu verlassen." Denn der Irak, so der Gelehrte, „gehört den Irakern, und ihnen allein obliegt es, ihn wiederaufzubauen und seine Zukunft zu gestalten". Die von amerikanischer Seite eingesetzte irakische Übergangsregierung lehnt er ab, wie fast alle schiitischen Kleriker. Ebenso die „dauerhafte Präsenz ausländischer Truppen in unserem Land". Zunehmend wird al-Sistani zum Wortführer schiitischer Kritik an den Amerikanern. Vor allem verlangt er freie Parlamentswahlen auf der Grundlage *one man – one vote*. Washington lehnt dies ab, um eine Machtübernahme der Schiiten zu verhindern. Sie stellen, wie bereits erwähnt, 60 Prozent der Bevölkerung.

Es kann Washington nicht egal sein, was die ranghöchste Autorität der irakischen Schiiten verkündet. Bislang wird der anti-amerikanische Widerstand fast ausschließlich von Sunniten getragen, während sich die Schiiten ruhig verhalten. Allerdings äußern sich vor allem jüngere Kleriker zunehmend militant, allen voran der 31-jährige Muktada as-Sadr, der den Aufbau einer schiitischen Streitmacht betreibt. Der Geistliche entstammt einer angesehenen Gelehrtenfamilie aus Nadschaf. Sein Vater und zwei seiner Brüder wurden auf Veranlassung Saddam Husseins ermordet. Vielen Schiiten gelten sie als Märtyrer, was Muktada zahlreiche Anhänger zutreibt. Im Grunde geht es ihm um *street credibility*: Mit Hilfe einer radikalen Rhetorik sucht er sich im Wettbewerb um die Gunst der Gläubigen zu profilieren – gegenüber anderen, gemäßigten Klerikern.

Offiziell kennt der Islam keine Hierarchien. Dennoch hat sich innerhalb des sunnitischen Islam die Al-Azhar-Universität in Kairo im Laufe ihrer tausendjährigen Geschichte zum geistigen Zentrum entwickelt. Bei den Schiiten sind die Ayatollahs die maßgebliche Instanz. Wie aber wird man Ayatollah? Im Wesentlichen durch ein fast klösterliches Gelehrtenleben in den Hawzas einer der drei heiligen Städte der Schiiten, Nadschaf und Kerbela im Irak und Qum bei Teheran im Iran. Die Hawza ist keine festgefügte Institution, sondern bezeichnet die Summe der zahlreichen religiösen Seminare in den jeweiligen Städten, die untereinander teilweise erbitterte Machtkämpfe austragen. Die Mehrheit der Gelehrten hält sich in politischen Fragen zurück und beschränkt sich neben der religiösen Ausbildung ihrer Schüler auf wohltätige Aufgaben. Je besser der Leumund des Gelehrten, je größer seine Integrität und Überzeugungskraft, um so höher die Wahrscheinlichkeit, dass er im Verlauf mehrerer Jahrzehnte zu einem *Mardscha'a at-taqlid* aufrückt, einem „Vorbild der Nachahmung", dessen Name unter den Gläubigen eine ähnliche Sogwirkung auslöst wie bei uns ein Popstar oder, um im religiösen Kontext zu bleiben, wie Mutter Teresa oder der Dalai Lama.

Ein Ayatollah hat in der Regel längst das Pensionsalter erreicht, bevor er zur Legende wird – eine Legende, die massenwirksam werden und revolutionäre Kraft entfalten kann, wie insbesondere im Falle von Ayatollah Khomeini. Erstaunlich ist vor allem die Fähigkeit eines solchen „Vorbildes der Nachahmung", über Jahrzehnte ein zurückgezogenes, bescheidenes Leben zu führen – um dann allerdings, wenn es die Umstände erfordern, zum Triumphator zu werden: ein Fürchtegott, der mühelos die Massen dirigiert.

Gegenwärtig findet unter den Ayatollahs im Irak ein Machtkampf um die politische Führung statt. Überwiegend jüngere Kleriker sind daran beteiligt, die sich zwar Ayatollah nennen, aber allein aufgrund ihres Alters keine sein können. In dem Fall benötigen sie einen besonderen Nimbus, den etwa Muktada as-Sadr aufgrund seiner Familiengeschichte besitzt. Diese Leute suchen die Vorherrschaft, die Religion ist ihnen lediglich ein Mittel zum Zweck. „Traditionelle" Ayatollahs wie Ali al-Sistani sind eher quietistisch. Die enge Verbindung von Religion und Politik, die Khomeini im Iran verwirklichte, in Form der „Herrschaft der religiösen Rechtsgelehrten" (*velayat-i-faqih*), ist unter schiitischen Theologen äußerst umstritten und wird von ihnen, soweit sie nicht Teil des iranischen Machtapparates sind, mehrheitlich abgelehnt. Nach diesem Modell ist der Herrscher allein Gott verantwortlich, nicht aber dem Staatsvolk. Wer also den Herrscher kritisiert, lästert Gott.

Aufgeklärte schiitische Theologen argumentieren, dass die Politisierung der Religion ihre Profanisierung bedeute. Sie plädieren für eine Trennung von Staat und Religion – nicht im Sinn einer Säkularisierung, einer „Entgöttlichung" der Gesellschaft, sondern in Form einer Arbeitsteilung. „Politik ist wie ein Glas Saft auf dem Tisch. Du kannst es nehmen oder auch nicht", sagte mir einmal ein Ayatollah in Qum und verschränkte dabei seine Arme auf der Brust.

Ähnlich sah das Ayatollah Kho'i, der 1993 im Alter von etwa 90 Jahren in Qum starb. Er gilt als der einflussreichste schiitische Theologe des vorigen Jahrhunderts. Kho'i lehrte, dass die Hawza grundsätzlich nicht in Machtfragen eingreifen und sich politisch nicht engagieren dürfe. Khomeinis Konzept *der velayat-i-faqih* lehnte er ab, ohne sich offen gegen die Islamische Republik auszusprechen. Allerdings obliege es den Klerikern, die Gläubigen zu Reformen anzuhalten, um insbesondere im Wettbewerb mit den westlichen Gesellschaften zu bestehen.

Kho'is Weltanschauung hat mehrere Generationen schiitischer Gelehrter geprägt. Alle führenden irakischen Ayatollahs waren seine Schüler. Vor diesem Hintergrund ist nicht davon auszugehen, dass sie Gewalt gegen die Amerikaner predigen oder gar zum Dschihad aufrufen, was ohnehin eher eine Spezialität sunnitischer Islamisten wäre. Tausende irakischer Schiiten sind mittlerweile aus der Hawza in Qum, wohin sie unter Saddam Hussein geflüchtet waren, nach Nadschaf und Kerbela zurückgekehrt. Auch sie sind mehrheitlich von Ayatollah Kho'i geprägt.

Nicht „die Schiiten" also sind potentiell gewaltbereit, es sind Leute wie Muqtada as-Sadr, die auf Konfrontation setzen. Ihr Erfolg hängt davon ab, wie sich die Besatzungspolitik weiter entwickelt. Bleiben die Lebensverhältnisse auf dem gegenwärtigen Subsistenzniveau und zeigt sich Washington den Schiiten gegenüber weiterhin reserviert, weil sie als fünfte Kolonne Teherans gelten, schaffen sich die Amerikaner ein ernsthaftes Problem. Die Schiiten wissen, dass die Zeit für sie arbeitet. Sie haben es gar nicht nötig, Anschläge zu verüben. Sollten sie allerdings aus ihrer Sicht um die Macht betrogen werden, entsteht eine neue Situation.

Anders sieht es aus bei den arabischen Sunniten. Sie gehören zu den großen Verlierern der neuen Ordnung nach Saddam Hussein. Paul Bremer, der amerikanische Zivilverwalter, hat die staatliche Bürokratie weitgehend aufgelöst, um nicht zu sagen zerschlagen. Der Staatsapparat war jedoch der größte Arbeitgeber, dementsprechend verloren insbesondere die arabischen Sunniten, die traditionelle Verwaltungselite, Arbeit und Einkommen. Auch die 400.000 entlassenen Soldaten der aufgelösten irakischen Armee waren überwiegend Sunniten.

Vor diesem Hintergrund wird verständlich, warum die Anschläge auf amerikanische und britische Soldaten sowie auf internationale Einrichtungen wie das Hauptquartier der Vereinten Nationen in Bagdad, im August 2003, in erster Linie von Sunniten verübt werden. Im Einzelnen sind die folgenden Gruppierungen zu unterscheiden:

– Verschiedene Gruppen aus den Reihen der aufgelösten Baath-Partei Saddam Husseins, der Sicherheitsdienste und der Armee, die unabhängig voneinander operieren, aber lose vernetzt sind. Ihre Bewaffnung besteht hauptsächlich aus Granatwerfern und tragbaren Raketen mit geringer Reichweite. Saddam Hussein war nicht ihr Befehlshaber, so dass seine Gefangennahme im Dezember 2003 an ihrer Feindschaft zu den Amerikanern wenig ändern dürfte.

– Kleinere Stammesverbände, die im Übergangsrat nicht vertreten sind und sich von der politischen Neuordnung ausgeschlossen fühlen.

– Blutrache verübende oder die Familienehre wiederherstellende Iraker, deren Angehörige von amerikanischen Soldaten erschossen wurden oder deren Frauen einer Leibesvisitation unterzogen wurden, was aus der Sicht einer Stammesgesellschaft einer Vergewaltigung gleichkommt.

– Mehrere Tausend arabische Freiwillige, die vor oder während des Krieges in den Irak gekommen sind, um gegen die Amerikaner zu kämpfen, und nun dort gestrandet sind. Auch sie verüben Anschläge, gegen Bezahlung. Zu diesem Umfeld gehören zahlreiche Aktivisten von Al-Qa'ida, die seit dem Sturz von Saddam Hussein, hauptsächlich von Saudi-Arabien aus, die Grenze überschreiten und den Irak in ein weiteres Schlachtfeld des Dschihad verwandeln wollen.

– Verschiedene Gruppen gewöhnlicher Krimineller, welche die allgemeine Anarchie und Gesetzlosigkeit nutzen, um vor allem im Norden, in den Grenzgebieten zwischen Kurden und Arabern, ihre eigenen Fürstentümer einzurichten, ähnlich wie die *warlords* in Afghanistan. Auch sie greifen regelmäßig amerikanische Truppen an. Mittel- und langfristig sind diese angehenden Kriegsherren eine große Gefahr für die Stabilität des Irak, weil sie in den Gebirgslandschaften des Nordens leicht untertauchen können und sich eine islamistische Ideologie zugelegt haben, mit der sie Anhänger zu rekrutieren versuchen. Auch in diesem Milieu sind Aktivisten von Al-Qa'ida tätig.

Die Amerikaner sind noch immer weit davon entfernt, den Irak zu befrieden. Religion, Ethnizität, Stammeszugehörigkeit und politische oder ideologische Überzeugungen – nach diesen Kriterien, die sich vielfach überlagern, entscheidet sich, welche Gruppen miteinander kooperieren, aber auch, welche sich feindlich und gewalttätig gegenüberstehen. Und entlang dieser Linien wird sich die Zukunft des Irak entscheiden.

Adonis und die Sache mit Gott

Halten wir fest, dass die Zeichen auf Konfrontation stehen, auf beiden Seiten. Der Westen sieht im Islam eine Bedrohung, die arabisch-islamische Welt wiederum im Westen. Das hat zu tun mit historischen Erfahrungen, mit Politik, Ideologie, religiöser Verirrung, kulturellen Stereotypen. Auf beiden Seiten ist ein Umdenken erforderlich. Denken heißt, eine Sache von ihrem Gegenteil her zu befragen, in dem Bewusstsein, dass die eine wie auch die andere Perspektive richtig sein kann. Jedes Denken, das auf einer Offenbarung beruht, sei sie geistlicher oder weltlicher Natur, bedeutet die Verweigerung von Analyse und Erneuerung.

Adonis, der größte lebende arabische Dichter, kritisiert das arabische Denken, weil es gleich mehrere Offenbarungen enthalte, religiöse, nationalistische, marxistisch-ideologisierende etc. „Die grundlegende Aufgabe des arabischen Denkens besteht darin, sich dieser Strukturen ein für allemal zu entledigen oder aber ihnen zumindest zu entgehen. Nur so können sich die Araber befreien. Nur so wird es uns gelingen, das Kulturelle vom Religiösen zu trennen und die Einseitigkeit und den Konformismus zu überwinden. Erst dann wird die Wirklichkeit die Fiktion ersetzen, wird das Reale Bestandteil des Lebens und seiner Sehnsüchte sein, wird der Mensch seinen Platz als autonomes Individuum finden können.“ Das Gebot der Stunde, so Adonis weiter, sei der radikale Wandel der Mentalitäten, damit die offenbarte Religion ihre Funktion als ein alles beherrschender Bezugsrahmen verliere und ersetzt werde von Erfahrungsorientierung und Vernunft. „So wird sich die Wahrnehmung der Welt verändern und die Trennung von Kultur und Macht möglich. Und der Mensch wird das Recht haben, nachzudenken und frei zu reden, ohne jede Einmischung seitens der Macht. Wenn dieser Zustand erreicht ist, dann wird es in der arabischen Gesellschaft wirkliche Demokratie geben, eine wahrhaft demokratische Kultur."

Ali Ahmad Esber stammt aus Syrien und emigrierte 1958, im Alter von 28 Jahren, aus politischen Gründen in das liberalere Beirut. Dort nahm er den Künstlernahmen Adonis an, eine Beschwörung des unsterblichen syrischen Gottes der Erneuerung durch Tod und Wiedergeburt. Adonis' Lyrik beeinflusste eine ganze Dichter-Generation, gleichzeitig wurde er zum Wortführer aufgeklärter arabischer Intellektueller. Da er für sich das Recht beansprucht, Realität immer wieder neu zu deuten und in eine eigene, visionäre Sprache zu fassen, zog er sich die Feindschaft islamischer Fundamentalisten zu, für die Gott bereits im Koran die absolute Wahrheit offenbart und allen Dingen schon ihren endgültigen Namen gegeben hat. Nach wiederholten Drohungen islamistischer Kreise emigrierte Adonis 1986 nach Paris, wo er seither lebt.

Ich habe ihn dort wiederholt besucht und einen Film über ihn gemacht. Am meisten hat mich die Souveränität beeindruckt, mit der er bekennt, ein Grenzgänger, ein Außenseiter zu sein. Für mich ist er ein vorbildlicher Weltbürger. Denn er schöpft seine Identität gleichermaßen aus arabisch-islamischen und aus westlich-europäischen Quellen, ist in beiden Welten beheimatet und dennoch ein Unbehauster, ein Beobachter, der über den Dingen steht, ohne ihnen mit Gleichgültigkeit zu begegnen. Die Selbstinszenierung aufstrebender Literaten im „Café Aux Deux Magots" oder im „Café de Flore" ist ihm fremd, vom Literaturbetrieb hält er sich fern. Zu viel Lärm um nichts, sagt Adonis. Aber das Caféhaus-Ambiente spricht ihn an, das Wissen um die Vergangenheit, als Sartre, Camus oder

Simone de Beauvoir dort verkehrten. Im Französischen, im Europäischen das Eigene und Vertraute neu und anders sehen, das Arabische aus einer anderen Perspektive neu entdecken. Die Wirklichkeit durchdringen und sie in einer poetischen Sprache erhöhen. Das ist sein Weg.

Ich will Adonis nicht zum Säulenheiligen küren. Doch abgesehen davon, dass er ein sehr angenehmer, weil unprätentiöser Mensch ist, der sich dem Zeitgeist entzieht, ist er auf seine Weise ein „Vorbild der Nachahmung". Weil er Fragen stellt und nicht ständig Antworten gibt. Anders als hiesige Kommentatoren, die sich häufig berufen fühlen – ich erwähnte es bereits –, in Sachen Irak, Arafat oder Islam ihre Meinung kundzutun, ersichtlich ohne eigene Kenntnis der Materie, aber mit einem deutlich vernehmbaren Überlegenheitsanspruch. Ich sehe dafür zwei wesentliche Gründe. Zum einen kommen Politik und Gesellschaft ohne Feindbilder offenbar nicht aus, vor allem in Zeiten des Krieges, auch des Anti-Terror-Krieges. Der Islam ist in weiten Teilen der öffentlichen Wahrnehmung im Westen das, was früher der Kommunismus war, ein gefährlicher, unberechenbarer, auf die Weltherrschaft zielender Gegner. Meinungsmacher müssen diese Wahrnehmung nicht teilen, aber sie können sie nicht vollständig ignorieren.

Und zum anderen wollen sie das häufig auch gar nicht; so ist jedenfalls mein Eindruck. Ich kenne viele Altachtundsechziger und Forty-Somethings, die in der Medienbranche führende Positionen bekleiden und gerne Macht mit Utopie verwechseln. Gleichzeitig empfinden diese vordergründig weltoffenen und toleranten Leute einen tiefen *ennui*. Irgendwie ist ihnen das Leben langweilig. Weil sie alles haben und sich alles leisten können? Aus ihrer Sicht gibt es keine großen Herausforderungen mehr, abgesehen natürlich von der Altersvorsorge. Es fehlt der Kick: das Abgründige, das Böse, an dem sich die Guten reiben könnten. Aber, dem Himmel (über der Toskana) sei

Dank, wer sucht, der findet, und pflegeleicht ist sie allemal, die original islamgrüne Hasskappe: *Allah balla balla.* Ganz zu schweigen von Leuten wie *Arafat*, dem ewig schmuddeligen Stehaufmännchen mit dem Palästinenser-Lappen um den Kopf – allein ästhetisch eine Zumutung. Krieg im Irak? Aber gerne. Immerhin ging es um *Massenvernichtungswaffen*! Keine gefunden? Macht nichts. *Zivilisation*! Islam? Nein, danke. *Fanatisch*!

Niemand sage, dass ich übertreibe und verallgemeinere. Das weiß ich selber. Aber es macht mich sehr wütend, einen gefährlichen Unfug zu lesen wie den oben zitierten Artikel aus einer deutschen Wochenzeitung. Warum der Irak hoffentlich wird genesen am westlichen Wesen. Autoren, die solche Texte schreiben, halten sich für intelligent. Ich halte sie in erster Linie für selbstgefällig. Wer andere Kulturen wirklich verstehen will, muss zuallererst lernen, jeden Überlegenheitsanspruch abzulegen. Dazu gehört die Bereitschaft, Fragen zu stellen, andere Meinungen zu akzeptieren, sich selber befragen zu lassen – Neugierde, mit einem Wort. Und selbstredend gehört dazu, in die Region zu reisen und sich ein Bild von der Lage vor Ort zu machen. Die Klientel, an die ich denke, ist dazu selten bereit. Viel zu anstrengend. Die Hitze, der Schmutz, die Gewalt, die Sprache. Und warum nach Marokko, Ägypten oder Bagdad reisen, wenn ich doch schon weiß, dass die Menschen dort in erster Linie irrational, hasserfüllt, irgendwie mittelalterlich sind?

Ob es uns gefällt oder nicht, die größte Herausforderung westlicher Politik in den nächsten zehn bis zwanzig Jahren ist die arabisch-islamische Welt. Man kann ihr nicht mit kultivierter Gleichgültigkeit begegnen und glauben, die Probleme lösten sich von selbst. Westliche Intellektuelle bunkern sich mit Vorliebe ein und belassen es bei der Nabelschau. Was sie nicht leisten, von Ausnahmen abgesehen, ist Solidarität. Anteilnahme und Beistand beginnen mit der Bereitschaft, die gesellschaftlichen Realitäten außerhalb unseres eigenen Universums überhaupt zur

Kenntnis zu nehmen – in dem Bewusstsein, dass wir über einmalige Privilegien verfügen. Nicht deswegen genießen wir mehr Freiheit und ein besseres Leben, weil unsere Kultur eine „höherwertige" wäre. Vielmehr haben unsere Eltern und Großeltern Erfahrungen gemacht, auf denen wir heute aufbauen können. Dazu gehört die Einsicht, dass Krieg, Unfreiheit und Gewalt keine Lösung sein können. Die Deutschen brauchten zwei Weltkriege, um das zu begreifen. Mit verheerenden Konsequenzen für ihre Nachbarn und die Minderheiten im eigenen Land.

Das Verhältnis zwischen dem Westen und der arabisch-islamischen Welt ist geprägt von Ungleichzeitigkeit und einer Dialektik von Macht und Ohnmacht. Unsere Aufgabe wäre es, den Menschen in der Region beizustehen, sie zu verteidigen gegen ihre Unterdrücker. Dafür sind Präventivkriege nicht hilfreich, auch wenn sie im Namen von Freiheit und Demokratie geführt werden. Sie sind lediglich ein Vorwand, fragwürdige Eigeninteressen militärisch durchzusetzen. Die Freiheit, die wir meinen, wie sie insbesondere die amerikanische Regierung unter Präsident Bush vertritt, ist eine Moral unter Waffen, die nicht den Ausgleich sucht, sondern die Festigung bestehender Vorherrschaft. Anstatt der Freiheit den Weg zu weisen, glaubwürdige Maßstäbe zu setzen, unseren Reichtum konstruktiv zu verwenden, zum Segen der Menschen nicht nur in unseren eigenen, den westlichen Gesellschaften, erleben wir eine beispiellose Entsolidarisierung mit denen, die auf uns als Bündnisgefährten angewiesen wären. Die arabisch-islamische Welt dient lediglich als eine strategische Verfügungsmasse, nach Belieben zu manipulieren. Damit einher geht ein Zusammenstoß der gegenseitigen Ignoranz, der Vorurteile und der Verachtung.

Seit Francis Fukujamas Bestseller *Das Ende der Geschichte* (1992) glauben weite Teile der politischen Elite im Westen, die einzige verbliebene Position sei die eigene. Sie besteht aus drei wesentlichen Elementen: Menschenrechte, Demokratie und

Privateigentum. Also müssen wir das Licht zu denen bringen, die in der Dunkelheit hausen. Reagieren die nicht Erleuchteten mit Ablehnung, helfen nötigenfalls die *Marines*. Der vordergründig siegreiche Krieg im Irak hat der Welt und insbesondere den Arabern und Muslimen die politische Entschlossenheit und die militärische Übermacht der USA vorgeführt. Er hat aber im Nahen Osten den Verdacht bestätigt, dass Amerika der Region seine Vorstellungen und Lösungen aufzwingen will, ohne auf die Meinung der Menschen zu hören. Eine unter Leitung der ehemaligen amerikanischen Außenministerin Madeleine Albright in der arabisch-islamischen Welt durchgeführte Meinungsumfrage ergab, dass in jedem einzelnen der insgesamt 44 untersuchten Staaten das Misstrauen gegenüber Washington dramatisch zugenommen hat. Dieser Untersuchung zufolge hatten in Pakistan, Saudi-Arabien, der Türkei und Indonesien im Sommer 2002 lediglich 36 Prozent der Bevölkerung eine negative Einstellung zu den Vereinigten Staaten, im Mai 2003 dagegen waren es 83 Prozent, 98 Prozent bei den Palästinensern und 99 Prozent bei den Jordaniern. Wie kann selbst eine Supermacht ihren Willen gegen eine so massive Ablehnung durchsetzen?

Das Gefühl politischer Ohnmacht und die eigene Perspektivlosigkeit, gepaart mit dem Vorwurf der Lüge und der Heuchelei an die Adresse des Westens: das ist der Nährboden, auf dem der islamische Fundamentalismus und der Dschihad-Terror gedeihen. Hinzu kommt ein Werteverständnis, das uns fremd ist, das sich stark an moralischen Grundsätzen orientiert, auch wenn sie im Alltag eher unterlaufen werden. Das Thema Sexualität beispielsweise lastet wie ein Albtraum auf der arabischen Gesellschaft, weil die überlieferten Normen und Erwartungshaltungen menschlichen Bedürfnissen nicht entsprechen. Also hält man nach außen hin fest am schönen Schein, um insgeheim nach anderen Wegen zu suchen, so wie Abduh.

Wer Geld hat, vergnügt sich außer Landes, vor allem die Saudis. Dennoch, Moral, Ethik und Spiritualität sind gesellschaftlich prägende Kräfte, denen sich, das ist mein Eindruck, nur wenige Araber grundsätzlich entziehen wollen. Nicht einmal die arabische „Generation Golf" entsagt dem Islam, vielmehr wird die Religion ihren hedonistischen Bedürfnissen angepasst.

Wir im Westen begreifen das nicht und wollen uns damit auch gar nicht erst auseinander setzen, weil unsere eigenen Identitäten brüchig sind und wir keine Neigung verspüren, uns selbstkritisch zu befragen. Zunächst einmal sollten wir uns daran erinnern, dass unsere Gesellschaft auf Konsum beruht. Für die meisten Menschen im Westen sind Konsumgüter die Nummer eins in ihrem Leben, sie haben Gott längst ersetzt. Die Kehrseite sind, unter anderem, Drogen, Alkohol, Scheidungen, Patchwork-Familien. Ich kenne keinen gebildeten Araber, der sich dieser Kehrseite nicht bewusst wäre. Und bei aller Faszination, die der Konsum auch in der arabischen Welt ausübt, will man so auf keinen Fall leben. Freiheit und Luxus ja, aber nicht auf Kosten gelebter Religion und der Familie. Wir glauben, im Falle des Irak genüge es, ein Regime zu stürzen, der Rest werde sich im Laufe der Zeit schon mehr oder weniger von selber regeln. Das ist ein Irrtum. Wir haben keinerlei moralisches oder spirituelles Angebot, um die arabisch-islamische Welt für uns zu gewinnen. Jenseits der Sprache der Macht sind wir sprachlos. Der Westen benötigt eine spirituelle, moralische Stimme, auch wenn sie nicht unbedingt religiös sein muss. Vernunft und Aufklärung allein reichen nicht, zumal sie anfällig sind für Manipulation und Lüge. (In dem Punkt bin ich etwas anderer Meinung als Adonis.)

Am Ende eines Lernprozesses, der auf einem echten Dialog zwischen Orient und Okzident basiert, wird die arabisch-islamische Welt erkennen müssen, dass die Rechte des Einzelnen zu respektieren sind. Umgekehrt benötigt der Westen die Einsicht, dass grenzenloser Materialismus ebenso wie das Streben nach Dominanz nicht in die Zukunft weist. Gelingt der Brückenschlag nicht, hat der Fundamentalismus auf beiden Seiten eine erneute Blütezeit vor sich, in religiöser wie in politischer Hinsicht.

Noch ein Aspekt ist wichtig. Unter den Bedingungen einer westlich beherrschten Welt begreifen sich „Nichtwestler" und besonders nichtwestliche Intellektuelle vielfach als „die anderen". Das heißt, sie beziehen ihr Selbstbild, ihre eigene Identität, indem sie sich in Abgrenzung zum Westen verstehen. Das kollektive Ich ist die Verneinung dessen, was von außen einwirkt, fremd und bedrohlich erscheint. Die Folgen sind durchaus schwerwiegend. Obwohl die nichtwestlichen Länder, Kulturen und Gesellschaften überaus vielgestaltig sind, sehen deren Angehörige aufgrund der Konfrontation mit dem Westen lediglich einige wenige Aspekte ihrer eigenen Zivilisation, gepaart mit einem Gefühl von Minderwertigkeit. Ob gewollt oder ungewollt, der Westen prägt die Art und Weise, in der sich nichtwestliche Kulturen wahrnehmen. Das gilt insbesondere für den Islam, vor allem angesichts der Tatsache, dass er vor 1000 Jahren selber die dominante Weltmacht war. Die Folge ist eine reaktive Verneinung des Westens in weiten Teilen der arabisch-islamischen Welt, die ihrerseits dem islamischen Fundamentalismus Auftrieb verleiht.

Der Westen begeht den Fehler, dass er sich zivilisatorische Fortschritte – Vernunft, Wissenschaft, Toleranz, Menschenrechte – nur auf seine eigenen Fahnen schreibt und zum Exportgut erklärt, notfalls militärisch. Aber auch in nichtchristlichen Kulturen, einschließlich der islamischen Zivilisation, sind humanistische Ideale gelebt worden. Maimonides, der große jüdische Philosoph des 12. Jahrhunderts, emigrierte aus Angst vor Verfolgung in Spanien zunächst nach Marokko, dann nach Ägypten. Schließlich erhielt er eine ehrenvolle Position am

Hofe Saladins, des Bezwingers der Kreuzfahrer. Auch im Osmanischen Reich und im Indien der Mogul-Dynastie gab es eine über Jahrhunderte wirkende Tradition der Toleranz. Ihre falsche Beanspruchung als exklusiv westliche Tugend stößt den Rest der Welt in eine falsche Richtung, insbesondere mit Blick auf die reaktive Selbstwahrnehmung in nichtwestlichen Gesellschaften. Anstatt anzuknüpfen an gemeinsame Werte und Traditionen, zeigt sich der Westen in der Pose von Triumph und Allmacht, unterteilt die Welt in „Gut“ und „Böse“. Wer sich dieser Logik entzieht, gilt als Gegner der Zivilisation oder sieht sich mit dem Vorwurf des „islamischen Totalitarismus“ konfrontiert.

Mit anderen Worten: Wir schaffen uns unsere Feinde auch selbst.

Im Alltag bestehen. Unterwegs in „Arabien"

Immer wieder fehlt es an Orientierung. Vor meiner ersten Reise nach Damaskus hatte ich mir eine Rarität besorgt, aus London und über viele Umwege: einen Stadtplan der syrischen Hauptstadt. Eine durchaus vernünftige Maßnahme, wie mir schien. So würde ich es auch mit einer europäischen Stadt halten, die ich nicht kenne. In Damaskus geschah, was geschehen musste. Ich verlief mich, holte den Stadtplan hervor und suchte nach dem Weg. Das war ein Fehler. Nur Agenten besitzen Stadtpläne, dürften sich die Herren in ihren schlecht sitzenden Anzügen gedacht haben, die mich sofort ansprachen und sich als Mitarbeiter des Geheimdienstes zu erkennen gaben. Nach einer längeren Diskussion, die sie von meiner Harmlosigkeit überzeugte, wurden sie freundlicher. Sie fragten mich, wohin ich wolle, und ich nannte den Straßennamen, den sie allerdings noch nie gehört hatten. Etwas verlegen über ihre Unkenntnis, vertieften sie sich in meine Karte, und zu meinem Erstaunen hatten sie ersichtlich keine Ahnung, wie man einen Stadtplan hält, geschweige denn liest. Andere Passanten gesellten sich hinzu und fragten, ob sie helfen könnten. Die Mitarbeiter des Geheimdienstes sagten, ich sei ein deutscher Student, der eine Straße suche, die es nicht gebe. Langes Palaver. Dann fragte ein Mann, ob sich ein öffentliches Gebäude oder eine Behörde in der Nähe der Straße befände, die ich suche. Ich erinnerte mich an einen Supermarkt in der Nähe, „Nora" mit Namen. Warum ich das nicht gleich gesagt hätte? „Nora", selbstverständlich. Liege an der Abu Rumaneh, dem noch von den Franzosen in den dreißiger Jahren angelegten Prachtboulevard von Damaskus, und von „Nora“ aus würde ich den Weg schon finden, die kleinen Straßen dort trügen nun mal keine Namen. Und selbst wenn doch, kenne sie niemand. Anschließend setzten mich die Mitarbeiter des Geheimdienstes in ein Taxi, handelten einen günstigen Preis für mich aus, und ich fuhr zur „Nora“.

Solche Erfahrungen prägen. Ich musste lernen, meine europäische Rationalität sparsamer zu dosieren, weil das, was vordergründig sinnvoll und vernünftig erscheint, in diesem Fall ein Stadtplan, in der arabischen Welt sehr schnell bedeutungslos wird. Alles, aber auch wirklich alles, regelt sich dort über informelle Kontakte und Beziehungen. Immer wieder erstaunt mich die Anteilnahme wildfremder Menschen, im Guten wie im Bösen. Als ich in der jemenitischen Hauptstadt Sanaa einen Ladenbesitzer fragte, von wo denn die Busse nach Marib führen, hielt er mir einen langen Vortrag, dass eine Reise dorthin nicht empfehlenswert sei. Ob ich nicht gehört hätte, dass in der dortigen Stammesregion schon wiederholt westliche Ausländer entführt worden seien? Stattdessen lud er mich ein, mit ihm eine Runde zu „qatten“, die beliebteste Freizeitbeschäftigung der Jemeniten: grüne, stimulierende Blätter, Qat genannt, so lange zu kauen und in der Backe zu speichern, bis man ziemlich entspannt in einer Ecke sitzt, mit sich und der Welt im Reinen. Die Wirkung ist jedoch ungefähr so, als würden Koffein mit Haschisch oder Cannabis gemischt. Ein paar Stunden später ist man nicht länger bedöst, sondern im Gegenteil hellwach, löst die Probleme der Menschheit in wenigen Sätzen und lacht sehr viel. Gerade Ausländer sollten die Schwierigkeit nicht unterschätzen, anschließend wieder nach Hause zu finden, ob mit oder ohne Stadtplan.

Die Bedeutung informeller Kontakte und Beziehungen verweist auf eine Gesellschaftsform, die erst teilweise in der technisch-rationalen Moderne angekommen ist. Selbstredend spielt „Vitamin B“ auch bei uns eine wichtige Rolle: Wer die richtigen

Leute kennt, kommt weiter. Und doch gibt es große Unterschiede, angefangen mit der gegenseitigen Anteilnahme im Alltag, die allerdings, das ist die Kehrseite, sehr schnell in sozialer Kontrolle mündet. In westlichen Industrieländern sind gesellschaftliche Beziehungen weitgehend institutionalisiert und eingebunden in Hierarchien. Der Grad der Wertschätzung, den der Einzelne genießt, bemisst sich wesentlich an seinem Status – abzulesen an seiner Kleidung oder dem Wagen, den er fährt. Natürlich unterscheidet sich das Leben in Großstädten wie Kairo vom Leben etwa in den Golfstaaten. Aber prinzipiell gilt: In seinen „Verhaltensmustern“ ist der Orient vergleichsweise egalitär; die weiße Einheitstracht in den Golfstaaten, die Dschallabiya, die der Präsident ebenso trägt wie der Laufbursche, ist ein entsprechender Hinweis. Damit sind nicht die Gegensätze von arm und reich aufgehoben, von unten und oben. Aber es ist ein Zeichen gesetzt, zumindest äußerlich: Vor Gott sind alle Menschen gleich. Ein Europäer, der die Region verstehen will, muss diese Zeichen deuten lernen. Kein Araber würde von ihm verlangen, dass er ebenfalls eine Dschallabiya trüge; damit würde sich ein westlicher Ausländer eher lächerlich machen. Aber er sollte wissen, dass er nicht allein nach seiner Funktion beurteilt wird, nach seinem Einkommen und Status. Unterhalb der hohen Politik, der Ebene von Bundeskanzler, Präsident oder Minister, ist das Auftreten des Einzelnen entscheidend dafür, wie er wahrgenommen wird – und für seinen Erfolg. Wer im Gespräch ungefragt seine vermeintliche Wichtigkeit betont, fällt sehr schnell in Ungnade. Überzeugend sind vielmehr Glaubwürdigkeit und Charakterstärke. Ich habe viele deutsche Geschäftsleute in arabischen Ländern scheitern sehen, weil sie sich dieser schlichten Tatsache nicht bewusst waren oder sie für unwichtig hielten.

Wie aber die eigene Glaubwürdigkeit und Charakterstärke unter Beweis stellen? Dafür gibt es keine Patentrezepte, doch allein die Bereitschaft, der arabischen Seite zuzuhören und ihre Standpunkte ernst zu nehmen, öffnet bereits Türen. Hinzu kommt ein anderes Zeitverständnis und eine andere Abfolge von Prioritäten. Wenn ich in Deutschland bei einem Vorgesetzten etwas erreichen will, habe ich, nüchtern besehen, nur wenige Minuten Zeit, um mein Anliegen mitzuteilen. Brauche ich länger, entsteht der Eindruck, ich sei nicht präzise und wisse nicht genau, was ich eigentlich wolle. Neben hoffentlich gut gewählten Worten ist die Körpersprache entscheidend, sie wird idealerweise Entschlossenheit und Dynamik signalisieren.

Wer allerdings in der arabischen Welt so auftritt, wird sein Ziel mit Sicherheit nicht erreichen. Erfolgsrezepte, die bei uns gelten, sind dort eine Garantie für Misserfolg. Zeit hat eine andere Bedeutung. Wer mit der Tür ins Haus fällt, gilt als unkultiviert, anmaßend und potentiell bedrohlich. Zunächst einmal gilt es, einander kennen zu lernen oder sich in aller Ruhe auszutauschen, bevor man auf das Wesentliche zu sprechen kommt. Überall wird dem Besucher wahlweise Tee oder Kaffee angeboten, was an begegnungsintensiven Tagen zu regelrechten Überdosen führen kann. *Tischrab schai aw ahwe*, trinken Sie Tee oder Kaffee – diese Frage wird vermutlich selbst Allah den Arabern stellen, am Tag des Gerichts.

Kurzum, man redet besser über Gott und die Welt, nicht aber über das eigentliche Anliegen. Bei der ersten Begegnung geht es fast ausschließlich darum, einen guten Eindruck zu hinterlassen. Was ich tatsächlich anstrebe, zum Beispiel einen Interviewtermin, sage ich eher en passant, fast schon bei der Verabschiedung: Übrigens, wäre es wohl möglich …? Die Botschaft kommt an, und der betreffende Mitarbeiter wird nun, falls er einen positiven Eindruck von mir hat, mein Anliegen weiterleiten oder entsprechend prüfen. Wann ich eine Antwort erhalte, weiß ich so gut wie nie. In der Regel werde ich nach zwei oder drei Tagen anrufen oder noch einmal persönlich in dem betreffenden Büro vorbeischauen. Sollte ich Glück haben und einem Termin steht nichts im Wege, umso besser. Habe ich kein Glück, werde ich den Mitarbeiter ganz gewiss nicht mit Vorwürfen konfrontieren. Dann sollte es eben nicht sein, aus welchen Gründen auch immer. Das Ganze ist ein Spiel, und immer geht es darum, dass niemand sein Gesicht verliert. Harte Worte, mit der Faust (sinnbildlich) auf den Tisch hauen, das rechnet sich nur in extremen Fällen. Als ich, noch zu Zeiten von Saddam Hussein, die irakische Grenze überschritt, versuchte ein bewaffneter Bandit, der sich Grenzbeamter nannte, mich um mein Bargeld zu erleichtern. Er wolle es sehen, um den entsprechenden Betrag in die Zollerklärung eintragen zu können. Ich sagte nein, ich würde den Betrag selber eintragen. Er verweigerte mir daraufhin die Einreise, woraufhin ich ihn minutenlang anbrüllte, was er sich eigentlich einbilde, ich würde in Bagdad Meldung erstatten und überhaupt. Das half tatsächlich, ich durfte weiterfahren. Er hätte mich aber genauso gut erschießen können, nüchtern besehen. Wie gesagt, das Ganze ist ein Spiel.

Warum wird Zeit in der arabischen Welt anders wahrgenommen? Die Antwort verweist erneut auf die überwiegend noch vormodernen gesellschaftlichen Verhältnisse, die nur teilweise erfolgte Industrialisierung der Region. Die meisten arabischen Staaten leben, jenseits ihrer Erdöl- und Erdgasvorkommen, von der Landwirtschaft. Dementsprechend wird der Ablauf des Alltags nicht von der Stechuhr geprägt, sondern vom Wechsel der Jahreszeiten, dem Ernterhythmus, dem Sonnenaufgang und -untergang. Die Tage fließen dahin, unterteilt werden sie von den Gebetszeiten und der großen Mittagshitze, der man sich nach Möglichkeit entzieht. Ein Terminkalender ist ohne Bedeutung, die Zeit relativ und kein abstraktes Maß, dem sich der Einzelne unterwirft. Verabredungen werden nicht zu einer bestimmten Urzeit getroffen, man findet sich zum Morgen- oder Mittagsgebet, wenn der Muezzin ruft. Auch in der Stadt hat sich der legere Umgang mit Zeit bewahrt. Wenn ich mit einem Geschäftsmann oder Minister um zehn Uhr eine Verabredung habe, dann weiß ich, dass die Zeitangabe lediglich eine Orientierungshilfe ist und im Grunde besagt: im Laufe des Vormittags. Ist er auch gegen Mittag noch nicht da, werde ich mich höflich aus seinem Vorzimmer verabschieden und um einen neuen Termin bitten.

„Der Friede sei mit dir, Liebling Gottes"

Das hört sich schlimmer an, als es ist. Ich habe schon unendlich viel Zeit in der arabischen Welt mit Warten zugebracht und dabei interessante und wichtige Leute kennen gelernt, neue Einsichten gewonnen, Eindrücke verarbeitet, mir Gedanken gemacht. Zum Beispiel über die Frage, warum es so schwer fällt, die Städte in der Golfregion atmosphärisch zu ergründen, ihre Seele zu entdecken. Dubai, gewissermaßen eine arabische Hansestadt, ist ein Phänomen. Innerhalb der letzten zehn Jahre hat sich die Skyline vollständig verändert, prägen zunehmend futuristisch anmutende, postmoderne Hochhäuser das Gesicht der Golfmetropole, an denen gemessen der Potsdamer Platz in Berlin wie ein phantasieloser Schrebergarten wirkt. Dennoch habe ich immer wieder das Gefühl, dass mir in Dubai, Kuweit-City oder Doha (Katar) etwas fehlt: Orte der Begegnung nämlich, eine öffentliche Sphäre des Privaten. Die Cafés, Restaurants, Galerien. Die Arkaden, die Piazza, das Licht und die Farben der mediterranen Stadt. Die Gerüche des Orients, die Anarchie der Volksviertel wie in Kairo, die engen, verwinkelten Gassen, die schreienden Kinder, die dampfenden Garküchen. Nichts davon ist Muscat (Oman), Abu Dhabi oder Manama (Bahrein). Städte ohne Fußgänger und Flaneure, Städte der großen Autos und breiten Straßen, in denen sich die Menschen die meiste Zeit im Sitzen begegnen. Öffentlichkeit versteht sich als Summe überwiegend familiärer Kontakte, die sich beruflich und privat in „Sitzungsräumen“ organisieren. *Madschlis ash-Shura*, Sitzungsrat, heißt die höchste beratende politische Instanz in mehreren Golfstaaten, und auch jedes Privathaus verfügt über einen Madschlis, wörtlich: „ein Ort, an dem man sitzt“, ein Sitzungsraum – der nicht zu verwechseln wäre mit einem europäischen „Wohnzimmer“, dem Inbegriff familiärer Intimität. Ein Madschlis ist grundsätzlich öffentlich, hier empfängt man Gäste und Besucher, ohne die eigene Privatsphäre preiszugeben. Meist ist der Madschlis der dem Hauseingang nächstgelegene Raum, in den Villen der Superreichen nicht selten ein exklusives Separée mit importierten Möbeln in vornehmlich viktorianischem Design. Oder es ist einfach nur eine auf Betonsäulen ruhende freie Fläche im Vorhof, ebenfalls aus Beton, ausgelegt mit Teppichen. Genaugenommen hat jedes Haus zwei Sitzungsräume, eines für Männer und eines für Frauen. Hier trifft man sich abends zum Palaver, zum Geschichtenerzählen und Meinungsaustausch, eine Fortführung des beruflichen Alltags in den Behörden und der Verwaltung, wo die große Mehrheit der Golfaraber angestellt ist – und sich vor allem damit befasst, bestehende Probleme so lange innerhalb der entsprechenden Seilschaften zu erörtern, bis ein allgemein akzeptierter Konsens gefunden ist. Wahrscheinlich ist in diesem Verfahren das gesellschaftliche Ideal der beduinisch geprägten Golfstaaten zu sehen: im Privaten das Öffentliche zu legitimieren – keine Handlung ohne Konsens.

So gesehen macht es wenig Sinn, die Atmosphäre der Golfstädte ergründen zu wollen. Überwiegend sind sie Betonsiedlungen in der Wüste, gleichförmig und gesichtslos, nicht unterwandert von „Subkulturen“ oder nonkonformen Milieus – und sei es ein Café. Der gesellschaftliche Maßstab ist die Familie, der Clan, die Religion, und gemeinsam prägen sie das öffentliche Leben bis in die Alltagskultur. Das Bedürfnis nach Konsens verhindert „atmosphärische Differenzen" – individualisierte Lebensformen jenseits des Madschlis sind nicht erwünscht. Gleichzeitig verringert der Ölreichtum soziale Unterschiede unter den Einheimischen und verlagert die Lebendigkeit arabischer Volksviertel in Kairo, Khartum oder Bagdad einmal mehr ins Private, in den Bereich des Madschlis: die Städte am Golf sind mondän, aber auch steril.

Zur Zeit des Propheten Mohammed waren die meisten Bewohner der arabischen Halbinsel, des historischen Kerngebietes des Islam, Beduinen. Erst mit Beginn der Erdöl-Ära im vorigen Jahrhundert wurde die dortige Sozialstruktur komplexer. Beduinische Mentalitäten aber prägen die Alltagskultur in der gesamten arabischen Welt bis heute, auch im städtischen Umfeld. Das ist zum Beispiel an der Art und Weise abzulesen, wie sich Araber begrüßen. Im Idealfall gelingt die Symbiose aus Philosophie und Schauspiel. Eine „klassische" Begrüßungsszene wäre etwa die folgende:

– Der Friede sei mit dir, Bruder.

– Und mit dir sei der Friede, Liebling Gottes. Was gibt es Neues?

– Gott sei gepriesen, alles ist gut. Mohammed, mein Ältester, hat geheiratet, Gott sei gepriesen.

– Bei Gott, das ist eine gute Nachricht. Der Allmächtige ist gütig. Er beschenkt die, die es verdienen.

– *Istaghfurullah*, deine Worte beschämen mich. (*Istaghfurullah* ist eine Formel, die Gott gewissermaßen bittet, das gerade Gesagte zu überhören und nicht auf das Konto der guten Taten anzurechnen. Ein Ausdruck, der Bescheidenheit signalisieren soll.)

– Keinen Grund gibt es für deine Bescheidenheit. Gott unterscheidet zwischen den Selbstgefälligen und den Tugendhaften.

– Deine Worte gleichen dem Gesang der Nachtigall. Erlaube mir, dich zu einem Tee oder Kaffee einzuladen.

– Du bist gütig, Bruder. Aber es ist an mir, dich einzuladen. Wer einen Sohn wie Mohammed hat, der verdient, an einem Festmahl teilzuhaben. Sei mein Gast, ich bitte dich.

– Dessen bin ich nicht würdig, Bruder. Das ist eine Ehre, die anderen gebührt.

– Niemand außer dir sei mein Gast, Gott ist mein Zeuge.

– Gott ist erhaben, wir werden uns bald wiedersehen, so es Ihm gefällt.

– Daran besteht kein Zweifel. Es ist ein guter Tag. Wir werden uns bald wiedersehen, so Gott will.

– So Gott will. Der Friede sei mit dir.

– Und mit dir der Friede.

Ob die beiden tatsächlich zusammen essen werden oder einen Tee trinken, spielt keine Rolle. Es geht um die Geste. Wahrscheinlich wäre derjenige, der zum Festmahl einlädt, entsetzt, wenn sein Gegenüber sagen würde: Aber gerne, Freund. Darf ich Mohammed mitbringen? Ganz so war es denn doch nicht gemeint. Dennoch hinterlassen solche Dialoge natürlich Wohlgefallen, und das ist entscheidend. Ich stelle mir das so vor: Früher, als das Leben in der Wüste hart und voller Entbehrungen war, als niemand das Wort „Erdöl" auch nur kannte, mussten die Beduinen einander erkennen lernen: Wer ist Freund, wer ist Feind? Die richtige Wahrnehmung konnte über Leben oder Tod entscheiden. Nehmen wir an, eine Gruppe Beduinen lagert um die einzige Wasserstelle in einem Umkreis von 300, 400 Kilometern. Abends gesellt sich eine weitere Karawane dazu, durstig und erschöpft. Nun gibt es zwei Möglichkeiten – Freundschaft oder Kampf. Die erste Gruppe kann nicht wissen, was die zweite im Schilde führt, und umgekehrt. Die sehr ausgiebigen Begrüßungsformen, die sich über Minuten erstrecken können, dienen der gegenseitigen Einschätzung. Intuitiv werden beide Seiten erkennen, was sie voneinander zu erwarten haben. Das Gebot der Gastfreundschaft ist ein zusätzliches Ventil, um Spannungen in existentiellen Situationen – der eine hat Wasser, der andere nicht – gar nicht erst entstehen zu lassen.

Nach einem längeren Aufenthalt in arabischen Ländern habe ich stets Schwierigkeiten, mich sprachlich und mental umzustellen. Eine Kellnerin zum Beispiel mit „ehrenwerte Schwester“ anzureden, im Orient ein Kompliment, würde hierzulande nur lächerlich wirken. Die arabische Höflichkeit und Etikette hilft jedoch, Konflikte und Spannungen zu verringern. Immer geht es darum, einen Gesichtsverlust zu vermeiden. Ich habe Diskussionen erlebt, die sich über Stunden hinzogen. Bemerkenswert ist dabei die innere Disziplin. Niemand unterbricht den Vorredner, man hört einander zu. Sobald ich als Ausländer anhebe, etwas zu sagen, erteilt mir der jeweilige Patriarch der Runde das Wort; als Gast genieße ich Vorrechte. Häufig wird auf Fragen oder Einwände ein rhetorisches „Sehr richtig“ oder „Das ist eine kluge Bemerkung“ eingeworfen. Kurzum, es herrscht eine Atmosphäre gegenseitiger Anteilnahme, weit entfernt von den Monologen westlicher Egomanie. Araber verstehen sich noch auf die Kunst des Geschichtenerzählens und des Meinungsaustausches – im privaten Kreis.

Manchmal gibt es Verhaltensmuster, die sich nicht sofort erschließen, mir jedenfalls nicht. So fuhr ich in Kairo Taxi, kam mit dem Fahrer ins Gespräch, über arabische Musik, ägyptische Schauspieler, Frauen, deutsche Einwanderungsbestimmungen für ägyptische Taxifahrer. Am Ende fragte ich ihn, wie viel ich ihm schuldig sei. Nichts, sagte er. Du bist ein Freund. Na ja, das sagen Taxifahrer gerne und berechnen anschließend den doppelten Preis. Mich stört das nicht, solange mir der Mensch sympathisch ist. Allerdings wies der Fahrer mein Geld mit der rechten Hand ab, um es mir stattdessen mit der linken diskret abzunehmen. Diese Variante war mir neu, und sie ging mir lange nach. Was für ein Heuchler, dachte ich zunächst. Aber dann wurde mir klar, dass er sich im Grunde sehr anständig verhalten hat. Unsere Begegnung hatte ihm Spaß gemacht, wir unterhielten uns noch, nachdem wir schon am Fahrziel angekommen waren. Im entscheidenden Augenblick sah er in mir keinen zahlenden Kunden, sondern einen interessanten Gesprächspartner. Dafür nimmt man kein Geld. Andererseits aber hat er fünf Kinder und muss über die Runden kommen, also nimmt er das Geld selbstverständlich doch, mit der linken, der unreinen Hand: Nichts für ungut, bitte, was soll ich denn machen?

Araber haben vielfach eine andere Wahrnehmung von Realität. Das ist jedenfalls mein Eindruck. Auf präzise Fragen zum Beispiel gibt es nur selten klare und eindeutige Antworten. Ich habe schon erlebt, dass mir die Frage nach der Uhrzeit mit einem Vortrag über die vier Jahreszeiten beantwortet wurde. Realität ist aus dieser Sicht weniger das, was unmittelbar sichtbar oder erfahrbar ist. Sie ist eher die Summe subjektiver Wahrnehmungen, über die nach langen Diskussionen ein allgemeiner Konsens erzielt wird. Dieser Konsens gilt dann als eine verbindliche Interpretation bestehender Wirklichkeit. Das ist einerseits sympathisch, weil oft genug poetisch, andererseits jedoch gefährlich. Während die einen, die Araber, noch palavern, schaffen die anderen, die Amerikaner, in der Region ständig neue Fakten, zum Beispiel im Irak. Zukunft lässt sich so nicht gestalten – indem die Araber lediglich auf das reagieren, was andere beschließen.

Ein Letztes noch sei in diesem Zusammenhang erwähnt, die Institution des *Wasta.* Es bedeutet „Vermittlung" oder „Vermittler" und bezeichnet eine Form indirekter Einflussnahme auf staatliche Institutionen und Machthaber. Wenn ich in Deutschland beispielsweise eine Genehmigung benötige, wende ich mich an eine Behörde und stelle mich auf längere, trübselige Wartezeiten ein. Im Orient sind Behörden in erster Linie Fassaden. Um etwas zu erreichen, beispielsweise eine Taxi-Lizenz zu erhalten, braucht man persönliche Kontakte zu den Verantwortlichen, über die ein Araber aus unteren sozialen Schichten in der Regel nicht verfügt. Also wendet er sich über einen vertrauenswürdigen Mittelsmann an eine einflussreiche Person, von der er sich Unterstützung erhofft. Letzterer kann ein Geschäftsmann sein oder ein religiöser Führer. Der Mittelsmann wird das Anliegen seines Auftraggebers erklären, mit der Bitte um ein Empfehlungsschreiben oder eine persönliche Intervention beim Leiter des Behörde. Die einflussreiche Person wird nicken und mehrfach *Inscha'Allah* hauchen. Dann nehmen die Dinge ihren Lauf. In aller Regel wird sich diese Person tatsächlich im Sinne des ihm unbekannten Bittstellers einsetzen, das gebieten allein die gesellschaftliche Konvention und der Islam. Überdies fördert eine erfolgreiche Intervention das Ansehen und somit den Umsatz des Geschäftsmanns und das Prestige des religiösen Führers.

Warum aber der Umweg über einen Mittelsmann? Wieder einmal geht es darum, sein Gesicht zu wahren. Dem Bittsteller aus ärmeren Verhältnissen ist es unangenehm, einen sozial Höhergestellten um Hilfe zu ersuchen. Gleichzeitig ist nicht auszuschließen, dass die Fürsprache bei der Behörde wider Erwarten erfolglos bleibt und der Bittsteller seine Taxi-Lizenz noch immer nicht erhält. Das wiederum wäre eine Niederlage für den Höhergestellten. Der Mittelsmann ist ein Puffer, der gegebenenfalls beide Seiten abfedert.

Bis zum nächsten Versuch.

Was tun – wie die arabische Welt reformieren?

2002 legten die Vereinten Nationen ihre erste Untersuchung über den „Zustand menschlicher Entwicklung" in der arabischen Welt vor. Diese Studie (Arab Human Development Report), die von arabischen Autoren erstellt wurde, zieht eine für die Region niederschmetternde Bilanz. Vor allem in drei Bereichen zeigt sie große Defizite: Freiheit, Rechte für Frauen, Bildung. Der „Freiheitsgrad" der arabischen Staaten war in den neunziger Jahren der geringste weltweit und lag noch hinter Schwarzafrika. Zu den Schlusslichtern in Sachen Meinungs- und Pressefreiheit, Demokratie und Rechtsstaatlichkeit zählten der Irak, der Sudan, Mauretanien und der Jemen. Auch im Bereich der Ausbildungsmöglichkeiten für Mädchen und Frauen liegt die arabische Welt ganz hinten, nur noch unterboten von Schwarzafrika. Von tausend Arabern verfügten 1998 lediglich zwei über einen Internetzugang. Fehlende Bildungsangebote und Arbeitsmöglichkeiten sind die größten Sorgen junger Araber, Männer wie Frauen. Die Hälfte aller Araber unter 25 möchte nach Europa auswandern, bevorzugt nach Großbritannien, oder in die USA.

Die arabischen Länder sind dabei, den Anschluss an den Rest der Welt zu verlieren. Das Pro-Kopf-Einkommen wächst weltweit nur südlich der Sahara noch langsamer, die Arbeitsproduktivität ist stetig gesunken, die individuellen Entwicklungsmöglichkeiten sind geringer als in anderen ärmeren Regionen der Erde. Auf den innerarabischen Handel entfallen lediglich sieben bis zehn Prozent des arabischen Außenhandels insgesamt – ein Volumen, das sich seit den fünfziger Jahren nicht verändert hat, ungeachtet der Ära des arabischen Nationalismus unter Gamal Abdel Nasser und der offiziell propagierten „arabischen Einheit“. Ungeachtet auch der Globalisierung.

Wie also ist die arabische Welt, und mit ihr die islamische insgesamt, zu reformieren, wie sind insbesondere Demokratie und Rechtsstaatlichkeit zu verwirklichen? Die Unfreiheit bedingt gesellschaftliche Stagnation und wirtschaftlichen Niedergang – und umgekehrt. Gleichzeitig sind die Korruption und die Selbstbedienungsmentalität der Machthaber ein wesentlicher Grund für den desolaten Zustand des Bildungssystems und die daraus folgende Perspektivlosigkeit gerade der unter 20-Jährigen, die mehr als die Hälfte der Bevölkerung stellen.

Es gibt keine magische Formel für gesellschaftliche Erneuerung und Reformen. Grundsätzlich ist die Perspektive einer Demokratisierung der Region eher langfristig gegeben. Die ohnehin schwierigen Rahmenbedingungen werden durch politischen oder militärischen Druck von außen zusätzlich belastet. So hat der Irak-Krieg nicht, wie in Washington erhofft, zu einer Demokratisierung der Region geführt, auch nicht zu einer Lösung des Konflikts zwischen Israelis und Palästinensern beigetragen. Ganz im Gegenteil wird die ohnehin begrenzte Reformbereitschaft der Regime durch den geopolitischen Status quo weiter reduziert – aus Sorge vor inneren Unruhen und aus Angst, ebenfalls einem derartigen Regimewechsel zum Opfer zu fallen.

Kann aber der Westen Reformprozesse wirksam unterstützen? Das hat er bereits bewiesen, nach dem Ende der Sowjetunion. Die Demokratisierung Mittel- und Osteuropas wäre ohne die finanzielle und politische Unterstützung seitens der EU und Washingtons wohl kaum so erfolgreich verlaufen. Aus eigener Kraft einen Systemwechsel zu vollziehen gelingt den wenigsten Staaten und Gesellschaften. Sie bedürfen der

Unterstützung und Ermutigung von außen, um ihre Selbstblockade zu überwinden. Ein erster wichtiger Schritt wäre, wie bereits erwähnt, die arabische Welt nicht allein als strategische Verfügungsmasse anzusehen. So unterzeichnete die Bundesregierung im September 2003 ein Auslieferungsabkommen mit Tunesien, das die Rückführung von abgelehnten tunesischen Asylbewerbern in ihre Heimat erleichtern soll. Im Deutschlandfunk lobte Innenminister Schily in diesem Zusammenhang die „liberalen und rechtsstaatlichen Traditionen" in dem nordafrikanischen Land. Ein immerhin erstaunliches Urteil. In Tunesien wird jedwede Opposition mit eiserner Faust unterdrückt, bei den Wahlen 2000 ließ sich Präsident Ben Ali mit 99,94 Prozent der Stimmen wiederwählen. Genau diese Mentalität, im vorliegenden Fall des deutschen Innenministers, ein autoritäres Regime aus Eigennutz aufzuwerten, verlängert und bewahrt die Unfreiheit in der Region. Warum gibt es denn politische Flüchtlinge aus Tunesien? Anstatt die Repression unter Ben Ali anzuprangern und Demokratie einzufordern, die Regierung wirtschaftlich unter Druck zu setzen, beispielsweise bei der Kreditvergabe, wird der Bock zum Gärtner gemacht und der Diktator hofiert.

Reformprozesse in der Region aktiv zu begleiten, nötigenfalls an den Regierungen vorbei und mit Hilfe von Nichtregierungsorganisationen (NGOs), ist Aufgabe der Außen- und Wirtschaftspolitik sowie der Entwicklungshilfe. Wichtige Elemente sind:

- die Beteiligung breiter Bevölkerungsschichten an der politischen Entscheidungsfindung, nicht zuletzt auf lokaler und regionaler Ebene;
- die Unterstützung dezentraler Verwaltungsstrukturen, vor allem in den Kommunen;
- die Förderung von Rechtsstaatlichkeit und Korruptionsbekämpfung einschließlich der Modernisierung des Justiz-

wesens sowie der Ausbildung von Richtern und anderen Fachkräften;
- der Ausbau einer freien Presse- und Medienlandschaft;
- eine enge Zusammenarbeit mit unabhängigen Institutionen und Verbänden, darunter Gewerkschaften und Frauenverbände;
- Initiativen zur Stärkung der Marktwirtschaft.

Und gewissermaßen über allem steht die vielleicht wichtigste Aufgabe: Investitionen in das katastrophale Bildungswesen der arabisch-islamischen Welt, von der Grundschule bis zu den Universitäten. Bei Analphabetenquoten, die regional 90 Prozent erreichen, etwa im Sudan oder im Jemen, bleibt jedes Nachdenken über Demokratieförderung reines Wunschdenken, sofern die Jugendlichen kaum eine Chance erhalten, das Fundament für ihre eigene Zukunft zu legen. Gute Bildungsangebote auch für ärmere soziale Schichten leisten zudem einen wichtigen politischen Beitrag zur „Entradikalisierung", weil islamistische Bewegungen gerade hier ihr Fußvolk rekrutieren, unter perspektivlosen, schlecht ausgebildeten Jugendlichen in Armutsvierteln. (Die Führungsebene stammt dagegen, wie bereits erwähnt, eher aus besser gestellten Milieus und hat häufig eine Universitätsausbildung absolviert, bevorzugt im Bereich Technik und Ingenieurwesen.)

Selbstredend will ich das Rad nicht neu erfinden. Viele der hier aufgeführten Vorschläge werden im Rahmen etwa der Vereinten Nationen oder der deutschen Entwicklungshilfe bereits umgesetzt, nur sind sie einer breiteren Öffentlichkeit unbekannt. Vor allem aber ist ihre Umsetzung keine Selbstverständlichkeit. Anhänger der Theorie vom „islamischen Totalitarismus" oder vom „Kampf der Kulturen" halten solches Engagement für Zeit- und Geldverschwendung. Aus ihrer Sicht hilft allein die Sprache der Macht, wie im Irak-Krieg demonstriert. Diese modernen Kreuzritter, namentlich Washingtons Neokonservative, dürften mittlerweile spüren, dass ihr politischer Einfluss abnimmt, parallel zum Anstieg der Folgekosten der Besatzung. Manchmal bedürfte es nur kleiner Akzentverschiebungen, und westliche Politik hätte in der arabisch-islamischen Welt einen ganz anderen Ruf, einen positiven nämlich. Würden beispielsweise auch nur zehn Prozent der amerikanischen Militärausgaben im Nahen und Mittleren Osten in Bildungsprojekte oder Kleinkredite fließen – Präsident Bush und mit ihm die Amerikaner wären gefeierte Helden.

Warum der Einfluss religiöser Institutionen abnimmt

Die arabischen Gesellschaften werden nur im Einklang mit ihren eigenen Traditionen und Werten einen besseren Weg in die Zukunft finden. Dazu gehört insbesondere die Frage nach dem Verhältnis von Staat und Religion. Am Beispiel der irakischen Schiiten wurde deutlich, dass ihre geistlichen Führer eine Säkularisierung im Sinne einer „Entgöttlichung" der Gesellschaft ablehnen, sehr wohl aber für die Trennung von Religion und Staatsführung eintreten. Unter den Sunniten dagegen besteht ein vergleichbarer Konsens bislang nicht, jedenfalls nicht öffentlich. Aber es gibt Vordenker, die für eine Neubestimmung des Religiösen eintreten und jede Form autoritärer Bevormundung ablehnen. Einer von ihnen ist Mohammed Talbi, der 1921 in Tunis geboren wurde. Seit Jahrzehnten engagiert er sich für den interreligiösen Dialog und vertritt bezüglich eines „Weltethos" eine ähnliche Position wie Hans Küng. Über sich selber sagt Talbi: „Ich bin ein sehr offener Mensch, weil ich das Produkt einer ausgeprägten muslimischen Tradition und einer breiten westlichen Bildung bin, die ich später durch meine Beschäftigung mit asiatischen Kulturen bewusst erweitert habe.

Dies ist der Hintergrund meines Denkens. Meine Wurzeln habe ich aber ohne Zweifel in einer starken muslimischen Tradition, und deren wichtigste Quelle ist der Koran. Die Freiheit ist für mich meine Religion, und in voller Freiheit habe ich mir den Koran zu Eigen gemacht. Er ist ein Teil meines Bewusstseins geworden. Ich empfinde den Koran als Licht göttlichen Ursprungs, das meine Intelligenz, meine Reflexionen erhellt."

Mohammed Talbi hält Reformation und Aufklärung nicht für Allheilmittel. Entscheidend sei vielmehr „ein Laboratorium des freien Denkens", das es dem Westen ermöglicht habe, die heutige Moderne zu gestalten: „In einer strukturierten Bewegung wie dem Reformismus gibt es keine Freiheit des Denkens. Alle müssen sich bestimmten Normen unterwerfen und innerhalb eines bestimmten Rahmens arbeiten. Ich will aber nicht, dass mir jemand sagt, wie ich als Muslim zu sein habe." Aus denselben Gründen verwirft Talbi, ebenso wie Adonis, die wörtliche Auslegung der Scharia, des islamischen Gesetzes: „Die Scharia zu überdenken ist von fundamentaler Bedeutung für die muslimische Gemeinschaft. Doch wie im Judentum gibt es hier sehr starke Widerstände. Für mich ist klar: Die Scharia ist nicht göttlichen Ursprungs, sie ist von Menschenhand gemacht. Somit kann sie für niemanden zwingend sein. Es gibt zum Beispiel keine Verpflichtung, die traditionellen Strafen, etwa die Steinigung bei Ehebruch, anzuwenden. Da die Scharia von Menschen geschaffen wurde, kann sie logischerweise auch von Menschen reformiert werden."

Und das wäre wiederum die Aufgabe arabischer Politik, die allerdings umfassend versagt – mit Wissen und Billigung westlicher Regierungen. Da es im Islam offiziell keinen Klerus und im Gegensatz etwa zum Katholizismus keine Investitur gibt, keine anerkannten Hierarchien also, fällt es dem Islam als Weltreligion schwer, mit geeinter Stimme zu sprechen, den Problemen der heutigen Zeit selbstbewusst entgegenzutreten. Das bestehende Vakuum würde idealerweise von der Gesellschaft selber gefüllt, ihren Debatten und Visionen zu den großen Themen Säkularisierung, Demokratie und soziale Gerechtigkeit. Stattdessen überwiegen Resignation und Angst vor Verfolgungen. Auf Anteilnahme und Solidarität können mutige arabische Stimmen auch im Westen kaum hoffen, weil sich bei uns selten jemand für sie interessiert. Eine verständige Auseinandersetzung mit der arabischen Welt bedeutet in erster Linie, die Dinge differenziert zu betrachten. Aber das ist anspruchsvoll und bei weitem nicht so griffig wie: Der Islam ist fanatisch, weil er Frauen steinigt.

Die arabisch-islamische Welt ist weit von einer Säkularisierung im westlichen Sinn entfernt, also der politisch und juristisch sanktionierten Trennung von Staat und Religion. Das gilt auch für nationalistische Regime. Dennoch löst sich der Umgang des Einzelnen mit dem Islam zunehmend von traditionellen Hierarchien. Das Verhältnis zu Gott wird „persönlicher". Verlierer dieser Entwicklung ist insbesondere die sunnitische Orthodoxie. Gläubige aus gehobenen sozialen Milieus fühlen sich von Fernsehpredigern angesprochen, die einen „hedonistischen Islam" propagieren, wie wir am Beispiel von Amr Khalid gesehen haben. Andere ergehen sich in einer regressiven Verneinung der Globalisierung und wenden sich dem politischen Islam zu, in seiner fundamentalistischen wie auch in seiner terroristischen Variante. In beiden Fällen bleibt die Frage: Wer entscheidet nunmehr, was im Islam erlaubt ist und was verboten? Wer besitzt die Autorität, religiöse Texte zu interpretieren? Eine Quelle der Legitimation ist die Ablehnung der Moderne und das Streben nach eigener Macht, die „Markenzeichen" der Islamisten. Damit schaffen sie ein imaginäres Band zwischen allen Muslimen, die sich unterdrückt und bedrängt fühlen – es umfasst den spirituellen Sufi ebenso wie den gesetzestreuen Scharia-Anhänger.

Ob tolerant, hedonistisch oder radikal, der Einfluss religiöser Institutionen nimmt ab. Der Islam wird heute in erster Linie von politischen Akteuren und gesellschaftlichen Bewegungen gedeutet. Dabei geht es nicht um öffentlich geführte Debatten. Die Auseinandersetzung erfolgt in der Regel über eine Neubewertung von Symbolen, zum Beispiel das Kopftuch. Aus unserer Sicht ist die Verschleierung der Frau ein Inbegriff der Unterdrückung schlechthin, Symbol einer freiheitsfeindlichen und rückständigen Religion. In Westeuropa dagegen sehen das jüngere Frauen arabischer oder türkischer Herkunft häufig anders – das Kopftuch wird zu einer Form der Sinnstiftung in der Fremde. Verunsichert durch ihre Erfahrungen in der neuen Heimat, geprägt von Ablehnung und Ausgrenzung, suchen auch junge muslimische Frauen nach Rückhalt in ihrer eigenen Tradition und entdecken das Kopftuch als Ausdruck ihrer Identität zwischen den Kulturen. Sie lehnen weder die weltoffene und freiheitliche Gesellschaft ab noch ihre eigenen, orientalischen Wurzeln, vielmehr erschaffen sie ihr eigenes Selbstbild. Häufig heißt es: Unsere Mütter waren Analphabetinnen mit Kopftuch und wurden verachtet, weil sie Putzfrauen waren. Wir haben studiert und wollen Karriere machen, und wir tragen unser Kopftuch mit Stolz. Wir wollen denen zeigen, die unsere Mütter verachtet haben, dass „Kopftuch“ nicht „dumm“ bedeutet, dass wir unseren eigenen Weg gehen werden – egal, was andere von uns denken.

Damit sich dieses Selbstbild bewähren kann, wird der Islam indirekt „reformiert“, über Kleidung, Lifestyle, Musik (erinnert sei an den Wandel des Naschid, des religiösen Gesangs in Ägypten) etc. Angesichts der Herausforderungen durch den Alltag, durch die Moderne, einschließlich der Frage nach der jeweiligen Identität der Gläubigen, muss sich der Islam von seiner traditionell unterwürfigen, passiven und sanftmütigen Haltung befreien. Das geschieht nicht mit Hilfe oder Billigung des

Klerus, sondern durch die Macht des Faktischen, die veränderten Lebensbedingungen der Muslime, ihre Hoffnungen und Sehnsüchte. Keine Gesellschaft ist unveränderlich, Menschen wandeln sich. Das gilt auch für die Religion. Möglicherweise wird es im Islam niemals einen *Big Bang* geben, einen muslimischen Martin Luther, der als Einzelner ein Fanal setzt. Aber das ist nicht entscheidend. Viel wichtiger ist die Erkenntnis: Und sie bewegt sich doch.

Sheherazade und die Gehenkten von Damaskus

Jeder Prozess der Selbsterforschung ist schmerzhaft. In der Begegnung mit dem Fremden sich selber erkennen erfordert Mut, manchmal auch Masochismus. Jahrelang habe ich mit mir gehadert, warum ich das auf mich nehme: eine schwierige Sprache lernen, ein Außenseiter dort, ein Außenseiter hier. Immer fern vom *mainstream* – dem, was gemeinhin für gut und richtig befunden wird. Und „Arabien" hat nun mal kein Image wie Hollywood. Die Exotik des Unbekannten entwickelt eine starke sinnliche Kraft, aber sie führt weg von den Empfindungen der Mehrheit.

Als ich, vor zwanzig Jahren, an der Universität Damaskus zwei Gastsemester verbrachte, war ich dort der einzige westliche Student. Ansonsten gab es Bulgaren, Polen, Russen, Nordkoreaner und Schwarzafrikaner, die aber, abgesehen von den Afrikanern, kein Wort mit mir wechselten. Ich benötigte Wochen, bis ich alle Stempel und Unterschriften beisammen hatte, um endlich meinen Studentenausweis in Händen zu halten. Er war Voraussetzung, um den Campus überhaupt betreten zu können. Das Gelände der Universität glich einem Hochsicherheitstrakt, mit Stacheldraht nach außen gesichert, bewaffnete Posten an den Eingängen, Panzer im Innenhof. Lieber nicht laut denken. In jedem Seminar saßen Spitzel des Geheimdienstes, in der Regel an ihren einfältigen Gesichtszügen zu erkennen. Ich hatte das Gefühl, verbannt worden zu sein. Ich belegte Kurse in arabischer Geschichte und Literatur, die in erster Linie darin bestanden, Texte auswendig zu lernen oder sich die Inhalte einzuprägen. Der Unterricht wurde frontal gehalten, wir saßen auf gusseisernen Sitzbänken, jeweils zu zweit, und wenn der Dozent einen Studenten aufrief, stand er auf und sagte genau das, was man von ihm verlangte. Ich wurde meistens übergangen, galt wohl als zu unberechenbar. Die Syrer kannten die Spielregeln, ich lernte sie erst kennen. Das Niveau war nicht sehr hoch und genau richtig, wenn man eine Sprache erlernen will. Meine Mitstudenten waren mehrheitlich Frauen, die sich nach den Vorlesungen oder Seminaren von mir fernhielten. Ich dachte erst, ich hätte die Krätze oder dergleichen, aber sie hatten schlichtweg Angst, mit mir in der Öffentlichkeit gesehen zu werden. Nicht gut für den eigenen Ruf als Jungfrau. Meine Kommilitoninnen hatten ihr Fach nicht gewählt, um Karriere zu machen. Sie kamen zumeist aus besser gestellten Familien und suchten eine solide Allgemeinbildung. Nach ihrem Studium wollten sie heiraten und eine Familie gründen.

Anfangs wohnte ich in einem Hotel am Mardschi-Platz, am Rande der Altstadt von Damaskus. Eine ärmliche Gegend mit vielen Garküchen und kleinen Krämerläden mit Importwaren aus Fernost, wahlweise aus Plastik oder Synthetik. Nicht weit entfernt liegt der Hedschas-Bahnhof, Ausgangspunkt der in den Jahren 1901 bis 1908 unter deutscher Leitung verlegten Hedschas-Bahn, die von Damaskus nach Medina führte. Sie war nur einige Jahre in Betrieb, bevor sie von Lawrence of Arabia und seinen arabischen Stammeskriegern zerstört wurde, um den wichtigsten Versorgungsweg des Osmanischen Reiches in Richtung Hedschas zu zerstören. (Der Hedschas ist der westliche Landesteil des heutigen Saudi-Arabien.) Vom Hedschas-Bahnhof fahren nur noch wenige Züge, er wirkt wie ein großes Freiluftmuseum. Überall sind uralte Lokomotiven und Waggons zu bestaunen, einige noch mit dem K. u. k.-Emblem des österreichisch-ungarischen Kaiserreiches, die friedlich vor sich hin rosten und verstauben. Auch die Eingangshalle des Bahnhofs ist bemerkenswert: eine gelungene Mischung aus europäisch-kolonialistischen, osmanisch-türkischen und syrisch-damaszenischen Stilelementen. Für mich damals ein Refugium, ein Ort grandioser Nostalgie.

In den Billighotels der Gegend steigen bis heute viele Iraner ab, die eine mehrtägige Busreise auf sich nehmen, um zu den heiligen Stätten Syriens zu pilgern, vor allem der Zaynab-Moschee im Damaszener Vorort as-Sayyida Zaynab. Dort soll Zaynab begraben sein, eine Gattin des Propheten Mohammed. Bei den Schiiten wird sie wegen ihrer Mildtätigkeit als Heilige verehrt. Mir war das alles recht, allerdings gab es in meiner Absteige nur eine funktionierende Toilette, auf dem Gang. In Zeiten der Not – jeder isst mal das Falsche – ein wichtiger Ort, den ich versehentlich stürmte, als dort gerade eine Iranerin Sitzung hielt. Sie reagierte mit einem hysterischen Geschrei, ihre Angehörigen eilten herbei, und ich, der vermeintliche Spanner, entging nur knapp einer Massenkeilerei. Nachdem ich mein Anliegen erklärt hatte, vor allem die gebotene Dringlichkeit, zeigten die Herren Verständnis und ließen von mir ab. Die Frau strafte mich mit Blicken, die glücklicherweise nicht tödlich waren.

Warum tue ich mir das alles an, fragte ich mich nahezu täglich. Vor allem, nachdem ich Zeuge einer Hinrichtungsszene wurde. Der Henker war ein gewöhnlicher Soldat, der mit gelangweilter Routine dem kurzen Kopfnicken eines Vorgesetzten Folge leistete. Längst hatte sich der Verkehr am Platz der Abbasiden, im Zentrum der Stadt, auf eine unübersehbare Länge gestaut, wie an jedem Tag zu verschiedenen Zeiten, vor allem aber frühmorgens, kurz nach Sonnenaufgang. Die ersten Händler verkauften Brot und Gemüse, einige Passanten lehnten an Bretterbuden und tranken Tee. Langsam erhob sich die Sonne als feuerroter Ball über dem Häusermeer östlich des Platzes, eines strategischen Rondells, das die wichtigsten Verkehrsadern bündelte wie eine Lupe. Auf der grünen Wiese im

Innern des Kreises standen Männer in khakifarbenen Uniformen und diskutierten. Einige reichten Zigaretten an Kollegen, andere zeichneten Figuren in die Luft, als seien sie Dirigenten eines imaginären Orchesters. Eine Inszenierung, die sorgfältig einstudiert schien und keine Nachlässigkeit duldete. Den Dirigenten als Bühne diente ein gewaltiger Galgen, ein surreales Monument aus Holz, hoch genug angelegt, um weithin sichtbar zu sein – auf den ersten Blick eine gestrandete Filmkulisse.

Doch die Szene war real, ihr Ablauf unausweichlich. Fünf Männer standen auf dem Plateau, die Hände hinter dem Rücken gefesselt, der Kopf fest umschlungen von einem Hanfseil. Sie waren jung, nicht älter als dreißig. Auf ihren weißen, einteiligen Gewändern wurden überdimensionale Schilder befestigt, die den Grund ihrer Hinrichtung erklärten. Demnach handelte es sich um Parasiten, um Schmuggler und Diebe, die dem syrischen Volk unermesslichen Schaden zugefügt hatten.

Der Scharfrichter zertrat seine Zigarette, bevor er den hölzernen Hebel bediente, der den zum Tode Verurteilten den Boden unter den Füßen entzog: der simple Mechanismus einer Fallgrube. Für einen Augenblick hielt die Zeit inne. Keine Hupe ertönte, kein Laut war zu hören, nur das ferne Singen eines Muezzins und das kurze, harte Anziehen der Hanfseile, die abrupt das Gewicht ihrer Opfer trugen. Vielleicht war es Einbildung, der nach außen getragene, stille Schrei von Augenzeugen, die ohnmächtig verfolgten, was nicht mehr zu ändern war. Keine Häme lag in der Luft, eher verlegene Ratlosigkeit. Anwohner auf Balkonen beobachteten mit scheuen Blicken das Geschehen, einige Passanten grinsten oder erzählten sich Geschichten. Die meisten schwiegen und wussten, dass nur die Kleinen gehenkt wurden, Leute wie sie selber, die den Traum vom großen Glück hegten, aber die falschen Beziehungen hatten, die allein erst Diebstahl adelten als verdienstvolle Tat, im Namen irgendeiner Ideologie, arabische Einheit und dergleichen; eine Partei an der Spitze, umgeben von Militär und Geheimdienst, die Vermögen mit Vorliebe an ihre Günstlinge verteilte. Tagediebe hinzurichten erweckte die Illusion von Unbestechlichkeit und archaischer Gerechtigkeit – eine böse Infamie, die unter dem Publikum am Platz der Abbasiden nicht verfing. Die zufällig Anwesenden sahen sich selbst in der Schlinge, nicht das Unrecht.

Die Leichen drehten sich langsam im Wind, nicht unähnlich fernöstlichen Bambusrohren, die sich auch bei leiser Bewegung berühren. Ohne ein Wort fielen die Männer in den Tod. Ihre Gesichter waren blutleer und fahl, aus den offenen Mündern quollen bläulich verfärbte Zungen, eine erbarmungswürdige Totenmaske. Die Leichenstarre verwandelte die Körper in Statuen, wächsern und schwer; in der Höhe des Beinansatzes war die Kleidung durchnässt. Erst am späten Vormittag wurden die Toten abgenommen, nachdem sie stundenlang der Abschreckung dienten. In Plastiksäcken wurden die fünf Gehenkten weggeschafft.

„Aber das ist doch normal." Ibrahim konnte meine Aufregung nicht verstehen. „Eine Hinrichtung wie diese ist wenigstens ehrlich. Politische Gegner werden an die Wand gestellt und verscharrt, irgendwo im Dunkeln." Das erste Mal traf ich Ibrahim im Seitenflügel einer unbedeutenden Behörde, wo er staubige Akten verwaltete. Früher einmal war er Chemiker gewesen, aber er hatte stets die falschen Ansichten. Er zog es vor, von Träumen zu leben und einem symbolischen Gehalt. Ibrahim war ein Außenseiter, der sich nie anpassen mochte. Er hatte den Charme eines Riesenbabys, er konnte lachen und kichern wie ein Kind und liebte es, Geschichten zu erzählen. Dann zog er die Vorhänge zu, lehnte sich zurück in seinem uralten Drehstuhl und sah, fast ein Kinogänger, mit halb geschlossenen Augen einen inneren Film, den er in Worte übersetzte. Zwei Jahre hatte er aus politischen Gründen im Gefängnis verbracht. „Einmal saßen wir mit 70 Mann in einer kleinen Zelle von vielleicht 15 Quadratmetern. Unsere Augen waren verbunden, die Hände auf dem Rücken gefesselt. Plötzlich ging die Tür auf, und man warf noch einmal mehrere Männer in die Zelle. Es waren sämtlich Soldaten mit Namen Izzat. Wir saßen und lagen auf- und übereinander. Ich fragte den Izzat auf meinem Schoß: Warum hat man dich verhaftet? Er wusste es nicht. Viel später erst erfuhren wir den Grund. Ein Spitzel hatte die Unterhaltung zweier Soldaten in einem Bus mitbekommen. Der eine behauptete, mit der Artillerie seiner Garnison unweit des Flughafens können man sogar die Maschine des Präsidenten abschießen. Er wird das wohl nur so gesagt haben, vielleicht aus Prahlerei. Jedenfalls verabschiedete sich sein Freund mit den Worten: Mach's gut, Izzat. Das war verhängnisvoll. Da der Spitzel diesen Izzat im Nachhinein nicht identifizieren konnte, wurden eben sämtliche Izzats aus der besagten Garnison ins Gefängnis geworfen."

Gewalt, Willkür und Tod gehören zum Alltag im Orient, sagte Ibrahim und konnte nicht verstehen, dass mich diese Einsicht verwunderte. Ibrahim machte sich keine Illusionen, auch wenn er an Wunder glaubte. Ein Wunder war für ihn, das Gefängnis zu überleben. „Und du", hielt er mir entgegen, „siehst die arabische Welt als Folie. Du suchst hier ein Leben, das es in Europa längst nicht mehr gibt. Brüderlichkeit, unverfälschte Gefühle, Poesie. Du suchst am falschen Ort das Falsche. Nichts ersetzt dir deine Herkunft. Sie allein hilft dir, dich zu verstehen und andere zu respektieren. Was du brauchst, ist Heimat, ein Standpunkt, eine Perspektive. Ein Rückhalt im Eigenen. Sonst bleibst du an der Oberfläche. Ein Geograph ohne Weltbild."

Als ich Student war, war der Orient für mich ein Mythos. Ein Ort im Nirgendwo, das unverfälschte Leben. Eine Obsession, die in mir wirkte. Ohne biographische Berührung, aber lebendig und stark. Gleichzeitig ein Spiegel, der, zeitversetzt, die Wurzeln der eigenen Kultur und Geschichte freizulegen half, auch mit Blick auf das Infame. Das Bild der fünf Gehenkten am Platz der Abbasiden vermittelte einen Widerschein jenes Terrors, der Europa vor einem halben Jahrhundert überzog. Damals in Deutschland applaudierte die Masse den Henkern und verscharrte zügig erst die Toten, dann die Erinnerung. In Damaskus immerhin enthielt sich die Menge jeden Beifalls und schwieg. Opfer mehr als Mitläufer. Es gibt eine Balance zwischen Macht und Alltag, die das Schlimmste verhindert. Darin liegt eine Stärke des Orients, die Menschlichkeit im Angesicht des Ausweglosen.

Mythen sind Projektionen. Sie stoßen sich an der Wirklichkeit, bis sie entweder diese verändern oder aber ihren Glanz verlieren. Im Umgang mit anderen Kulturen sind sie hilfreich, um Leidenschaften zu entfesseln. Danach verlieren sie ihren Sinn, verstellen im Gegenteil den Blick auf das Gegebene. Im Schatten der Gehenkten, an jenem kalten Frühlingsmorgen im April 1984, starben auch die Helden der Jugend – Lawrence of Arabia ebenso wie Sheherazade. Der Brutalität des Augenblicks folgte die Konfrontation mit dem Banalen: die schmerzliche Einsicht, dass es einen Entwurf besseren Lebens auch im Orient nicht gibt. Er ist hässlich und schön in einem, wie jeder Ort, überall und nirgends. Ohne diese Einsicht bleibt das Fremde unvertraut.

Vielleicht war es eine Art Katharsis. Ohne Ibrahim hätte ich der Region möglicherweise den Rücken gekehrt. Eine enttäuschte Liebe, eine unwiderrufliche Abkehr. Stattdessen warf ich meine Erwartungshaltungen über Bord und stellte mich der Realität. Zwar denke ich gelegentlich noch an Kara Ben Nemsi, aber ich sehe ihn als einen alten Bekannten, den man im Vorübergehen grüßt: Der Friede sei mit dir, alter Halunke. Dermaßen „geläutert", konnte ich nunmehr den Menschen begegnen, ohne sie durch die Brille meiner exotistischen Phantasie zu betrachten. Ich wurde offen für Erfahrungen, die ich in Deutschland kaum gemacht hätte. So lernte ich beispielsweise orientalische Gelassenheit: die Dinge nicht erzwingen zu können oder zu wollen. Vertrauen in die Zukunft zu fassen: Alles wird gut, *inscha'Allah*. Mich zurückzunehmen und zuzuhören. Geduld zu haben. Auch die Konfrontation mit Extremen hat ihr „Gutes". Sie hilft, die Normalität zu entdecken. Den Alltag, das Gewöhnliche. Nicht nur zu entdecken, sondern wertzuschätzen. Ich wurde mir meiner Privilegien bewusst und begriff sie zunehmend als eine Verpflichtung zur Anteilnahme und zur Solidarität. Ich versuche, sie mit meinen Mitteln und Möglichkeiten zu leisten, der kulturellen Vermittlung, der Beobachtung und der Analyse.

Längst habe ich Routine im Umgang mit Widersachern, die mir in Talkshows oder bei öffentlichen Veranstaltungen erklären, ich sei ein Apologet des Terrors. Weil ich versuche, Hintergründe zu erklären. Mich stört das nicht. Im Gegensatz zu diesen Pharisäern, die ständig höhere Werte bemühen (Freiheit, Demokratie), aber jeden Blick über den eigenen Tellerrand scheuen wie der Teufel das Weihwasser, bin ich nicht an der Verteidigung von Glaubensgewissheiten interessiert. Für mich bedeutet Globalisierung nicht das Recht des Stärkeren. Ich fühle mich auch niemandem überlegen, weil er einer anderen Kultur oder Religion angehört. Ich sehe vielmehr die Möglichkeiten und Chancen, die sich aus der Begegnung mit dem Fremden und Unbekannten ergeben. Nicht aus Naivität. Auch nicht aus einer missverstandenen Toleranz denen gegenüber, die Gewalt predigen und anwenden. Sondern aus Überzeugung.

Letztendlich geht es darum, Brücken zu bauen. Die Alternative wäre die Logik der Extremisten, hier wie dort.

Mit der Gewalt am Ende? Begegnungen in Algier

Schwer zu sagen, wann der Niedergang der Kasbah, der Altstadt von Algier, begann, ein enges Gassengewirr mit Lehmhäusern noch aus osmanischer Zeit, bis zu 400 Jahre alt. Heute ist die Kasbah ein Slum, in dem überwiegend Arbeitslose leben, umgeben von Müllhalden und Ruinen, Unrat und Verfall. Fast hat es den Eindruck, der algerische Staat lasse die Kasbah bewusst verkommen, aus Vergeltung und Kalkül. In den neunziger Jahren war hier eine Hochburg der Islamisten, und vor noch gar nicht langer Zeit wäre ein Besuch für jeden Ausländer glatter Selbstmord gewesen. In der Kasbah sind Menschen verschwunden, deren Leichen nie gefunden wurden.

Die hiesigen Häuser sind angelegt wie kleine Karawansereien: mehrstöckig, mit einem geräumigen Innenhof ohne Dach, und auf jeder Etage eine Familie, meist von Brüdern, insgesamt 15 bis 20 Menschen, die sich eine Toilette und eine Dusche teilen. Vom Dach des Hauses von Sid Ahmed geht der Blick nach vorne über die weiß getünchte Stadt Algier und ihre malerische Bucht, angelegt von den Franzosen, ein Spiegelbild der Städte an der Côte d'Azur. Nach hinten erstreckt sich die Altstadt, eine Anhöhe hinauf, nicht weit entfernt liegt die Ruine eines ehemals großen Anwesens.

„Dort hatte die GIA ein Versteck", die „Bewaffnete Islamische Gruppe", erzählt Sid Ahmed. „Wenn die GIA jemanden zum Tode verurteilt hatte, dann hat sie ihn entführt, in dieses Haus verschleppt und ihm da die Kehle durchgeschnitten." Einmal wurde Sid Ahmed auf seinem Dach zufällig Augenzeuge einer Hinrichtung. Die GIA-Leute schossen sofort und trafen sein Bein, die Narbe ist noch zu sehen. Durch die Schüsse wurde die Armee auf das Versteck der Terroristen aufmerksam und sprengte das Haus. Die meisten Ruinen in der Kasbah sind gesprengte Unterkünfte der Islamisten. Teilweise bestehen ganze Straßenzeilen nur noch aus Häuserresten.

Sid Ahmed sagt, er und seine Frau und die meisten Nachbarn nähmen Beruhigungsmittel. Sie alle könnten vor Angst kaum schlafen, obwohl der Terror vorbei sei. 42 Jahre alt ist Sid Ahmed und die Hälfte seines Lebens arbeitslos. In der kleinen Küche, in der seine Frau einen Tee kocht, riecht es nach Schwamm und Schimmel. Seine Familie lebt von dem Geld, das sein Vater ihm gibt. 50 Euro im Monat, für vier Personen. Eine Zukunft habe er nicht, sagt Sid Ahmed. Warum hat er sich nicht den Islamisten angeschlossen, wie so viele, die keinen Ausweg mehr sahen?

„Weil sie auf mich geschossen haben. Weil Gott gegen Gewalt ist. Weil Gewalt keine Lösung ist."

Und was wäre die Lösung?

„Arbeit. Arbeit und mehr Gerechtigkeit."

Beides ist in Algerien schwer zu haben. Obwohl das Land aufgrund seiner Erdöl- und Erdgasvorkommen potentiell reich ist, lebt die Mehrheit der Bevölkerung im Elend. Die Arbeitslosenquote beträgt offiziell 30, in Wirklichkeit bis zu 50 Prozent. Neben der Arbeit fehlen vor allem Wohnungen, mindestens eine Million. Im Durchschnitt leben in einer Zwei-Zimmer-Wohnung sieben bis zehn Personen. Der Staat garantiert nicht ein Minimum an Infrastruktur. Das Hinterland von Algier ist gebirgig und voller Wälder, eine Landschaft, die sehr an den Schwarzwald erinnert. Es fehlt dort nicht an Flüssen und Seen. Aber in Algier gibt es nur alle drei Tage fließendes Wasser, und auch das oft nur in den besseren Wohnvierteln. Der Grund ist die marode Kanalisation, in der das Wasser schlicht versickert.

Alles in Algerien ist Politik, und in der Regel schafft sie Unglück und Katastrophen. Aus Sorge, die Kanalisation könne Terroristen als Unterschlupf dienen, ließen die Behörden sie im Bezirk Bab el-Oued der Einfachheit halber zumauern. Das Bab el-Oued ist ein belebtes Volksviertel, die Verlängerung der Kasbah in Richtung Hafen. Und ebenfalls eine Hochburg der Islamisten. Im November 2001 löste sich nach tagelangen Regenfällen eine gewaltige Schlammlawine, angereichert um das Wasser, das sich anderweitig Bahn brechen musste, und überrollte das Bab el-Oued in einer zwei Meter hohen Flutwelle. 800 Menschen wurden ins Meer gespült oder erstickten unter dem Schlamm.

In der Sunna-Moschee in Bab el-Oued predigte einst Abassi Madani, Mitbegründer der „Islamischen Heilsfront" (FIS). Bei den Wahlen 1991, den ersten, zu denen mehrere Parteien zugelassen waren, zeichnete sich ein Sieg der islamistischen FIS ab, den die Armee durch einen Staatsstreich im Januar 1992 verhinderte. Das war der Beginn der Bürgerkrieges in Algerien, der bislang mindestens 150.000 Menschen das Leben kostete. Gegenüber der Sunna-Moschee stehen mehrere Straßenhändler, an die Wand gelehnt, auf Käufer für Zigaretten und Kaugummi wartend. An der Wand stehen und auf bessere Zeiten hoffen – in Algerien gibt es dafür ein eigenes Wort: Hittist, von arabisch *Ha'it*, die Wand. Fast drei Viertel der 30 Millionen Algerier sind jünger als 30, und überall stehen sie, die jugendlichen Hittisten, arbeitslos oder ohne Geld. Wie Hamid, der Arabischlehrer an einer Grundschule ist und so wenig verdient, „dass Sie sich übergeben würden, wenn Sie den Zustand meiner Wohnung ertragen müssten". Fast alle hier haben 1991 die FIS gewählt. Heute machen sie sich keine Illusionen mehr. Gehen zu keinen Wahlen, vertrauen nichts und niemandem. Was sie eint, ist der abgrundtiefe Hass auf die Macht.

Die Macht, das ist ein loses Interessengeflecht politischer Clans und Seilschaften, hervorgegangen aus der ehemaligen Einheitspartei FLN („Front der nationalen Befreiung"). Nach der Unabhängigkeit von Frankreich 1962 übernahmen FLN-Kämpfer die Schaltstellen in Staat und Wirtschaft. Aus den Reihen der Armee entwickelte sich innerhalb weniger Jahre eine Nomenklatura ähnlich wie in Osteuropa. So wurden aus Generälen Manager in Staatsbetrieben, entwickelte sich die ausufernde Bürokratie zu einer Versorgungseinrichtung für verdiente Kader. Nie ging es dabei um Effizienz, immer um Loyalität und Systemerhalt.

Die FLN-Väter vererbten ihre Privilegien schließlich auf die eigenen Söhne. Ein geschlossener Kreislauf, für Außenstehende unzugänglich. Die Erdöl- und Erdgaseinnahmen haben es dem Regime über Jahrzehnte erlaubt, weit verzweigte Patronagenetzwerke aufzubauen sowie regimetreue Organisationen zu finanzieren, etwa den Witwen- und Waisenfonds ehemaliger Frontkämpfer, und somit sein Überleben zu sichern. Die Zahl der durch Nähe zum Regime privilegierten Algerier liegt, Schätzungen zufolge, bei 800.000 Personen. Es überrascht nicht, dass die seit 1999 betriebene Teilprivatisierung der maroden Staatsbetriebe auf den Widerstand der überwiegend korrupten Nomenklatura stößt, die darin einen Angriff auf ihren Besitzstand sieht.

Ebenso wenig ist sie daran interessiert, die einheimische Produktion zu steigern, weil sie über Gewinn bringende Importmonopole verfügt. Die wirtschaftliche, politische und militärische Macht konzentriert sich also in wenigen Händen, während das Gros der Bevölkerung nur dank der Solidarität innerhalb der eigenen Familie über die Runden kommt, ein Arbeitsloser eine staatliche Unterstützung von monatlich zwei Euro erhält, das Bildungs- wie auch das Gesundheitssystem am Rande des Zusammenbruchs steht.

Die sozialen Gegensätze und die desolate Wirtschaftslage entluden sich 1988 erstmals in landesweiten Unruhen. Das Regime reagierte, indem es freie Wahlen versprach und eine unabhängige Presse zuließ. Seit dem Putsch von 1992 verfolgen die Machthaber eine ebenso schlichte wie erfolgreiche Strategie. Sie proklamieren Öffnung und Reformen, lassen aber keine politische Entwicklung zu, die ihr Herrschaftsmonopol ernsthaft gefährden könnte. Die Zivilgesellschaft gilt ihnen ebenso als Gegner wie der politische Islam. Allein die unabhängige Presse bietet ein Forum für abweichende Meinungen und Gesellschaftskritik – die Parteien sind reine Klientelbündnisse.

„Die Algerier haben damals nicht die Islamisten gewählt, weil sie den islamischen Staat wollten", meint Lamine Chikhi, leitender Redakteur der unabhängigen Zeitung *Al-Khabar.* „Sie haben vielmehr abgerechnet mit dem Regime, und die FIS war das Ventil ihrer Unzufriedenheit." Als die FIS verboten wurde, ging sie in den Untergrund und erklärte dem Staat den Krieg. Bewaffnete Gruppen verübten im Norden Algeriens Anschläge auf staatliche Einrichtungen, auf Kasernen, Fabriken, Schulen, Eisenbahnen. „Am Anfang waren viele Algerier mit dieser Gewalt einverstanden, weil sie glaubten, das Regime sei nur mit Hilfe von Gewalt zu beseitigen", sagt Chikhi. Aber der Terror der Islamisten richtete sich zunehmend gegen die Bevölkerung. Die ersten Opfer waren säkulare Intellektuelle, Schriftsteller und Journalisten, die reihenweise liquidiert wurden. Später errichteten die Islamisten auf dem Land Straßensperren, töteten wahllos Zivilisten, entführten Frauen und zwangen sie zur Ehe, verübten Anschläge an belebten Plätzen, brachten die Einwohner ganzer Dörfer um.

Auch die Armee ist mit unvorstellbarer Brutalität gegen die eigene Bevölkerung vorgegangen. Den Krieg gegen die Islamisten hatte sie jedoch schon Mitte der neunziger Jahre faktisch gewonnen. Zum einen, weil sie die Dorfbewohner in entlegenen Gebieten mit Waffen versorgte und über eine halbe Million Algerier in Bürgermilizen organisierte. Zum anderen, weil die Islamisten durch ihre exzessive Gewalt den Rückhalt ihrer ehemaligen Sympathisanten verloren hatten, auch und vor allem in der städtischen Mittelschicht. Und schließlich, weil rivalisierende Machtansprüche innerhalb der islamistischen Bewegung ihren Zerfall beschleunigten. Bereits 1995 konnte sich das Regime stark genug fühlen, ein erstes Amnestiegesetz für islamistische Kämpfer zu erlassen, sofern sie sich ergeben. 1999 folgte eine zweite, sehr weit reichende Amnestie, die de facto zur Kapitulation der „Islamischen Heilsarmee" führte, dem bewaffneten Arm der FIS.

Dennoch, immer wieder kommt es zu Bombenanschlägen und Massakern, wenngleich Algier mittlerweile als relativ sicher gilt. Aktiv sind noch mehrere Hundert Kämpfer des GIA, der „Bewaffneten Islamischen Gruppe", die enge Kontakte zum Al-Qa'ida-Netzwerk Osama bin Ladens unterhält und wahllos jeden tötet, der sich ihr in den Weg stellt. Die Aktivisten des GSPC, der „Salafistischen Gruppe für Predigt und Kampf", halten sich dagegen zugute, ausschließlich Sicherheitskräfte anzugreifen. Allerdings haben sie 2003 mehrere Gruppen europäischer Sahara-Touristen im Süden Algeriens entführt und monatelang festgehalten. Erst nach Zahlung eines Lösegeldes in Millionenhöhe kamen die Geiseln schließlich im Nachbarland Mali wieder frei.

Parallel zu seinen militärischen Erfolgen organisierte das Regime 1997 und 2001 pluralistische, wenngleich manipulierte Parlamentswahlen. Stärkste politische Kraft ist seither erneut die FLN. Zwar gibt sie sich mittlerweile reformfreudig, doch die Wahlbeteiligung liegt beständig unter 50 Prozent. Die meisten Algerier haben resigniert und beteiligen sich nicht mehr an den taktischen Manövern zur Eigenlegitimation von Armee und Nomenklatura.

„Der Islamismus ist der Sieg des Unwissens über die Ungerechtigkeit", meint der Politologe Kamal Sadun. „Das haben die Algerier auf grausame Weise erfahren müssen. Die Frage ist nur: Wie geht es weiter, welchen Weg schlägt unsere Gesellschaft künftig ein?"

Fast sieht es so aus, als laute die Antwort: Noch mehr Gewalt. In der Kabylei, dem Siedlungsgebiet der Berber südöstlich von Algier, herrscht seit Jahren der Ausnahmezustand. Der Tod eines Jugendlichen im Polizeigewahrsam wurde zum Auslöser einer Intifada-ähnlichen Dauerrevolte gegen die Zentralregierung, in der die Minderheit der nicht-arabischen Berber kaum vertreten ist. Somit wird sie auch von der Ressourcenverteilung weitgehend ausgeschlossen, und entsprechend hoch ist die Arbeits- und Perspektivlosigkeit in der Kabylei. Die Armee schafft es längst nicht mehr, die Revolte niederzuschlagen, die sich zu einer wahren Volksbewegung ausgeweitet hat. Angeführt wird sie von einer einflussreichen Versammlung traditioneller Familien, gegen die Algier auf Dauer nicht regieren kann – es sei denn um den Preis eines weiteren Bürgerkrieges.

Von alledem ist nichts zu spüren, wenn man im Blumengarten des noblen Hotels „El-Djazair" sitzt, eines maurisch-kolonialen Prachtbaus, ehemals „Saint-George" genannt. Hier bezog der amerikanische General Eisenhower im November 1942 Quartier, nachdem er den Oberbefehl über die alliierten Truppen in Nordafrika übernommen hatte. Der Blick auf die azurblaue Bucht von Algier könnte von dieser Anhöhe schöner nicht sein. Weite und Leichtigkeit, das mediterrane, fast zu grelle Licht, Schatten werfend wie in einem *film noir*, und der allgegenwärtige Duft von Jasminblüten verbinden sich zu einem Lebensgefühl, das in einer ganz anderen Welt als der bitteren Realität von Algier angesiedelt zu sein scheint. In diesem wundersamen, geradezu entrückten Ambiente traf ich, in der

Hochphase des Bürgerkrieges, erstmals Saliha, eine algerische Journalistin, die zweimal nur knapp Anschlägen von Islamisten entging. Ihr Vater wurde von einer Autobombe getötet. Obwohl es in Algier kaum noch Terror und Gewalt gibt, hat Saliha ihre Angst nicht verloren. „Die Grundregel lautet, niemandem zu vertrauen", sagt sie. Deswegen trifft sie Verabredungen mit Vorliebe im „El-Djazair". Hier sind die Sicherheitskontrollen besonders streng, und die vielen Gäste und Besucher garantieren eine gewisse Anonymität. Saliha fürchtet sich nicht allein vor den Islamisten, sondern auch vor den allgegenwärtigen Geheimdiensten des Regimes. Das ist der Fluch der meisten algerischen Intellektuellen und Journalisten: Sie werden von beiden Seiten verfolgt und bedrängt.

Saliha, eine resolute Mittvierzigerin mit hennaroten Haaren, ist überaus pessimistisch, was die Zukunft anbelangt. „Wir haben keine politische Kultur in diesem Land. Wie auch, nach 40 Jahren Diktatur der Generäle. Die Hälfte der Bevölkerung sind Analphabeten. Die Menschen glauben an nichts mehr." Frage ich sie nach der islamischen Identität Algeriens, explodiert Saliha regelmäßig. „Der einzige gesellschaftliche Rahmen, den ich akzeptiere, hat mit Demokratie und Rechtsstaatlichkeit zu tun, mit Pluralismus und politischer Verantwortung. Erzähl mir nichts von islamischer Identität oder von einem gemäßigten politischen Islam. Es gibt lediglich einflussreiche Islamisten, und es gibt weniger einflussreiche. Die einen bringen mich heute um, die anderen morgen. Was mich betrifft, ich will nichts zu tun haben mit Leuten, die mir die Kehle durchschneiden wollen."

Sie hat ja Recht, aus ihrer Sicht. Ich habe ein Rückflugticket nach Europa, sie nicht. Säkulare Algerier empfinden bereits die Frage nach dem Islam als eine Provokation, wie umgekehrt auch gemäßigte Islamisten das französisch-kulturelle Erbe kategorisch ablehnen – jene handverlesene Fraktion beispielsweise, die im Parlament vertreten ist. Und dennoch verlaufen die Frontlinien selten eindeutig. Manchmal gehen sie quer durch ein Wohnviertel, eine Straße oder eine Familie. So lernte ich mit Salihas Hilfe eine Familie aus einfachen Verhältnissen kennen, am Rande des Bab el-Oued, die sieben Kinder hatte, fünf Töchter und zwei Söhne. Beide waren in der Armee, beide bewarben sich anschließend um einen Job in der paramilitärischen Gendarmerie. Die Familie legte ihr letztes Geld zusammen – sich zu bewerben heißt auch, wenn nicht in erster Linie, die erforderlichen Bestechungsgelder zu zahlen. Es reichte aber nur für einen, wie sich herausstellte. Für Abdelhamid. Der andere, Mokdad, mochte sich mit seiner Ablehnung nicht abfinden. Er beschwerte sich bei der Gendarmerie, verlangte Vorgesetzte zu sprechen, drohte mit Rache, protestierte öffentlich, ignorierte das Gesetz des Schweigens. Nachdem Saliha einen Artikel über Mokdads Aufbegehren veröffentlich hatte, wurde er verhaftet. (Saliha glaubt, dass die Autobombe, die ihren Vater kurz darauf tötete, auf das Konto der Gendarmerie geht.) Mokdad verbrachte ein halbes Jahr im Gefängnis, und noch einmal ein halbes Jahr dauerte es, bis die ihm dort zugefügten Verletzungen wieder verheilt waren.

Anschließend ging Mokdad in den Untergrund und schloss sich der „Bewaffneten Islamischen Gruppe“ an. Allerdings ist der GIA stark von den Geheimdiensten unterwandert. Nicht wenige Algerienkenner behaupten, der GIA sei insgesamt eine Erfindung der Regierung, um einen bedrohlichen Feind vorzuführen, den es um jeden Preis zu bekämpfen gelte – auch im Interesse Europas und Amerikas. Im Sommer 1998 geriet Mokdad in einen Hinterhalt, in einem westlichen Vorort Algiers mit dem schönen Namen Eucalyptus. Es ist ein trostloses Wohnviertel aus roh verputzten Neubauten, kaum zu unterscheiden von einem Slum. Zu der Einheit, die Mokdad und seine Mitkämpfer liquidierte, gehörte auch sein Bruder Abdelhamid. Als der erfuhr, dass Mokdad zu den Getöteten gehörte und keineswegs auszuschließen war, dass ein Bruder den anderen getötet hatte, drehte Abdelhamid durch und lief Amok.

Niemand weiß, wie viele Passanten und Bewohner von Eucalyptus, die sich in ihren Wohnungen zufällig in Fensternähe aufgehalten hatten, von Abdelhamid erschossen wurden. Er selber kann sich an nichts erinnern. Er hat an jenem Tag den Verstand verloren und wurde in die Psychatrie eingeliefert, in eine geschlossene Abteilung.

Die Sehnsucht nach der Höhle. Warum reiche Saudis Osama bin Laden verehren

Einer der interessantesten arabischen Schriftsteller der Gegenwart ist der aus Jordanien gebürtige Abd ar-Rahman Munif (1933–2004). Sein Vater stammte aus Saudi-Arabien, seine Mutter aus dem Irak. Nach seinem Studium der Ökonomie und Ölwirtschaft in Bagdad, Kairo und Belgrad arbeitete er jahrelang in der Erdölbranche, bis er 1972 seinen ersten Roman veröffentlichte. Seit 1986 lebte er in Damaskus, zwei Jahre zuvor war der Roman *Salzstädte* erschienen, der mittlerweile auch in deutscher Übersetzung vorliegt: ein geradezu prophetisches Werk, das den 11. September allegorisch vorwegnimmt. Der bekannteste Roman Munifs beschreibt das Leben in einer saudischen Oase in den dreißiger Jahren. Die Menschen beackern ihre spärlichen Felder und warten auf die nächste Karawane. Eines Tages kommen Fremde, amerikanische Experten, die hier nach Öl suchen wollen. Unergründliche Wesen, die graben und bohren und einen furchtbaren Lärm machen. Dann liegen sie nackt in der Sonne und werden rot wie Teufel. Die Bewohner der Oase sind empört und lassen sich nur schwer beruhigen. Doch man versichert ihnen, dass die Fremden Freunde seien und sie alle sehr bald schon unermesslich reich machen würden.

Wenig später beginnen die Amerikaner, das Tal mit der Oase zu planieren, nachdem sie den Bewohnern zuvor das Land abgekauft haben. Allen bis auf einen, Mutib Haddal. Er hält die Fremden von Anfang an für Sendboten der Hölle. Rache schwörend reitet er auf einem weißen Kamel davon und taucht in der weiteren Geschichte nur noch als Vision auf:

als Störenfried, als Attentäter. Wenn den Amerikanern ein Unglück geschieht oder sogar ein Anschlag auf eine Ölpipeline verübt wird – immer fällt der Verdacht auf Mutib Haddal. Die ehemaligen Oasenbewohner emigrieren in den Küstenort Harran, der dank amerikanischer Investitionen in kürzester Zeit zu einer florierenden Hafenstadt wird. Allerdings unterteilen sich die Harraner in drei Gruppen, die einander weitgehend ignorieren. Da gibt es die ursprünglichen Bewohner und neu eintreffende Händler, die vom Aufschwung profitieren wollen. Dann die amerikanischen Experten, die in sicherer Entfernung in einem eigenen Lager leben. Und schließlich die entwurzelten Oasenbewohner, die unweit der Amerikaner siedeln und sich nunmehr als Lohnarbeiter verdingen. Sie stehen im Bann des versprochenen Reichtums und hoffen, nur noch einige Jahre arbeiten zu müssen – wenigstens das Brautgeld wollen sie bis dahin verdient haben. Ohne zu klagen, aber mit zunehmender Wut ertragen sie die ihnen zugefügten Demütigungen.

Eines Tages geht ein Vergnügungsdampfer vor Anker. Musik und leicht bekleidete Frauen. Die Araber in Harran stehen am Ufer und können es nicht fassen: „Bei Gott, das ist König Salomon mit ganz vielen Königinnen von Saba. Und wir Araber? Wir sind herrenlose Hunde und platzen vor Neid“, sagt einer von ihnen. Faszination mischt sich mit Erniedrigung: „Fassungslos verfolgten sie den Umzug vom Strand auf seinem Weg in das amerikanische Harran. Sie fühlten sich vor Erregung fast schwindelig … Der eine oder andere ließ sich sogar dazu hinreißen, vor Schmerz und Lust zu stöhnen, andere wünschten sich, sie wären niemals hierher gekommen.“

Zunächst setzen die arabischen Bewohner Harrans große Hoffnung in ihren neuen Herrscher. Er werde für Moral und Anstand sorgen und verhindern, dass die Amerikaner sie weiterhin mit „Frauenschiffen“ und dergleichen beleidigen. Doch der Emir verkommt zu einer Karikatur. Seine größte Sorge ist, ob sein neuer Palast ebenso schön und prächtig wird wie die großen Häuser der Amerikaner. Er zieht sich immer mehr zurück, verbringt seine Tage damit, die Amerikaner mit einem Fernrohr zu beobachten, und spielt begeistert mit einem Telefon, das sie ihm schenken. Am Ende kommt es zu einem arabischen Aufstand gegen den unfähigen Machthaber.

So weit die Rahmenhandlung, die von einer politischen Analyse kaum zu übertreffen ist – sie vermittelt anschaulich die Widersprüche der saudischen Gesellschaft und den Fluch des Ölreichtums. Die moderne Geschichte des Landes beginnt im Jahr 1932, als das Königreich Saudi-Arabien proklamiert wurde. Alle wichtigen Positionen in Staat und Gesellschaft wurden und werden von Angehörigen der Familie Al-Saud besetzt. Es gibt keine Parteien oder Gewerkschaften, auch keine Verfassung (das ist offiziell der Koran), lediglich einen Nationalen Konsultativrat, dessen Mitglieder vom König ernannt werden. Saudi-Arabien ist der größte Erdölproduzent der Welt, die Förderrechte liegen seit den dreißiger Jahren überwiegend bei amerikanischen Firmen.

15 der 19 Attentäter vom 11. September 2001 kamen aus Saudi-Arabien, auch Osama bin Laden stammt aus dem Königreich. Das ist natürlich kein Zufall. Die Kinder von Mohammed und Coca-Cola – um es plakativ zu formulieren – sind an den Gegensätzen der saudischen Gesellschaft gescheitert und Amok gelaufen. Gerade Saudi-Arabien, das als Land der beiden heiligen Städte Mekka und Medina eine besonders puritanische Koranauslegung und Rechtsprechung pflegt, befindet sich in einer ständigen Deutungsnot, wie die technische Moderne mit der wahhabitischen Lehre (siehe Seite 92) in Einklang zu bringen sei. Hier High Tech und Industriegesellschaft, eine Skyline wie in amerikanischen Großstädten, Hochhäuser und großzügige Boulevards, dort ein archaisches Feudalsystem

mit den entsprechenden Denkstrukturen und Wertvorstellungen. Einerseits Massenmedien und Fast Food, Internet und Weltläufigkeit, andererseits Alkoholverbot und Steinigung oder eine rigide Trennung der Geschlechter im öffentlichen Leben, etwa an den Schulen oder Universitäten.

Ein anderer Faktor kommt hinzu. Der Fall der Ölpreise in den neunziger Jahren hatte einen dramatischen Rückgang der staatlichen Einnahmen zur Folge. Die Herrscherfamilie konnte die Zustimmung und politische Passivität der Bevölkerung nicht länger in gewohntem Maß erkaufen, zum Beispiel in Form einer kostenlosen Gesundheitsfürsorge oder astronomischer Gehälter im öffentlichen Dienst. Gleichzeitig war eine neue Generation junger, häufig in den USA ausgebildeter Saudis herangewachsen, die nicht länger gewillt war, die Allmacht der Altvorderen und ihre ausschweifende Lebensweise stillschweigend hinzunehmen. Obwohl diese Generation oft jahrelang im Westen gelebt hatte, organisierte sie ihren Widerstand gegen die bestehenden Verhältnisse nicht in Form von Parteien, forderte sie nicht demokratische Öffnung und Pluralität. Vielmehr warf sie der Herrscherfamilie vor, den Islam korrumpiert und die heiligen Stätten an die Amerikaner verkauft zu haben. Diese „zornigen jungen Männer" fühlten sich angewidert von der allgegenwärtigen Heuchelei und Korruption, von der „westlichen Dekadenz" allenthalben. Kulturell entwurzelt und orientierungslos, predigten sie die Rückkehr zu der wahren, unverfälschten Lehre des Propheten Mohammed. Eine – illegale – Oppositionsbewegung ohne feste Strukturen entstand, welche die ohnehin ultrakonservative Weltanschauung der Machthaber an Rückwärtsgewandtheit noch übertraf – eine Art „Kulturrevolution", die Osama bin Laden zahlreiche Anhänger gerade aus Saudi-Arabien zuführte. Er selber, ein erfolgreicher Unternehmer und Multimillionär, hatte das beschwerliche Leben in Afghanistan, zunächst im Widerstand gegen die sowjetische Besatzung, dem Luxus in seiner saudischen Heimat vorgezogen. Damit machte er sich zum Vorbild, lebte er vor, wovon andere lediglich träumten.

Paradoxerweise wird Osama bin Ladens Dschihad-Islam auch von Teilen der saudischen Führung stillschweigend unterstützt und gebilligt, auch finanziell, obwohl sein Al-Qa'ida-Netzwerk wiederholt Anschläge auf amerikanische Einrichtungen im Land verübt hat und er selber offen zum Sturz der Herrscherfamilie aufruft. Eine Erklärung könnte sein, dass sie zu beschwichtigen versucht. Die Al-Saud und ihre 5000 stattlich alimentierten Prinzen wissen nur zu gut, wie brüchig ihre Legitimation ist. Und sie haben Angst, dass die Amerikaner sie fallen lassen könnten. Seit dem Sturz Saddam Husseins kontrollieren sie die irakischen Ölvorkommen, die zweitgrößten der Welt nach Saudi-Arabien. Folglich sind die Amerikaner nicht mehr um jeden Preis auf die saudische Herrscherfamilie angewiesen.

Osama bin Laden weiß das. Auch wenn es um ihn stiller geworden ist, sieht er sich noch immer als religiöse Kultfigur und versucht, sich entsprechend zu inszenieren. Erstmals auf einem Video, das mit Beginn der amerikanischen Angriffe auf Afghanistan, am 7. Oktober 2001, dem Fernsehsender *Al-Jazeera* zugespielt und anschließend weltweit ausgestrahlt wurde. Zunächst sehen wir Osama bin Laden mit seinen Vertrauten: dem Ägypter Ayman az-Zawahiri, seinem Stellvertreter, dem Kuweiter Suleiman Abu Gheith, seinem Sprecher, und einer dritten Person. Sie sitzen zu ebener Erde auf dem Boden, hinter ihnen eine Felswand, und trinken Tee. Es ist ein klassisches Beduinen-Setting und wird auch von den meisten muslimischen Zuschauern als solches verstanden, vor allem in den Golfstaaten. Das Bild signalisiert Einfachheit und Bescheidenheit, doch ebenso Kampfbereitschaft, ersichtlich an den umherliegenden Kalaschnikows. Osama inmitten einer verschworenen Männerrunde, ganz ähnlich dem Propheten Mohammed, als er im Jahr 622 mit wenigen Getreuen von Mekka nach Medina (Jathrib) zog, aus seiner Heimatstadt vertrieben von „ungläubigen" Geschäftsleuten, die ihre Privilegien gefährdet sahen. Doch nur wenige Jahre später kehrte Mohammed im Triumph zurück, als Prophet und Führer der islamischen Gemeinde in weiten Teilen der Arabischen Halbinsel anerkannt. Und schon kurz nach seinem Tod 632 war der Aufstieg des Islam zur Weltmacht nicht mehr aufzuhalten.

Osama *ist* Mohammed, aus seiner Sicht. Jeder gläubige Muslim versteht diese unterschwellige Botschaft, ebenso die Parallelen, die sein historisierendes Gleichnis enthält: Die Amerikaner sind die „ungläubigen" Geschäftsleute; Exodus und Erlösung, der Sieg der Gerechtigkeit. Osamas Rede, seine Deklamation vor der Felswand, versteht sich gar als „Friedensbotschaft", unterbreitet er doch den Amerikanern ein „Angebot": Übt Gerechtigkeit, und auch ihr werdet Gerechtigkeit erfahren. Sein „friedliches Anliegen" symbolisiert die an die Wand gelehnte Kalaschnikow.

Die propagandistische Wirkung solcher Auftritte ist nicht zu unterschätzen. Langfristig ist weniger Osama bin Laden eine Gefahr als die von ihm verkörperte Gesinnung des Höhlenbewohners, dessen Ideologie, Entsagung und Kampf, bis hinein in das Milieu der superreichen Golfaraber wirkt – weil sie sich als Bewohner der „Salzstädte" sehen.

Grenzland.
Der endlose Krieg im Sudan

Durch die hintere Zufahrt gelangen wir in die weitläufige Parkanlage des Präsidentenpalastes, vorbei an verrosteten und eingestaubten Militärfahrzeugen, ausgeweidet und ohne Reifen. Selbstredend gibt es auch ein Hauptportal. Aber wer zu Riek Machar will, benutzt den Eingang für Angestellte und Lieferanten: ein Symbolismus, der durchaus Programm ist. Der ehemalige südsudanesische Rebellenführer, bis vor wenigen Jahren Kriegsgegner der Regierung in Khartum, residiert im hintersten Teil des Präsidentenpalastes – dem schönsten Gebäude der Hauptstadt, schneeweiß und monumental, vor hundert Jahren erbaut von den britischen Kolonialherren.

Der Deckenventilator rattert mechanisch, im Vorzimmer geht es fröhlich zu und laut, Politik liegt in der Luft. Ein neues Parteiengesetz, eine neue Verfassung: Das Regime öffnet sich, überall wird diskutiert, über den Krieg allerdings am wenigsten. „Das ist so ausweglos", sagt ein ehemaliger Frontkämpfer Riek Machars: „Wir brauchen Arbeit und Brot." 90 Prozent der sudanesischen Bevölkerung leben unterhalb der Armutsgrenze. Von den sechs Millionen Einwohnern Khartums sind drei bis vier Millionen Flüchtlinge, die meisten aus den Kriegsgebieten im Süden.

Es ist schwer, den Sudan zu begreifen. Hier im Vorzimmer sitzen sie friedlich beieinander. Pechschwarze Südsudanesen vom Volk der Nuer, die auf einen Termin bei ihrem Führer Riek Machar warten, in der Hoffnung auf Arbeit und Brot. Vor wenigen Jahren noch hätten die nordsudanesischen Soldaten, die am Eingang Wache stehen, sie erschossen, wenn sie ihnen im Busch begegnet wären. Oder umgekehrt. Aber das ist ferne Vergangenheit, kein Thema hier.

Diese Soldaten nun sind nicht pechschwarz, sondern etwas hellhäutiger. Normales Schwarz. Finde ich. Und sage das auch. Was fast zu einem Aufruhr führt. „Wir sind dunkelbraun“, entgegnen sie beleidigt und wenden sich ab. Die Nuer grinsen. Der Begriff „schwarz“ ist in der Alltagssprache des Nordens reserviert für die Südsudanesen und bedeutet wenig mehr als „Sklave“.

Seit 1955 herrscht im Sudan, von einer knapp zehnjährigen Waffenpause abgesehen, Bürgerkrieg zwischen den nördlichen und den südlichen Landesteilen. Die genaue Zahl der Toten kennt niemand, vermutlich sind es weit über eine Million. Vordergründig ist dieser Krieg ein Kampf der Kulturen: hier der afrikanisch geprägte Süden, dessen Bewohner mehrheitlich Anhänger von Naturreligionen sind oder Christen. Dort der arabisch und islamisch dominierte Norden, der Politik, Staat und Gesellschaft kontrolliert – die Muslime stellen etwa 70 Prozent der Bevölkerung. In den Grenzgebieten zwischen Nord und Süd kommt es seit Jahrhunderten immer wieder zu Kämpfen zwischen arabischen und nichtarabischen Stämmen, wobei es in der Regel um Weideland und Wasser geht. Eine Methode der arabischen Kriegsführung war die Sklavenjagd auf konkurrierende südsudanesische Stämme. Die erbeuteten Sklaven wurden anschließend vor allem nach Ägypten verkauft. Die Unterbindung dieses Sklavenhandels lieferte Großbritannien den Vorwand, sich im Sudan als Kolonialmacht festzusetzen, was 1898, nach dem Sieg über die Truppen des Mahdis, endgültig gelang.

Doch der Krieg im Sudan ist nicht wirklich ein Kampf der Kulturen – auch wenn bislang alle Regierungen in Khartum versucht haben, die Vorherrschaft des Nordens auszubauen. Denn aus dem Konflikt im Süden ist längst ein Kampf lokaler

Kriegsherren um Macht und Einfluss geworden, die geschickt die Interessen einzelner Volksgruppen und ausländischer Regierungen für sich nutzen. Ähnlich wie in anderen Kriegen Afrikas, in Somalia, Liberia, Sierra Leone, ist auch im Südsudan eine zunehmende Unübersichtlichkeit der Frontverläufe festzustellen. Einerseits kämpfen Regierungstruppen gegen südsudanesische Rebellen. Andererseits aber führen die Rebellen auch untereinander Krieg, in wechselnden Allianzen und mit derselben Gleichgültigkeit gegenüber den Leiden der Zivilbevölkerung, wie sie auf Seiten Khartums herrscht.

Zum Beispiel Riek Machar. Bescheiden wirkt er, sympathisch, in seiner Ausstrahlung mehr ein Messdiener als ein Politiker oder gar ein *warlord*. „Keine Seite kann den Krieg gewinnen," sagt der 50-Jährige. „Das Land verblutet. Wir müssen lernen, zusammenzuleben." Machar ist Chef einer Miliz, die sich Ende der neunziger Jahre als Partei neu formiert hat und sich nunmehr „Vereinigte Demokratische Errettungsfront" nennt. Machar und seine Kämpfer waren bis zu ihrem Frontwechsel 1997 die wichtigsten Verbündeten von John Garang und dessen „Volksbefreiungsarmee des Sudan" (SPLA). Garang kontrolliert weite Teile des Südsudan und ist der wichtigste Kriegsgegner der islamisch-fundamentalistischen Regierung in Khartum.

Riek Machar glaubt, dass der Sudan keine Zukunft habe, solange der Krieg andauert. Deswegen habe er sich von Garang getrennt und mit Khartum verbündet. Er wolle die Bereitschaft der regierenden Islamisten prüfen, föderale Strukturen zu schaffen, die dem Südsudan eine weitreichende Autonomie einräumen würden. Darüber gebe es klare Vereinbarungen.

Kann man die nicht brechen?

„Doch, ja. Es ist ein ständiger Kampf. Wenn wir verlieren, gehen wir zurück in den Busch. Ich bin Assistent von Präsident Bashir. Er hat einen ersten und einen zweiten Stellvertreter.

Beide sind Muslime. Ich bin nur sein Assistent. Ich muss tun, was er sagt. Das ist nicht gut. Aber es ist besser als der Krieg."

Den eigentlichen Grund für das Zerwürfnis mit Garang nennt Machar nicht. Garang gehört zum Volk der Dinka, mit drei bis vier Millionen Menschen die größte Bevölkerungsgruppe im Südsudan; die SPLA, die „Volksbefreiungsarmee des Sudan", besteht überwiegend aus Dinka. Machar hingegen ist vom Volk der Nuer, die ein bis zwei Millionen Menschen zählen. Die Nuer, mehrheitlich Ackerbauern, konkurrieren mit den Dinka, in der Mehrzahl Viehzüchter, teilweise um dasselbe Land, seit Jahrhunderten. Indem Machar sich auf Seiten Khartums schlug, stärkte er die Nuer militärisch gegen die Übermacht der Dinka.

Der Sudan, der größte Flächenstaat Afrikas, so groß wie ganz Westeuropa, ist ein Staat, aber keine Nation. Regionale und Stammesloyalitäten reichen sehr viel weiter als der Einfluss Khartums. Die 26 Millionen Einwohner sprechen über 100 Sprachen und Dialekte und verteilen sich auf mehr als 500 ethnische Gruppen. Seit der Unabhängigkeit des Sudan im Jahr 1956 haben alle Regierungen, ob Militärs oder Zivilisten, versucht, dieser Vielfalt eine einigende nationale Ideologie entgegenzusetzen. Aus der Sicht der arabischen Bevölkerungsmehrheit, die in Khartum die Politik bestimmt, war und ist diese Ideologie der Islam, genauer gesagt die Islamisierung des ganzen Landes. Die Südsudanesen hätte das vermutlich nicht weiter gestört – Khartum ist weit und kann viel beschließen. Aber spätestens nach dem Militärputsch 1989 wurde die Islamisierung ein reines Zwangsinstrument. Die Armee schuf sich ihre eigene Legitimation, indem sie den Islam auf den „Heiligen Krieg" verkürzte.

„Der Islam, wie ihn die Regierung versteht, und der Islam, wie ihn die Bevölkerung lebt, sind keineswegs identisch", betont Awwad as-Sid al-Karsani, Dekan der Fakultät für Politologie an der Universität Khartum. „Historisch gesehen ist der Islam im Sudan eine Religion der Bruderschaften, eine Religion der Mystik und der Toleranz. Die islamische Orthodoxie, wie sie etwa die Mullahs im Iran oder die Azhar-Universität in Kairo vertreten, war hier nie sehr einflussreich. Und bis heute ist sie diskreditiert, weil sie sich vor 100 Jahren mit den Engländern gegen die Bruderschaften verbündete."

Die mehr als 20 Bruderschaften spielen ungeachtet ihrer nach Millionen zählenden Anhängerschaft keine aktive Rolle in der Politik, weil ihnen an weltlicher Macht nicht gelegen ist. Obwohl sie unpolitisch sind, unterstützen sie die Idee eines islamischen Staates, wie ihn die regierenden Islamisten propagieren. Deren Gegner sind vor allem zwei religiöse Sekten, die im Gegensatz zu den übrigen Bruderschaften über anerkannte Führer verfügen und als Parteien organisiert sind. Auch im Ausland bekannt ist Sadiq al-Mahdi. Er ist ein Nachkomme jenes „Erlösers" (arabisch *Mahdi*), der die Briten erfolgreich bekämpfte, bevor seine Anhänger 1898 besiegt wurden.Sadiq al-Mahdi war bis zum Militärputsch 1989 Ministerpräsident, seine „Umma-Partei" ist im Nordwesten Sudans die stärkste Kraft. Entland des Nils und im Osten des Landes ist dagegen die „Demokratische Volkspartei" am einflussreichsten. Ihr Führer, Mohammed Osman al-Mirghani, der als Nachfahre des Propheten gilt, ist gleichzeitig Chef der „Nationaldemokratischen Allianz" mit Sitz in Kairo. Sie vereint die Kriegsgegner Khartums: Al-Mahdi und al-Mirghani, John Garang und kleinere Gruppen.

So weit, so gut. Für den Ausländer verwirrend ist allerdings, dass al-Mahdis und al-Mirghanis Parteien im Sudan zwar verboten sind, ihre Vertreter aber gleichwohl im Parlament sitzen. Zudem sind die Machthaber und ihre Kriegsgegner vielfach untereinander versippt und verwandt. Sadiq al-Mahdi zum Beispiel ist der Schwager von Hassan at-Turabi, dem Vordenker und Führer der Islamisten.

Wer nach Inhalten oder Parteiprogrammen fragt, wird sudanesische Politik nicht verstehen. Die Parlamentarier vertreten regionale, Stammes- oder Klientelinteressen, die Parteien sind dabei nur Mittel zum Zweck. Al-Mahdi und al-Mirghani wollen ebenso einen islamischen Staat wie at-Turabi. Doch der ist Modernist. Seine Partei, der „Nationalkongress", repräsentiert die städtische Mittelschicht – Händler, Unternehmer, Beamte, Studenten, Frauen – aber auch entwurzelte Landflüchtlinge. Al-Mahdi und al-Mirghani dagegen sind Traditionalisten. Sie verkörpern die rückständigen Feudalstrukturen auf dem Land, die sie als gottgewollte Ordnung rechtfertigen.

Als die Armee 1989 putschte, hatte sie kein Programm – abgesehen von einer kompromisslosen Haltung gegenüber den südsudanesischen Rebellen. Das ideologische Vakuum füllte Hassan at-Turabi, der wie kein zweiter sudanesischer Politiker die schwach entwickelten staatlichen Strukturen für seine Zwecke zu Nutzen verstand. Die Karriere des 1930 geborenen Juristen, der in London studierte und in Paris promovierte, begann in den sechziger Jahren in den Reihen der Muslimbruderschaft, deren Führer er bald wurde. Nach dem Putsch übernahmen die Islamisten Schlüsselpositionen in der Wirtschaft, der Verwaltung und der Armee. Fast in jedem nordsudanesischen Dorf ist at-Turabis Kongresspartei heute vertreten. Sie ist neben der Armee die wichtigste Institution des Landes. Wer Karriere machen will, findet hier das nötige Netzwerk, erhält beispielsweise eine kostenlose Berufsausbildung. Zusätzlich verfügen die Islamisten über eine eigene Miliz.

Zum Schaden des Sudan bestimmten in den ersten Jahren nach dem Putsch missionarische Hardliner die Politik Khartums: Das Regime unterstützte bewaffnete islamistische Gruppen in Ägypten, Eritrea, Äthiopien und Uganda. Daraufhin halfen die Nachbarländer ihrerseits den südsudanesischen Rebellengruppen, ebenso die USA. Washington warf Khartum lange Zeit vor, den internationalen Terrorismus zu fördern, und betrieb die Isolierung des Landes, in dem die Amerikaner einen „Schurken-Staat" wie Libyen, Irak oder Iran sahen und teilweise noch immer sehen. Allerdings trugen umfangreiche Erdölfunde im Süden des Sudans dazu bei, dass die amerikanische Regierung seit 2003 massiven Druck auf Khartum wie auch auf die Rebellen ausübt, um den Bürgerkrieg zu beenden – amerikanische Ölfirmen besitzen die meisten Förderrechte. Vor diesem Hintergrund ist ein Friedensschluss nicht länger unrealistisch. In der Vergangenheit hatten sich Khartum und SPLA-Chef John Garang wiederholt fast auf einen Waffenstillstand geeinigt. Aber jedes Mal intervenierte Washington und setzte Garang unter Druck, den Krieg fortzuführen.

Mitte der neunziger Jahre entschied sich Khartum für einen Kurswechsel. Das Regime war weitgehend isoliert, und der Krieg, der fast den gesamten Staatshaushalt verschlang, brachte das Land an den Rand des Zusammenbruchs. Nunmehr wurden Reformen propagiert, politische Gefangene freigelassen und Parteigründungen erlaubt, erstmals seit dem Putsch von 1989. Die Zugeständnisse fielen umso leichter, als es zu der Regierung keine Alternative gibt – die Oppositionsführer in Kairo besitzen noch weniger Glaubwürdigkeit als die unbeliebten und verhassten Machthaber. Architekt der Öffnungspolitik war ausgerechnet Hassan at-Turabi, der allerdings in einer Art Palastrevolte Ende 1998 als Führer der Kongresspartei von Präsident Bashir abgelöst wurde, einem General – sehr zum Gefallen Washingtons. Denn at-Turabi hatte 1992 dafür gesorgt, dass Osama bin Laden von Afghanistan nach Khartum übersiedelte, wo er bis 1996 lebte. Innerhalb kürzester Zeit schuf der Al-Qa'ida-Anführer ein Wirtschaftsimperium im Sudan. Osama bin Laden gründete Import-Export-Gesellschaften, Transport- und Bauunternehmen, unterhielt landwirtschaftliche Großprojekte. Als Geschenk an die sudanesische Regierung baute er auf eigene Kosten die über 1000 Kilometer lange Straße von Khartum nach Port Sudan, der sudanesischen Hafenstadt am Roten Meer.

Eine Straße wie ein endloses, weites Band. Neun Stunden dauert allein die Fahrt nach Kassala, 400 Kilometer östlich von Khartum, unweit der Grenze zu Eritrea, bevor die Straße Richtung Norden abbiegt, nach Port Sudan. Am Busbahnhof herrscht bereits um fünf Uhr morgens ein Gedränge wie auf einem Basar. „Safsaf" heißt die Busgesellschaft, und die beiden Fahrer, die sich unterwegs abwechseln, sind erstaunlicherweise Türken. Ihr türkischer Arbeitgeber hat sie und mehrere Busse für ein Jahr in den Sudan verschickt. Eine Art Leasing-Vertrag. An Bord ist ein wahres Völkergemisch. Wunderschöne Eritreerinnen, die meisten unverhüllt, begleitet von Kindern und schwerem Gepäck. Andere Frauen sind tief verschleiert und tragen eine Gesichts-Burka, die nur die Stirn und die Augen unbedeckt lässt. Sie reden mit niemandem, versinken in ihren Sitzen und stellen sich schlafend. Vor mir sitzen zwei Beduinen, die sich die ganze Fahrt über unterhalten werden, mit einer unglaublichen Hingabe und sprachlichen Intensität, gelegentlich begleitet von Zischlauten und Pfeiftönen, die offenbar rhetorische Höhepunkte bilden. Sie sprechen einen arabischen Dialekt, der sich anhört wie eine Melodie, ein Sprechgesang auf einer alten Schellack-Platte, die rumpelt und kratzt. Erstaunlich, was sich diese einfachen Menschen über Stunden mitzuteilen haben, ohne Pause oder Unterlass. Auf dem Videomonitor wird ein ägyptisches Theaterstück gezeigt, die Kassette offenbar schon tausendmal gespielt und die Farben verlaufen, graue Streifen und irgendwie wurmstichig. Eine vertraute Dramaturgie: ein Pedant, ein Spaßmacher, ein Hysteriker. Wie sie sich Zoten und Derbheiten an den Kopf werfen, stundenlang, fast die ganze Fahrt über. Szenen aus einem Büroalltag. Kaum jemand sieht hin, aber das Gebrüll der gebeutelten Angestellten dröhnt über Lautsprecher bis in die hinterste Reihe der „Safsaf"-Reisenden.

Die Eritreerinnen tragen überdimensionale Hüte und farbenfrohe Kleider, die sich wie Gebirge über ihren Hintern türmen, wie ich zu meinem Erstaunen feststelle. An den Straßensperren der Armee nämlich, die in regelmäßigen Abständen auftauchen. Alle müssen aussteigen, sämtliches Gepäck wird untersucht, die Papiere geprüft. Als Ausländer braucht man eine Sondergenehmigung für Fahrten über Land. Und das Land hier, östlich von Khartum, ist flach, flach und flach. Selbst Ostfriesland erscheint gebirgig, gemessen an diesem Waschbrett, das überwiegend aus Steppe und Halbwüste besteht, zur Linken und zur Rechten, in endlos weiter Ferne, von den Silhouetten einsam aufragender Tafelberge gesäumt. Wo Wasser vorhanden ist, erstrecken sich Weizen- und Maisfelder, aber auch Baumwolle wird angebaut.

Und schließlich Kassala, Endstation. Auch hier erhebt sich ein Tafelberg, am Rande der Stadt, ansonsten Straßen aus Staub und Häuser aus Lehm, die neueren aus Beton. Die Temperaturen liegen bei knapp 50 Grad. Es ist so heiß, dass die Menschen in Zeitlupe gehen. Ein Kulisse wie für den Western *High Noon* mit Gary Cooper und Grace Kelly. Ein Ort für Abrechnungen und letzte Worte. Wer hier bleibt, bleiben muss, hat verloren. Niemand weiß, wie viele Einwohner Kassala zählt, vermutlich zehn- oder fünfzehntausend. Draußen, ein paar Kilometer weiter, inmitten eines nackten, unerträglichen Nichts, vegetieren noch einmal Tausende von Flüchtlingen aus Eritrea, die geblieben sind, obwohl der Krieg dort längst vorbei ist.

Am nächsten Morgen, nach einer weitgehend schlaflosen Nacht in dem besseren der beiden Hotels, „Hipton" mit Namen, einer Herberge ohne Gäste, ohne Wasser, ohne Strom, begebe ich mich zur Polizei, wo sich jeder Ausländer registrieren lassen muss. Die Wände der überaus geräumigen, geradezu weitläufigen Amtsstube sind mit einer gelblichen Lackfarbe gestrichen, gelangweilte Polizisten sitzen an überdimensionalen Schreibtischen, vor und neben sich Berge aus Papier. Träge drehen sich die Deckenventilatoren, alles geht hier langsam, der Hitze und dem Umstand geschuldet, dass es völlig gleichgültig ist, ob die Dinge jetzt geschehen oder später.

Erstaunlicherweise warten fünf Tansanier auf der Veranda vor dem Büro. Sie sitzen da, als könne nichts und niemand sie anfechten, als hätten sie gerade das große Los gezogen. Gelassen, entspannt, gänzlich unaufgeregt. Was soll schon passieren? Die eritreischen Behörden hatten sie nachts über die eigentlich geschlossene Grenze in den Sudan abgeschoben, nach zwei Jahren und vier Monaten im Gefängnis. Sie hatten in einem Restaurant in der Hauptstadt Asmara gearbeitet, illegal und ohne gültige Papiere. Eigentlich sind sie Seeleute, sagen sie, aber es gab keine andere Arbeit. Vor einem Gericht standen sie nie. Im Grunde hatten sie Glück, dass sie abgeschoben wurden. Theoretisch hätte man sie im Gefängnis auch vergessen können, für alle Zeiten.

Später lerne ich den Anführer einer eritreischen Widerstandsgruppe kennen. Ich wollte ihn gar nicht sprechen, ich hatte einen Termin beim Gouverneur, aber der war verhindert, und seine beiden Assistentinnen hatten, lächelnd und mit unergründlichem Charme, einen Termin mit dem Herrn vom Widerstand ausgemacht. Er erzählt das Übliche: Freiheit, Gerechtigkeit, Kampf bis zum Sieg. Wir treffen uns in einer Armeebaracke, an der mich vor allem die Telefone faszinieren, die aus den fünfziger Jahren stammen. Endlose, mehrfach geflickte Kabel verlaufen die Wände entlang, durch die Fenster nach draußen, weiter über eine Allee aus Eukalyptus-Bäumen, über Äste und Zweige gespannt, in Richtung irgendwohin. Vielleicht zu einer Dose, an deren Ende ein Soldat die Gespräche verfolgt und sie in Rauch- oder Trommelzeichen übersetzt, bis sie ihren Empfänger erreichen. Oder auch nicht. Umso besser, dass wenigstens ich zuhöre, dem Freiheitskämpfer aus Eritrea, der das bestehende Elend ablehnt und ein neues, noch nicht bekanntes, auf jeden Fall aber wohl irgendwie besseres beschwört.

Es sind Augenblicke, in denen sich die Sinnfrage nicht länger stellt. Man lebt wie in einem Film, jedenfalls als Ausländer. Ein surreales Panoptikum, in dem der Einzelne ein Nichts ist und ein Niemand. Ein Dasein aus Blei, immer begleitet von der Gefahr, in die Tiefe gezogen zu werden, in einen Abgrund, unermesslich und unergründlich. Ein Spiel dunkler Kräfte, deren Regeln den Menschen ein Geheimnis sind und wohl ewig bleiben werden.

Am späten Nachmittag, am Tafelberg, trifft sich eine Gruppe Sufis, religiöser Mystiker. Sie sind Anhänger von Osman al-Mirghani, dem angeblichen Nachfahren des Propheten Mohammed, der im Osten Sudans seine Hochburgen hat. Sie erzählen mir von einem lokalen Heiligen, der Mitte des 19. Jahrhunderts von Mekka in diese Gegend ausgewandert sein soll und hier begraben liegt. Unweit seines Grabes ergeht sich die Gruppe in *Dhikr*-Übungen, rhythmischen Verbeugungen, überwiegend im Stehen, aber auch im Sitzen. *Dhikr* heißt Erinnerung, und gemeint ist das Gedenken an die 99 Namen Gottes, die in einem endlosen Sprechgesang immer wieder erneut vorgetragen werden. Ich mache mit, nicht viel los sonst am Tafelberg, und nach einer Weile fühlt es sich gut an, wie jede Meditation. Einige Paare sitzen zu Füßen des Berges und halten sich verstohlen die Hand.

Langsam geht die Sonne unter, ein feuerroter Ball, der sich in die ebene Erde zu bohren scheint. Die Gläubigen rufen noch immer Gott an, und die Hitze bleibt die ganze Nacht und den nächsten Tag, Monat um Monat, Jahr für Jahr. Alles ist, wie es ist.

Kassala ist das Ende der Welt, ein böser Traum. Aber es ist auch ein Ort, der keine innere Unruhe kennt, keine Suche, keine Fragen. Man lebt, dient Gott, vertraut dem Schicksal.

Manchmal bin ich mir nicht sicher, welche Welt die bessere ist.